城市轨道交通信号基础设备

（第2版）

主　编　陈艳华　赵跟党
副主编　穆玉民　苏晓峰　徐　奕
　　　　张文都　王丽萍

重庆大学出版社

内容提要

本书共 5 个项目,22 个任务,主要介绍了城市轨道交通信号系统的车站及轨旁基础设备、车载信号系统基础设备、ATS 信号基础设备以及信号数据通信网络基础设备。对每部分的介绍从作用、组成及工作原理方面作为知识准备,在任务实施时采用具体的制式进行深入。以城市轨道交通信号系统的组成为主线,教学方法以行动导向方式为主,将"教""学""做"紧密结合,引导读者进行城市轨道信号系统基础设备的认识和学习。本书内容具体、详细,设备选型具有代表性,叙述语言精练,分析透彻,全书配以大量现场设备运用的图片,能使读者快速、全面地掌握城市轨道交通信号系统的基础设备知识。

本书可作为高职高专城市轨道交通专业的教材,也可作为本科院校中职学校、相关专业师生及有关工程技术人员的自学参考用书。

图书在版编目(CIP)数据

城市轨道交通信号基础设备/陈艳华,赵跟党主编.
—重庆:重庆大学出版社,2013.8(2024.8 重印)
高等职业教育城市轨道交通专业系列教材
ISBN 978-7-5624-7234-6

Ⅰ.①城…　Ⅱ.①陈…②赵…　Ⅲ.①城市铁路—铁路信号—信号设备—高等职业教育—教材　Ⅳ.①U239.5

中国版本图书馆 CIP 数据核字(2013)第 102218 号

城市轨道交通信号基础设备
(第 2 版)
主　编　陈艳华　赵跟党
副主编　穆玉民　苏晓峰　徐　奕
　　　　张文都　王丽萍
策划编辑:周　立

责任编辑:李定群　高鸿宽　　版式设计:周　立
责任校对:谢　芳　　　　　　责任印制:张　策

*

重庆大学出版社出版发行
出版人:陈晓阳
社址:重庆市沙坪坝区大学城西路 21 号
邮编:401331
电话:(023) 88617190　88617185(中小学)
传真:(023) 88617186　88617166
网址:http://www.cqup.com.cn
邮箱:fxk@ cqup.com.cn (营销中心)
全国新华书店经销
POD:重庆新生代彩印技术有限公司

*

开本:787mm×1092mm　1/16　印张:15.25　字数:381 千
2019 年 9 月第 2 版　　2024 年 8 月第 3 次印刷
印数:4 001—4 300
ISBN 978-7-5624-7234-6　定价:39.80 元

序

轨道交通以其快捷、舒适等其他交通工具无法比拟的优越性,成为城市交通发展新的热点和重点。当前我国的城市轨道交通正处在大发展、大建设时期,截至2012年年底,全国有16座城市共开通运营70条线,总里程2 081.13千米。

随着城市轨道交通行业的迅猛发展,相应运营专业人才的需求也日益紧迫,尤其是具有理论和实践性的复合型人才尤为紧缺。为适应新形势,近年来,国内的大专院校,尤其是交通职业技术类院校的城市轨道交通专业迅速扩大,早出人才、快出人才、出实用型人才成为学校和业界的共同愿望。通过一系列的调研和准备工作,在重庆大学出版社的倡导下,西安市地下铁道有限责任公司联合多省市交通类高职高专院校(如西安铁路职业技术学院、陕西交通职业技术学院、广东交通技师职业技术学院等)建立了校企合作联盟,组织具有丰富实践经验的轨道企业技术人员和职业院校的一线教师,与地铁运营实际紧密结合,共同编写了高等职业教育城市轨道交通专业规划教材。

这套规划教材采用校企结合模式编写,结合全国轨道交通发展状况,推出的面向全国、面向未来的教材,既汇集了高校专业教师们的理论知识,也汇聚了城市轨道交通专业技术部门创业者们的宝贵经验。

为做好教材的编写工作,重庆大学出版社专门成立了由著名专家组成的教材编写委员会。这些专家对城市轨道交通专业教学作了深入细致的调查研究,对教材编写提出了许多建设性意见,慎重地对每一本教材一审再审,确保教材本身的高质量水平,对教材的教学思想和方法的先进性、科学性严格把关。

"校企合作"、"理论与实践相结合"是本套系列教材的特点,不但可以满足当前城市轨道交通运营技术管理的需要,也为今后的城市轨道交通运营发展管理提出了新思考。随着运营管理的要求越来越高,以及新技术的不断应用,本系列教材必然还要不断补充、完善,希望该套教材的出版能

1

满足广大职业院校培养城市轨道交通专业人才的需求,能成为城市轨道交通运营技术管理人员的"良师益友"。

建设部地铁轻轨研究中心　　顾问总工
建设部轨道交通建设标准　　主　编
建设部轨道交通专家委员会　专家委员

2013 年 7 月 26 日

前言

随着我国经济的发展,城市化进程的加快,城市交通问题已成为制约城市发展的重要因素之一。从 20 世纪 90 年代开始,国家就开始强调轨道交通对解决城市交通问题所起的作用。

由于目前职业院校学生学习主动性较弱,对学习知识兴趣不浓,怎样才能调动学生的学习积极性,吸引学生的学习兴趣值得研究。方法之一就是选用一本合适的教材。

本书以城市轨道交通信号系统的组成为主线进行编写。本书的特点是项目的组织以城市轨道交通信号系统按地域来分,其组成包括车站及轨旁基础设备、车载信号系统基础设备、ATS 信号基础设备以及信号数据通信网络基础设备 5 个项目。书中附了大量的现场图片,便于教学和学生理解。可作为以行动导向教学法进行课程改革的主要教材,也可作为从事相关工作的人员的学习参考资料。

本书编写的主体思路:对每一个项目的子任务学习都从两个阶段展开,即知识准备和任务实施。

全书共分为 5 个项目:

项目 1 为城市轨道交通信号设备概述,介绍了城市轨道交通信号系统的组成。

项目 2 为车站及轨旁基础设备,介绍了城轨信号系统车站及轨旁基础设备的作用、组成及工作原理。

项目 3 为车载信号系统基础设备,主要介绍了速度传感器、加速度计及雷达测速仪、司机操作人机交互设备、查询器及车载无线通信设备。

项目 4 为 ATS 信号基础设备,主要介绍了 ATS 工作站、服务器及 ATS 软件。

项目 5 为信号数据通信网络基础设备,主要介绍了泄漏电缆与无线 AP、交换机及电缆与光缆。

本书由陈艳华、赵跟党任主编,穆玉民、苏晓峰、徐奕、张文都、王丽萍任副主编。项目 1 由西安地下铁道有限公司的穆玉民和西安铁路职业技术学院的徐奕共同编写;项目 2 由西安地下铁道有限公司的穆玉民和西安铁路职业技术学院的徐奕、陈艳华及陕西交通职业技术学院的张文都共同编写;项目3由西安地下铁道有限公司的苏晓峰和西安铁路职业技术学院的陈艳华共同编写;项目4由西安地下铁道有限公司的穆玉民、王丽萍和西安铁路职业技术学院的陈艳华共同编写;项目5由西安地下铁道有限公司的苏晓峰、王丽萍和西安铁路职业技术学院的陈艳华共同编写。

全书由西安地下铁道有限公司的赵跟党及西安铁路职业技术学院的陈艳华共同统稿。

在教材编写资料搜集过程中,得到西安地下铁道有限公司的大力支持和帮助,在此深表谢意。

由于编者水平有限,书中难免有不足之处,敬请专家和读者批评指正。

编　者

2019 年 8 月

目录

项目1 城市轨道交通信号设备概述 ························· 1
　　任务1　概述 ························· 1

项目2 车站及轨旁基础设备 ························· 10
　　任务1　信号继电器 ························· 12
　　任务2　道岔转辙设备 ························· 39
　　任务3　信号机 ························· 80
　　任务4　轨道电路与计轴设备 ························· 92
　　任务5　应答器 ························· 120
　　任务6　信号电源屏与UPS ························· 125
　　任务7　发车指示器 ························· 136
　　任务8　无人自动折返按钮及紧急停车按钮 ········· 140
　　任务9　IBP信号控制盘 ························· 143
　　任务10　车站级信号操作工作站 ························· 147

项目3 车载信号系统基础设备 ························· 155
　　任务1　速度传感器 ························· 156
　　任务2　加速度计及雷达测速仪 ························· 161
　　任务3　司机操作人机交互设备 ························· 166
　　任务4　查询器 ························· 176
　　任务5　车载无线通信设备 ························· 180

项目4 ATS信号基础设备 ························· 184
　　任务1　工作站 ························· 184
　　任务2　服务器 ························· 190
　　任务3　ATS软件 ························· 199

项目5 信号数据通信网络基础设备 ························· 206
　　任务1　泄漏电缆与无线AP ························· 206
　　任务2　交换机 ························· 213
　　任务3　电缆与光缆 ························· 219

参考文献 ························· 231

目录

项目 **1**
城市轨道交通信号设备概述

【项目描述】

1. 城市轨道交通的定义及特点。
2. 城市轨道交通信号设备的作用。
3. 城市轨道交通信号设备的特点。
4. 城市轨道交通信号设备的组成。

【项目目标】

1. 掌握城市轨道交通信号设备的作用。
2. 掌握城市轨道交通信号设备的特点。
3. 掌握城市轨道交通信号系统的设备组成。
4. 掌握列车驾驶模式建立的条件。

【能力目标】

1. 了解城市轨道交通的定义及特点。
2. 熟悉正线信号系统和车辆段信号系统的设备组成。
3. 熟悉信号安全驾驶模式的分类。

任务 1　概　述

【场景设计】

1. 在城市轨道交通通号车间或现场教学。
2. 采用多媒体、课件等教学方式。
3. 学生每 6 ~ 8 人 1 组。
4. 考评所需的记录、评价表。

【知识准备】

城市中使用车辆在固定导轨上运行并主要用于城市客运的交通系统,称为城市轨道交通。在我国国家标准《城市公共交通常用名词术语》中,将城市轨道交通定义为"以电能为动力,采取轮轨运输方式的快速大运量公共交通的总称"。通常,城市轨道交通是指具有固定线路、铺设固定轨道、配备运输车辆及服务设施等的公共交通设施。城市轨道交通具有运量大、速度快、较高的准时性和舒适性、安全可靠、低污染、受其他交通工具干扰小等特点。

城市轨道交通信号设备是城市轨道交通的主要行车设备,是保证列车运行安全,实现行车指挥和列车运行现代化,提高运营效率的关键系统设备。

(1)城市轨道交通信号设备的作用

1)缩短列车运行间隔

所谓高密度运输,就是尽量地缩小列车之间的运行间隔,进而提高线路的通过能力。目前,城市快速轨道交通系统的最小运行间隔有的已达到 60~90 s。与列车运行间隔有关的信号设备如下:

①不同闭塞制式的 ATC 设备。按照闭塞制式,城市轨道交通 ATC 可分为固定闭塞式 ATC 系统、准移动闭塞式 ATC 系统和移动闭塞制式 ATC 系统。而移动闭塞制式 ATC 系统是缩短列车运行间隔最先进的闭塞制式。

②终端站折返线路上轨旁信号设备布置,信号机、动态和静态信标布置等都关系到列车的折返能力。

③车载信号设备。在城市轨道交通信号系统中,车载信号是行车的主要凭证,而地面信号是辅助凭证,因此,车载信号是缩短运行间隔的关键设备。

2)提高列车运行速度

所谓高速度运输,就是在线路和车辆构造速度达到一定高度时,信号防护(ATP)设备提供相应的列车运行推荐速度,供司机驾驶参考,甚至于实现列车的自动驾驶(ATO)。与运行速度相关的信号设备如下:

①轨旁 ATP 设备(包括联锁设备、动静态信标、ZC)。

②车载信号设备(包括查询应答器天线、车载 CC、速度传感器和加速度计等)。

③通信数据传输(DCS)设备。它是一个宽带通信系统,提供了 CBTC(新一代智能列车控制系统)内的 3 个主要列车控制子系统,包括中央控制室(OCC)、轨旁子系统(ZC,MicroLok Ⅱ)和车载子系统(CC)以及其他沿线地面设备之间双向、可靠、安全的数据交换。

DCS 系统包括有线通信网和无线通信网两部分。有线通信网络实际就是轨旁骨干网络,由传输模块和骨干交换模块(接入交换机和骨干交换机)构成,无线通信网络由车载通信网络和轨旁无线设备组成。车载通信网络主要由移动通信设备 MR 和 MR 天线组成,用来在车载设备和轨旁设备间传输数据;轨旁无线设备主要由 AP 箱和 AP 天线组成。

3)保证列车运行的安全可靠性

城轨信号是指挥列车运行的凭证,无论是地面信号还是车载信号,只有在信号允许状态下列车才能运行,否则车载信号将实现安全防护,信号系统提供以下安全驾驶模式:ATO 驾驶模式(AM)、连续式 ATP 驾驶模式(ATPM)、IATP 驾驶模式(IATPM)、有防护的人工驾驶模式(RM)。这 4 种驾驶模式都是在信号防护下的驾驶模式,故也称为安全驾驶模式。提供安全防护的信号设备如下：

①轨旁 ATP 设备。

②车载 ATP 设备(包括 CC、MR 主机、MR 天线等)。

③通信数据传输(DCS)设备。

4)提高列车运行效率

城轨交通运输服务对象比较单一,就是市内客运业务,也正是因为如此,城轨交通运输的效率也是至关重要的。列车运行效率主要包含以下几个方面:列车出入段能力、折返站的折返能力以及列车正线运行指挥能力,而这些均要通过城轨信号设备来满足。与运行效率相关的信号设备如下：

①正线轨旁设备。

②ATS 信号设备。

③车载 ATO 设备。

④车辆段信号系统设备。

(2)城市轨道交通信号设备的特点

城市轨道交通信号系统的技术制式虽然沿袭了铁路信号系统的制式,但两者还是有着很大的区别,相比于传统铁路信号系统,城市轨道交通信号系统有着以下特点:

1)自动化水平和智能化程度更高

由于城市轨道交通种类少、行车规律性强,而且线路短,因此在城市轨道交通信号系统中,自动进路、自动通过进路应用较多,时刻表编辑加载、列车运行调整都实现了自动化,甚至列车驾驶也可实现自动化。而在实现这些功能的同时,一些先进的电子技术、计算机技术应用于其中,足见其自动化和智能化程度之高。

2)正线联锁关系简单但技术含量更高

城市轨道交通的大多数车站不设道岔,仅在几个少数车站才设有道岔,因此联锁设备的监控对象数量少、进路少,设备之间的联锁关系相对简单。一般情况下仅在终端折返站进行折返作业,其他各站只为旅客乘降服务,一个控制中心即可实现对全线设备的联锁功能控制。

虽然正线道岔数量少,但是由于城轨交通涉及的子系统较多,因此信号系统的对外接口就比较多。信号系统最大的特点就是把与行车安全息息相关的设备或特殊功能纳入联锁的控制中,如屏蔽门的开关、防淹门、紧急情况下的停车、扣车以及实现自动进路、自动折返进路等,这样就增加了联锁接口、增加了技术难度。

3)对数据传输系统的依赖性越来越大

城市轨道交通信号系统的自动化技术发展得越来越先进,其采集的信息量也越来越大,为了实现信号控制集中化,一些先进的传输速率较高的通信传输技术应用在信号系统中,特别是城市轨道交通信号系统为了实现 CBTC 移动闭塞,不但要有先进的有线通信网络来实现地面信息传输工作,更要通过无线 WLAN 技术,实现车地之间的相互通信,达到列车自动控制的目的。

4)具有完善的列车速度监控功能

城市轨道交通主要承担的是城市客运任务,其行车间隔非常小,最小行车间隔达到 90 s,甚至更小,远远高于铁路要求。因此,对列车运行速度的监控要求更高。

5）车辆段采用独立的联锁设备

城市轨道交通的车辆段与铁路的区间站类似，主要作业内容包括车辆检修、停放、接发列车、调车作业以及列车的编解。车辆段信号设备较多，一般采用一套独立的联锁设备控制，用以实现车辆段内建立进路、转换道岔、开放信号以及解锁进路等作业，实现道岔、信号、进路之间的联锁关系，保证行车安全，提高作业效率。

【任务实施】

任务提出：

列车运行是个多专业、多工种配合的工作，围绕安全行车这一中心而组成了一个有序联动、时效性极强的系统。它通常由轨道线路、车站、车辆、维护检修基地、供变电、通信信号、指挥控制中心等组成。城市轨道交通的运输组织、功能实现、安全保证均应遵循轨道交通的客观规律。在运输组织上要实行集中调度、统一指挥、按运行图组织行车。在功能实现方面，各相关专业如线路、车站、隧道、车辆、供电、通信、信号、机电设备及消防系统均应保证状态良好，运行正常。在安全保证方面，主要依靠行车组织和设备正常运行来保证必要的行车间隔和正确的行车线路。

现代城市轨道交通信号控制系统是整个城市轨道交通自动控制系统中的重要组成部分，是保证列车和乘客安全，实现列车高速度、高密度、安全可靠、有序运行的关键设备。城市轨道交通系统采用了先进的信号技术，特别是现代通信技术和信号技术的互相渗透和结合，以及电子技术和计算机技术在信号系统中的应用，使得信号系统的作用更为突出。

城市轨道交通信号系统通常由正线信号系统和车辆段/停车场信号系统两大部分组成。正线信号系统是地域上的泛指，实际就是列车运行自动控制系统（Automatic Train Control，ATC），其设备不仅分布在正线，也分布在控制中心。信号系统用于列车进路控制、列车间隔控制和调整、行车指挥、信息管理、设备监测和维护管理，从而构成了高效的综合自动化系统，如图1.1.1所示。

（1）正线信号系统（列车运行自动控制系统ATC）

列车运行自动控制系统（ATC）一般包括列车自动防护系统（ATP）、列车自动监控系统（ATS）及列车自动运行系统（ATO）3个子系统。系统设置有行车控制中心、沿线各车站（多站设一联锁区，为有岔站），此外列车上装备车载控制设备，控制中心与各控制站通过有线数据网联接，控制站、控制中心与列车之间通过无线网完成车地之间的通信。

1）ATP子系统

列车自动防护子系统简称ATP子系统，是ATC系统中最重要的部分，是保证列车运行安全的设备。城市轨道交通列车运行速度高，在高峰期列车密度大，运输对象为乘客，因此安全性能要求高。依靠人工来防止运行事故的发生远远不能满足运行安全的要求，必须使用列车运行防护ATP子系统。ATP子系统提供列车运行间隔控制、超速防护、车门和站台屏蔽门/安全门的联动和监督等安全防护功能，对列车速度实现动态控制和监督，使之始终在安全速度下行驶，缩短了列车运行间隔，保证了行车的安全可靠性，提高了线路的利用率，符合"故障-安全"原则（发生安全侧故障的可能性远远大于发生危险侧故障的可能性，处于禁止运行状态的故障有利于行车安全，称为安全侧故障；处于允许运行状态的故障可能危及行车安全，称为危险侧故障）。

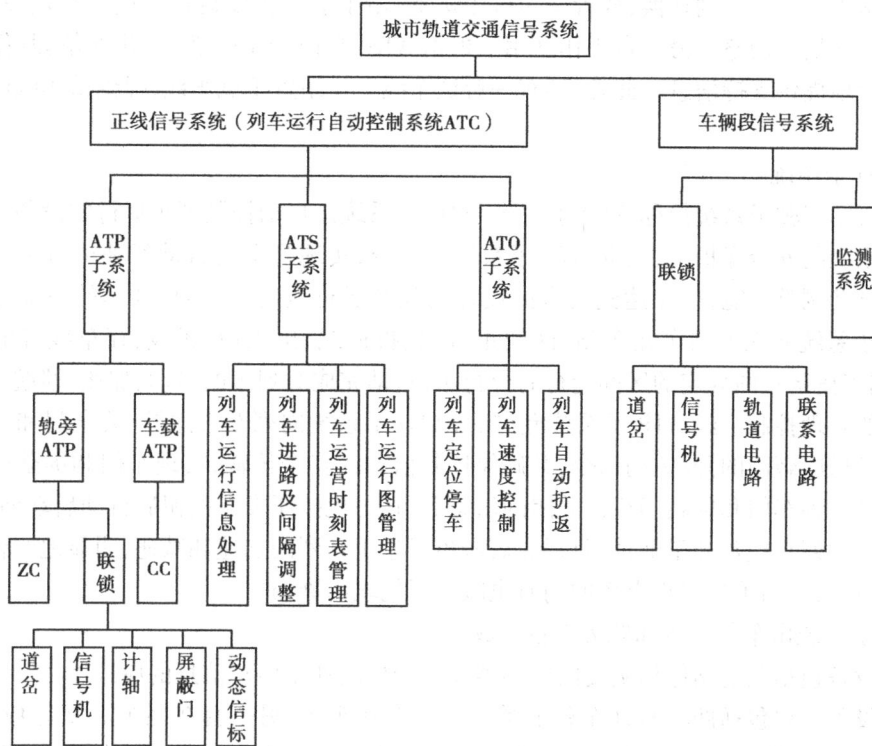

图 1.1.1

ATP 子系统包括轨旁 ATP 设备和车载 ATP 设备。

轨旁 ATP 设备主要包括位于设备集中站的联锁设备、区域控制器(ZC)和轨旁应答器(信标)等。

车载 ATP 设备包括车载控制器(CC)、信标读取器、速度传感器及加速度计等。

一个集中站的联锁设备包括联锁区内所有站的联锁设备,主要有信号机、道岔、屏蔽门、计轴设备等。

2) ATS 子系统

列车自动监控子系统简称 ATS 子系统,ATS 子系统用来监视和控制正线上的所有列车的运行,辅助行车人员对全线列车的运行进行管理,统一指挥调度。它可为行车指挥人员提供全线列车的运行状态显示,监督和记录运行图的执行情况,在列车运行偏离运行图时自动调整,保证列车按时刻表正点运行,还可通过系统接口向 PAS(Public Address System)(广播系统)和 PIS(Passenger Information System)(乘客信息系统)发送列车实时运营信息,从而向旅客实时提供如列车到站时间、出发时间、运行方向、停靠站名、各条线路乘客流量状况等运行信息。

ATS 子系统包括控制中心 ATS 设备、车站 ATS 设备、车辆段/停车场 ATS 设备。

中央 ATS 子系统由设备、电缆、计算机外设、网络、计算机软件等构成。ATS 子系统通过数据网络与其他 CBTC 子系统交换数据和命令。

车站 ATS 设备包括一套远程 ATS 主机服务器和远程 ATS 通信服务器,放置于车站位置,在中央 ATS 服务器不可用时,这些服务器为中央 ATS 服务器提供备份服务。

车辆段/停车场 ATS 设备包括两台车辆段/停车场工作站,放置于车辆段/停车场。其中,一台工作站用于行车计划切换,放置于司机派班室,用于前往正线运行和返回车辆段/停车场的列车行车计划的调整。另一台工作站用于根据 ATS 列车时刻表,为进、出车辆段/停车场的列车进路计划提供支持信息。此外,还有一台试车线工作站置于试车线,提供试车线的本地控制和监控。

3)ATO 子系统

列车自动驾驶子系统简称 ATO 子系统,ATO 子系统是自动控制列车运行的设备。在 ATP 和联锁子系统的安全保护下,根据 ATS 子系统的指令,实现列车的自动驾驶运行和列车在区间运行的自动调整功能,确保达到要求的设计间隔及运行速度,并实现列车的节能运行控制等。ATO 子系统实现了列车在车站、区间正方向、折返线、出入段/场线、存车线等的自动运行,控制列车按运行图规定的区间走行时分行车,自动完成对列车的启动、加速、巡航、惰行、减速及停车的合理控制。经 ATP 子系统允许后,ATO 子系统向列车发送开/关车门和向屏蔽门控制系统发送屏蔽门的开/关门命令,并确保控制信息的安全传输,实现车门和屏蔽门的同步开关。当接收到车门和屏蔽门均已关闭的信息后,在司机按压发车按钮后自动启动列车运行,自动运行下的列车经常处于最佳运行状态,避免了过于剧烈的加速和减速,明显地改善了乘客的乘坐舒适度,提高了列车正点率的同时也减少了轮轨的磨损。

ATO 子系统由车载设备和轨旁设备组成。

轨旁设备包括测定站停精确度的应答器和用于检测列车停车信息的应答器。

车载设备主要包括两套 CC(车载子系统):一套在头车,另一套在尾车。每套 CC 包括两个独立的 ATO 模块(主用/备用),在主 ATO 发生故障后,CC 将自动启动从主 ATO 单元到备用 ATO 单元的切换。

(2)车辆段/停车场信号系统

车辆段/停车场信号系统主要是独立的一套联锁设备,用来实现车辆段内进路的控制,同时通过联系电路实现与正线的接口,从而实现列车正常的出、入段进路办理。此外,为了便于维修和故障处理,现在的车辆段/停车场还增设一套微机监测设备,作为附属设备。

为了实现信号一体化,车辆段/停车场信号系统通过数据通信子系统(Data Communication Subsystem,DCS)与中央相联,保证了车辆出入段线的监控。

车辆段/停车场设备主要包括 ATS 车辆段分机、微机联锁设备、微机监测设备、轨道电路及信号机等,如图 1.1.2 所示。

1)ATS 分机

车辆段/停车场设一台 ATS 分机,用于采集车辆段内存车库线的列车占用情况以及进或出车辆段的列车信号机的状态,用来在控制中心的显示屏上给出以上信息的显示。

2)联锁设备

车辆段/停车场独立设一套联锁设备,实现车辆段内的信号控制,并通过 ATS 车辆段分机与控制中心交换信息。

3)微机监测设备

微机监测设备主要实现对车辆段/停车场范围内基础设备的实时状态监测。例如,信号灯丝状态、轨道电路、转辙机、电源及电缆绝缘等的实时状态监测,是信号设备实现"状态修"的必要手段。

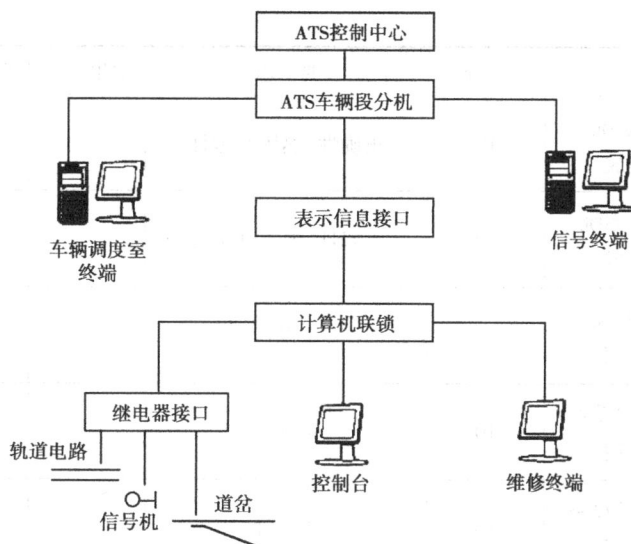

图 1.1.2

4）轨道电路

车辆段/停车场内轨道电路多采用 50 Hz 相敏轨道电路，用来检查列车的占用和空闲。

5）信号机

在车辆段/停车场的入口处设进段（场）信号机，出口处设出段（场）信号机，存车库线中间进段方向设列车阻挡信号机，段内其他地点根据需要设调车信号机。

6）转辙机

车辆段/停车场内每组道岔一般设一台转辙机进行牵引。

7）电源设备

车辆段/停车场信号设备设有专用电源屏供电，电源屏一般采用模块化结构；对有不间断供电和抗干扰要求的设备应设不间断（UPS）电源设备，UPS 电池采用免维护电池，其后备时间一般按 30 min 设计。

【任务考评】

以学生自评互评为主，教师综合评定。

任务实施过程考核评价表

	考评项目	配分	要　求	学生自评	小组互评	教师评定
知识准备	城市轨道交通信号设备的作用	5	正确性			
	城市轨道交通信号设备的特点	5	正确性			
	信号安全驾驶模式的分类	10	熟悉的程度			

续表

	考评项目	配分	要　求	学生自评	小组互评	教师评定
任务完成	正线信号系统的设备组成	10	正确性、熟练性考评			
	车辆段信号系统的设备组成	10	正确性、熟练性考评			
	ATP 子系统的设备组成及作用	10	正确性			
	ATS 子系统的设备组成及作用	10	正确性			
	ATO 子系统的设备组成及作用	10	正确性			
	任务实施过程记录	5	详细性			
	所遇问题与解决记录	5	成功性			
安全事项		5	违章不得分			
协调合作,成果展示成绩		15	小组成员的参与积极性、成果展示的效果			
成绩						

【项目小结】

本项目主要介绍了城市轨道交通的定义及特点、城市轨道交通信号设备的作用及组成。

城市轨道交通具有运量大、速度快、准时舒适、安全可靠等特点,其信号设备的作用包括缩短列车运行间隔、提高列车运行速度、保证列车运行的安全可靠性及提高列车运行效率等方面。

本项目重点介绍了城市轨道交通信号系统的组成,系统通常由正线信号系统和车辆段/停车场信号系统两部分组成。而正线信号系统是地域上的划分,即列车运行自动控制系统(ATC),其设备不仅分布在正线,也分布在控制中心,ATC 系统一般又包括列车自动防护系统(ATP)、列车自动监控系统(ATS)及列车自动运行系统(ATO)3 个子系统;车辆段/停车场信号系统是一套独立的联锁设备,通过联系电路实现与正线设备的接口,更主要的是用来实现车辆段内进路的控制,实现列车出、入段进路的办理。

【思考与练习】

1. 简述城市轨道交通信号控制系统的特点。

2. 简述城市轨道交通信号控制系统的组成。

3. 列车在车辆段/场与正线之间的信号控制方式是如何转换的?

4. 列车运行自动控制系统 ATC 包括哪些子系统？简述各自的功能。

5. 城市轨道交通信号控制系统的设备在哪些地域有分布？

6. 控制中心有哪些信号设备？

7. 车站及轨旁有哪些信号设备？

8. 车辆段/场有哪些信号设备？简述各自的功能。

9. 试车线的功能是什么？一般设置在什么地方？其信号设备的装置的要求是什么？

10. 列车在正线上的驾驶模式有哪几种？各自的特点是什么？

11. 在正线上及车辆段内正常行驶时,应采取哪些驾驶模式？

12. 列车的折返方式有哪几种？简述各种方式下控制列车折返的过程。

13. 简述信号控制系统设备维修的模式。

14. 一般情况下,信号系统设备维护工区是如何设置的?

15. 你所在城市的地铁公司信号设备修程是什么?

16. 简述值班工班的通常维修组织流程。

项目 2
车站及轨旁基础设备

【项目描述】

1. 继电器的基本知识。
2. 继电器的应用。
3. 转辙机的基本知识。
4. ZD6 系列电动转辙机。
5. ZD(J)9 系列电动转辙机。
6. S700K 型电动转辙机及外锁闭装置。
7. 道岔控制电路。
8. 信号机的基本知识。
9. 透镜式及 LED 式色灯信号机。
10. 轨道电路和计轴设备的基本知识。
11. WXJ50 型微电子相敏轨道电路。
12. AzLM 型和 AzS(M)350U 型计轴系统。
13. 应答器。
14. 信号电源屏与 UPS。
15. 发车指示器。
16. 无人自动折返按钮及紧急停车按钮。
17. IBP 信号控制盘。
18. 车站级信号操作工作站。

【项目目标】

1. 了解继电器的继电特性、作用及分类。
2. 掌握继电器的基本工作原理及各项性能。
3. 掌握继电器的表述方法并会正确分析继电器电路。
4. 熟悉转辙机的作用、分类、型号组成及表示意义。
5. 掌握 ZD6 系列电动转辙机的结构组成、各部件作用及工作原理。

6. 掌握 ZD(J)9 系列电动转辙机的结构组成、各部件作用及工作原理。

7. 掌握 S700K 型电动转辙机的结构组成、各部件作用及传动原理。

8. 能正确分析四线制道岔控制电路。

9. 熟悉信号机的分类、设置原则、显示含义及信号显示的基本要求。

10. 了解信号机显示距离的要求、信号机的命名规则及信号机灯光配列。

11. 掌握透镜式及 LED 式色灯信号机的结构和工作原理。

12. 熟悉轨道电路和计轴设备的基本知识。

13. 掌握 WXJ50 型微电子相敏轨道电路的结构及工作原理。

14. 熟悉 AzLM 型和 AzS(M)350U 型计轴系统的工作过程。

15. 掌握应答器的作用、结构及工作原理。

16. 掌握信号电源屏与 UPS 的作用。

17. 掌握发车指示器的作用。

18. 了解无人自动折返按钮及紧急停车按钮的使用。

19. 熟悉 IBP 信号控制盘的盘面布置。

20. 熟悉车站级信号操作工作站的图例显示含义。

【能力目标】

1. 会分析继电器的基本工作原理。

2. 正确理解继电特性的含义,会识读继电器的型号。

3. 理解无极、偏极和有极继电器的结构差异,会分析 3 种继电器的工作原理。

4. 会正确测量安全型继电器的电气特性和时间特性。

5. 正确识读继电器线圈和接点的图形符号,会分析继电器基本电路。

6. 会运用动作程序法分析脉动偶电路,正确理解自闭电路的作用。

7. 熟记转辙机的作用、分类、型号组成及表示意义。

8. 熟记 ZD6 系列电动转辙机的结构组成及各部件作用,会分析其工作原理。

9. 熟记 ZD(J)9 系列电动转辙机的结构组成及各部件作用,会分析其工作原理。

10. 熟记 S700K 型电动转辙机的结构组成及各部件作用,会分析其传动原理。

11. 会分析四线制单动道岔控制电路。

12. 熟悉信号机的分类、设置原则、显示的含义及信号显示的基本要求。

13. 了解信号机显示距离的要求、信号机的命名规则及信号机灯光配列。

14. 了解透镜式色灯信号机的结构组成,会分析 DDXL 型、XDZ-B 型点灯单元的工作原理。

15. 了解 LED 色灯信号机的结构组成,会分析其工作原理。

16. 正确理解轨道电路和计轴设备的作用。

17. 理解 WXJ50 型微电子相敏轨道电路的结构及工作原理。

18. 正确叙述 AzLM 型和 AzS(M)350U 型计轴系统的工作过程。

19. 能理解应答器的作用、结构及工作原理。

20. 能准确叙述信号电源屏与 UPS 及发车指示器的作用。

21. 能叙述无人自动折返按钮及紧急停车按钮的使用。

22. 能准确叙述 IBP 信号控制盘的盘面布置。
23. 正确识读车站级信号操作工作站的图例显示含义。

任务 1　信号继电器

【场景设计】

1. 利用继电器实物进行演示教学。
2. 让学生在信号实训室进行继电器电路焊接及配线的实际操作。
3. 学生每 6 ~ 8 人 1 组。
4. 考评所需的记录、评价表。

【知识准备】

继电器是自动控制系统和远程控制系统中常用的元器件,用来接通和断开电路,发布控制命令和反映设备状态,构成自动控制和远程控制电路。在城市轨道交通信号控制技术中广泛采用的继电器,称为信号继电器(在信号系统中,可简称继电器)。继电器无论是作为继电式信号系统的核心部件,还是作为电子式或计算机式信号系统的接口部件,都发挥着重要的作用。

(1)信号系统对继电器的要求

信号继电器是信号系统中的主要器件,继电器动作的可靠性直接影响到信号系统的可靠性和安全性。因此,信号系统对继电器提出了极其严格的要求,具体如下:

①动作必须可靠、准确。
②使用寿命长。
③有足够的闭合和断开电路的能力。
④有稳定的电气特性和时间特性。
⑤在周围介质温度和湿度变化很大的情况下,均能保持很高的电气绝缘强度。

(2)继电器的基本工作原理

继电器是一种电磁开关。无论何种类型、何种结构的继电器,都是由电磁系统和接点系统两大主要部分组成。其中,电磁系统由线圈、固定的铁芯和轭铁以及可动的衔铁构成,用来接收并反映输入量。接点系统由动接点和静接点构成,用来实现控制的目的。当线圈中通入一定数值的电流后,由于电磁作用或感应方法产生电磁吸引力,吸引衔铁,由衔铁带动接点系统,改变其状态,从而反映输入电流的状况。

最简单的电磁继电器如图 2.1.1 所示。继电器从实质上来说就是一个带接点的电磁铁,其动作原理也与电磁铁相似。当给线圈中通以一定数值的电流后,在衔铁和铁芯之间就产生一定数量的磁通,该磁通经铁芯、衔铁、轭铁和气隙形成一个闭合磁路,铁芯对衔铁就产生了吸引力。吸引力的大小取决于所通电流的大小。当电流增大到一定值时,吸引力增大到能克服衔铁向铁芯运动的阻力,衔铁就被吸向铁芯。由衔铁带动的动接点(随衔铁一起动作的接点)也随之动作,与动合接点(前接点)接通。此状态称为继电器励磁吸起(简称吸起)。

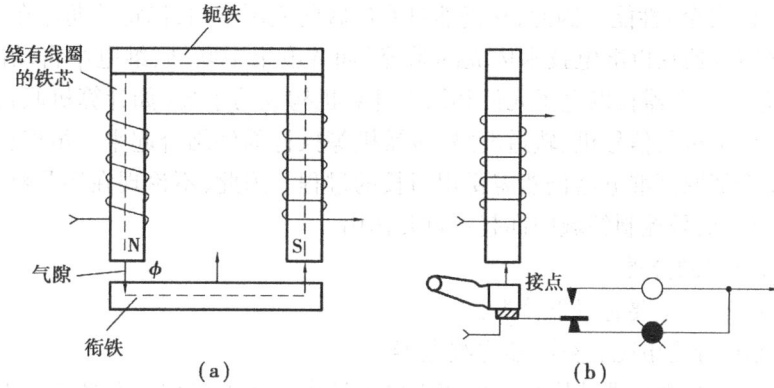

图 2.1.1

当电流减小时,吸引力也随之减小,当吸引力减小到不能够克服衔铁重力时,衔铁靠自重落下(释放),衔铁带动动接点与前接点断开,与动断接点(后接点)接通。此状态称为继电器失磁落下(简称落下)。

(3)继电器的继电特性

继电特性是当输入量达到一定值时,输出量发生突变,如图 2.1.2 所示。

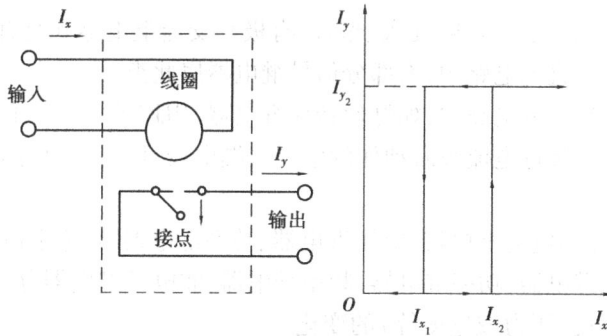

图 2.1.2

继电器线圈回路为输入回路,继电器接点回路为输出电路。当线圈中电流 I_{x_1} 从 0 增加到某一定值 I_{x_2} 时,衔铁被吸向铁芯,前接点闭合,接点回路中的电流 I_y 从 0 突然增大到 I_{y_2}。

此后,即使 I_x 继续增大,但是因为接点回路中的阻值不变,I_y 也保持不变。当线圈中的电流 I_x 减小到 I_{x_1} 时,继电器衔铁依靠本身的自重释放,输出电流 I_y 从 I_{y_2} 减小到 0,此后,I_x 再减小,I_y 保持为 0 不变。

(4)继电器的作用

继电器具有继电特性,能以极小的电信号来控制执行电路中的大功率对象,能控制数个对象和数个回路,能控制远距离的对象。继电器的这种性能,给自动控制和远程控制创造了便利条件,因此,继电器广泛应用于国民经济各部门的生产过程控制和国防系统的自动化和远程控制,也广泛应用于城市轨道交通以及铁路信号的各个方面。

随着电子技术的迅速发展,电子器件尤其是微型计算机以其速度快、体积小、容量大、功能强等技术优势,在相当程度上逐渐取代继电器,构成自动控制和远程控制系统,使技术水平大大提高。但是,继电器与电子器件相比,仍具有一定的优势,如开关性能好(闭合时阻抗小、断开时阻抗大),防雷击性能强,无噪声,不受温度影响,可以控制多个回路,有"故障-安全"

(发生故障时导向安全)性能。因此,它仍然具有广阔的应用空间,仍将长期存在。

目前,信号继电器在以继电技术构成的系统(如继电集中联锁、继电半自动闭塞等)中起着核心作用。信号继电器在以电子元件和微型计算机构成的系统(如计算机联锁)中,作为其接口部件,将系统主机与信号机、轨道电路、转辙机等执行部件结合起来。虽然已出现全电子化的系统,但要全部取消继电器仍然需要相当长的过程。因此,不论现在还是将来,信号继电器在城市轨道交通信号控制领域中都起着重要作用。

(5)信号继电器的分类

继电器种类繁多,主要有以下分类:

1)按动作原理分为电磁、感应、热力继电器

电磁继电器:通过继电器线圈中的电流在电磁铁中产生的吸引力驱使衔铁及可动部分动作,改变接点系统的工作状态。如直流无极继电器、直流有极继电器、交流继电器、二元差动继电器等。地铁运用的绝大多数继电器都属电磁继电器。

感应继电器:利用交变磁场与另一交变磁场在继电器可动部分的翼板中产生涡流的相互作用而动作。例如,50 Hz 轨道电路内使用的交流二元二位继电器等。

热力继电器:利用电流对双金属片加热,利用不同膨胀系数的双金属片具有的单向弯曲的物理特性而动作接点。

2)按工作电流分为直流继电器(无极、偏极、有极)、交流继电器和交直流继电器

直流继电器:工作在直流电路中,大部分信号继电器属此类。

交流继电器:工作在交流电路中,如灯丝转换继电器、JRJC 型二元二位继电器等。

交直流继电器:是一种过电流瞬时动作的电磁式继电器,作为电力转动系统中的过电流保护元件。

3)按输入物理量分为电流继电器、电压继电器、功率继电器、频率继电器、非电量继电器

电流继电器、电压继电器、功率继电器、频率继电器、非电量继电器分别反映电流、电压、功率、频率、非电量(如温度、压力或速度等)的变化。

4)按动作速度分为速动继电器、正常动作继电器、缓动继电器

速动继电器:衔铁动作时间小于 0.1 s,如 JD 型电码继电器、JM 脉冲继电器。

正常动作继电器:衔铁动作时间 0.1 ~ 0.3 s,大部分信号继电器属此范围。

缓动继电器:衔铁动作时间超过 0.3 s,如无极缓放继电器、热力继电器、安全型半导体时间继电器等。时间继电器是利用脉冲延时电路或软件设定使之缓吸。缓放型继电器则利用短路铜环产生磁通使之缓动,主要取其缓放特性。

5)按接点结构分为普通接点继电器、加强接点继电器

普通接点继电器:接点开闭功率较小,满足一般信号电路的要求。

加强接点继电器:具有开闭功率较大的接点,满足电压较高与电流较大的信号电路的要求。

6)按工作故障安全性分为安全型继电器、非安全型继电器

安全型继电器(N 型)是无须借助于其他继电器,也无须对其接点在电路中的工作状态进行监督检查,其自身结构即能满足一切安全条件的继电器。

非安全型继电器(C 型)是必须监督检查接点在电路中的工作状态,以保证安全条件的继电器。

N 型继电器主要依靠衔铁自身重力释放,故又称重力式继电器。C 型继电器主要依靠弹簧弹力释放衔铁,故又称弹力式继电器。一般来说,N 型继电器的安全性、可靠性高于 C 型继电器。

（6）**安全型继电器**

信号继电器是城市轨道交通信号设备中最主要而又大量采用的元器件之一,为确保城市轨道交通运输的安全性与高效性,信号设备的工作性能必须可靠,因此要求信号继电器必须安全可靠。AX 系列安全型继电器是在座式继电器和大插入式继电器的基础上,由我国自主设计和制造的。它与座式和大插入式继电器相比,结构新颖、质量轻、体积小。经过铁路现场几十年的运用考验,证明其安全可靠、性能稳定,能满足信号电路对继电器提出的各种要求。AX 系列安全型继电器是我国城轨信号继电器的主要定型产品,应用最为广泛,如图 2.1.3 所示。

图 2.1.3

1）安全型继电器概述

安全型继电器并不是“没有故障的继电器”,而是发生故障时做出有规则的动作,它具有强制导向接点结构,万一发生接点熔结现象时也能确保安全。

安全型继电器是直流 24 V 系列的重弹力式直流电磁继电器,其典型结构为无极继电器,其他各型继电器由无极继电器派生。因此,绝大部分零件都能通用。

2）安全型继电器安装方式

安全型继电器可分为插入式和非插入式。插入式多为单独使用,非插入式常使用于有防尘外壳的组匣中。两者的区别仅在于插入式继电器带有透明性能很好的外罩(由聚甲基丙烯酸甲酯或聚碳酸酯制成),用以密封防尘,同时为了与插座配合使用,插入式继电器安装在酚醛塑料制成的胶木底座上。在实际使用中,为便于维修,多采用插入式继电器。

插入式无极继电器如图 2.1.4 所示。

3）安全型继电器的型号表示法

安全型继电器型号用汉字拼音字母和数字表示,字母表示继电器种类,数字表示线圈的电阻值(单位 Ω),具体表示法举例如下:

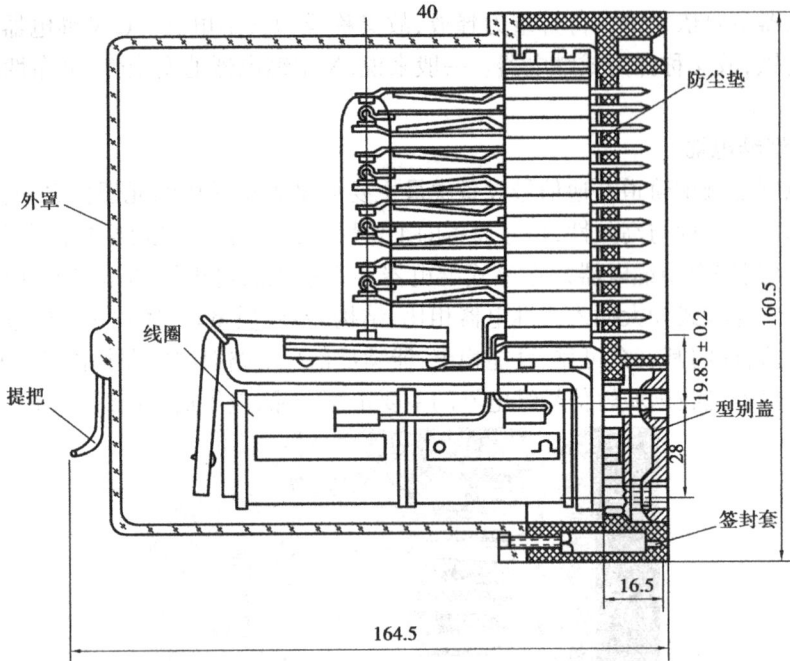

图 2.1.4

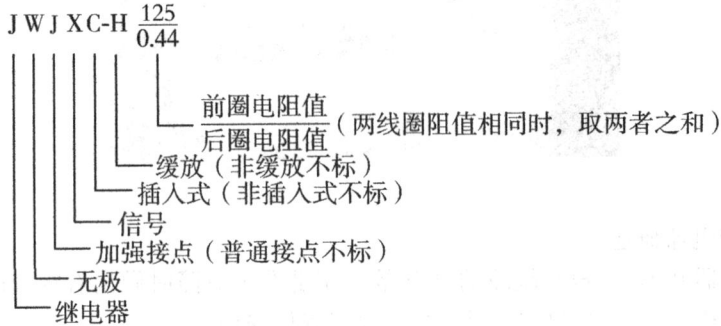

继电器代号意义如表 2.1.1 所示。

表 2.1.1　继电器代号意义

代　号	含　义		代　号	含　义	
	安全型	其他类型		安全型	其他类型
A	安全		R		二元
B	半导体		S		时间、灯丝、双门
C	插入	插入、传输、差动	T		通用、弹力
D	单门、动态		W	无极	
DB	单闭磁		X	信号	信号、小型
H	缓放	缓放	Y	有极	
J	继电器、加强接点	继电器、加强接点、交流	Z	整流	整流、转换
P	偏极				

16

4）AX 系列安全型继电器分类

安全型继电器具有无极、无极加强接点、无极缓放、无极加强接点缓放、整流式、有极、有极加强、偏极、单闭磁 5 种 9 类,如表 2.1.2 所示。

表 2.1.2　AX 系列安全型继电器基本情况

品种序号	规格序号	继电器名称	型　号	接点组数	鉴别销号码	线圈连接	电源片连接	
							连　接	使　用
1	1	无极继电器	JWXC-1000	8QH	11,52	串联	2,3	1,4
	2		JWXC-7		11,55			
	3		JWXC-1700		11,51			
	4		JWXC-2.3	4QH	11,54			
	5		JWXC-2000	2QH	11,55			
	6		JWXC-370/480	2QH,2Q	22,52	单独	—	1,2 3,4
	7	无极加强接点继电器	JWJXC-480	2QH,2QHJ	15,51	串联	2,3	1,4
	8		JWJXC-160	2QHJ	11,52			
	9		JWJXC-135/135	2QH,4QJ,2H	31,53	单独	—	1,2 3,4
	10		JWJXC-300/370	4QHJ	22,52			
	11	无极缓动继电器	JWXC-H310	8QH	23,54			
	12	无极缓放继电器	JWXC-H850	4QH	11,52	串联	2,3	1,4
	13		JWXC-H340	8QH	12,52			
	14		JWXC-H600		12,51			
	15		JWXC-H1200		14,42			
	16		JWXC-500/H300		12,53	单独	—	1,2 3,4
	17	无极加强接点缓放继电器	JWJXC-H125/0.44	2QH,4QJ,2H	15,55			
	18		JWJXC-H125/0.13		15,43			
	19		JWJXC-H125/80		31,52			
	20		JWJXC-H80/0.06		12,22			
	21		JWJXC-H120/0.17		15,55			

续表

品种序号	规格序号	继电器名称	型　号	接点组数	鉴别销号码	线圈连接	电源片连接		
							连接	使　用
2	22	整流继电器	JZXC-480	4QH,2Q	13,55	串联	1,4	7,8
	23		JZXC-H156	2QH	13,54	并联	2,4 / 1,3	7,8
	24		JZXC-0.14	4QH	22,53	串联	1,4	5,6
	25		JZXC-H62		13,53			
	26		JZXC-H18					
	27		JZXC-H142					
	28		JZXC-H138					
	29		JZXC-H60					
	30		JZXC-H0.14/0.14	2Q,4H	22,53	单独	—	1,2 / 3,4
	31		JZXC-16/16	4QH	13,53			1,2
	32		JZXC-H18F					5,6
	33		JZXC-H18F1					1,2
	34		JZXC-480F	4QH,2Q	13,55			71,81
3	35	有极继电器	JYXC-660	6DF	15,52	串联	2,3	1,4
	36		JYXC-270	4DF	15,53			
	37	有极加强接点继电器	JYJXC-135/220	2DF,2DFJ	15,54	单独	—	1,2 / 3,4
	38		JYJXC-X135/220		12,23			
	39		JYJXC-220/220		15,54			
	40	有极加强接点继电器	JYJXC-3000	2F,2DFJ	13,51	串联	2,3	1,4
	41		JYJXC-J3000					
4	42	偏极继电器	JPXC-1000	8QH	14,51			
	43		JPXC-400		14,52			
5	44	单闭磁继电器	JDBXC-550/550	4QH	21,52	单独	—	1,2 / 3,4
	45		JDBXC-A550/550		13,42			
	46		JDBXC-1500	2QH				

注:Q表示前接点,H表示后接点,D表示定位接点,F表示反位接点,J表示加强接点。

5) AX系列安全型继电器插座

安全型继电器组成插入式,需加装继电器插座板,其结构如图2.1.5所示。

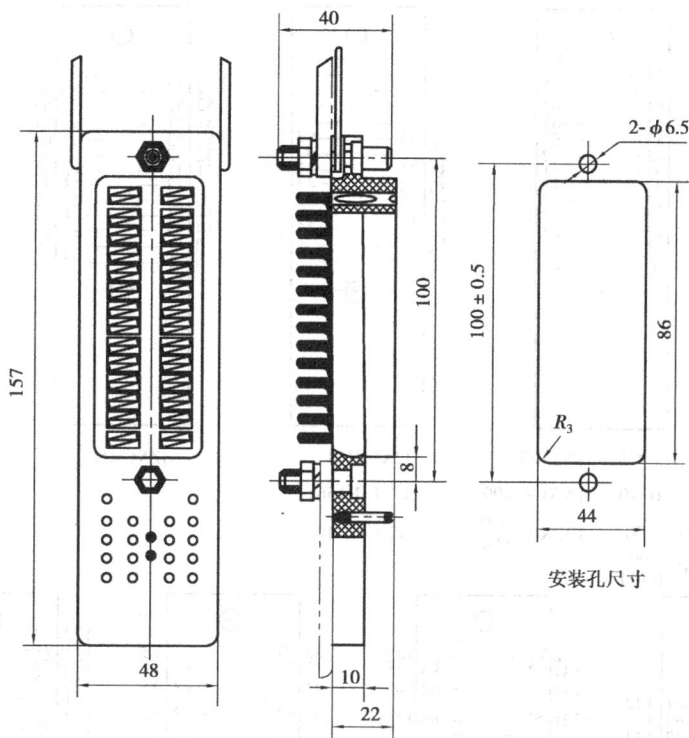

安装孔尺寸

图 2.1.5

插座插孔旁所注接点编号系无极继电器的接点编号,其他各型继电器的接点系统的位置及使用编号与之不同,而实际使用的插座仅此一种,所以必须按如图 2.1.6 所示符号对照使用。

安全型继电器有多种类型,为防止不同类型的继电器错误插接,在插座下部鉴别孔内铆以鉴别销。鉴别销号码如图 2.1.7 所示。

不同类型的继电器由型别盖上鉴别孔的不同进行鉴别,根据规定的鉴别孔逐个钻成,以与鉴别销相吻合。

6)AX 系列安全型继电器的特点

在信号系统中,凡是涉及行车安全的继电器电路都必须采用安全型继电器。安全型继电器是指它的结构必须符合"故障-安全"原则。它是一种故障不对称器件,在故障情况下使前接点闭合的概率远小于后接点闭合的概率。这样,就可以用前接点代表危险侧信息,用后接点代表安全侧信息。

为了达到"故障-安全"原则的要求,安全型继电器在结构上有以下特点:

①前接点采用熔点高,不会因熔化而使前接点粘连的导电性能良好的材料。

②增加衔铁质量,采用"重力恒定"原理在线圈断电时强制将前接点断开。

③采用剩磁极小的铁磁材料构成磁路系统,并在衔铁与极靴之间设有一定厚度的非磁性止片,当衔铁吸起时仍有一定的气隙以防剩磁吸力将衔铁吸住。

④衔铁不致因机械故障而卡在吸起状态。

7)安全型继电器的结构和动作原理

①无极继电器

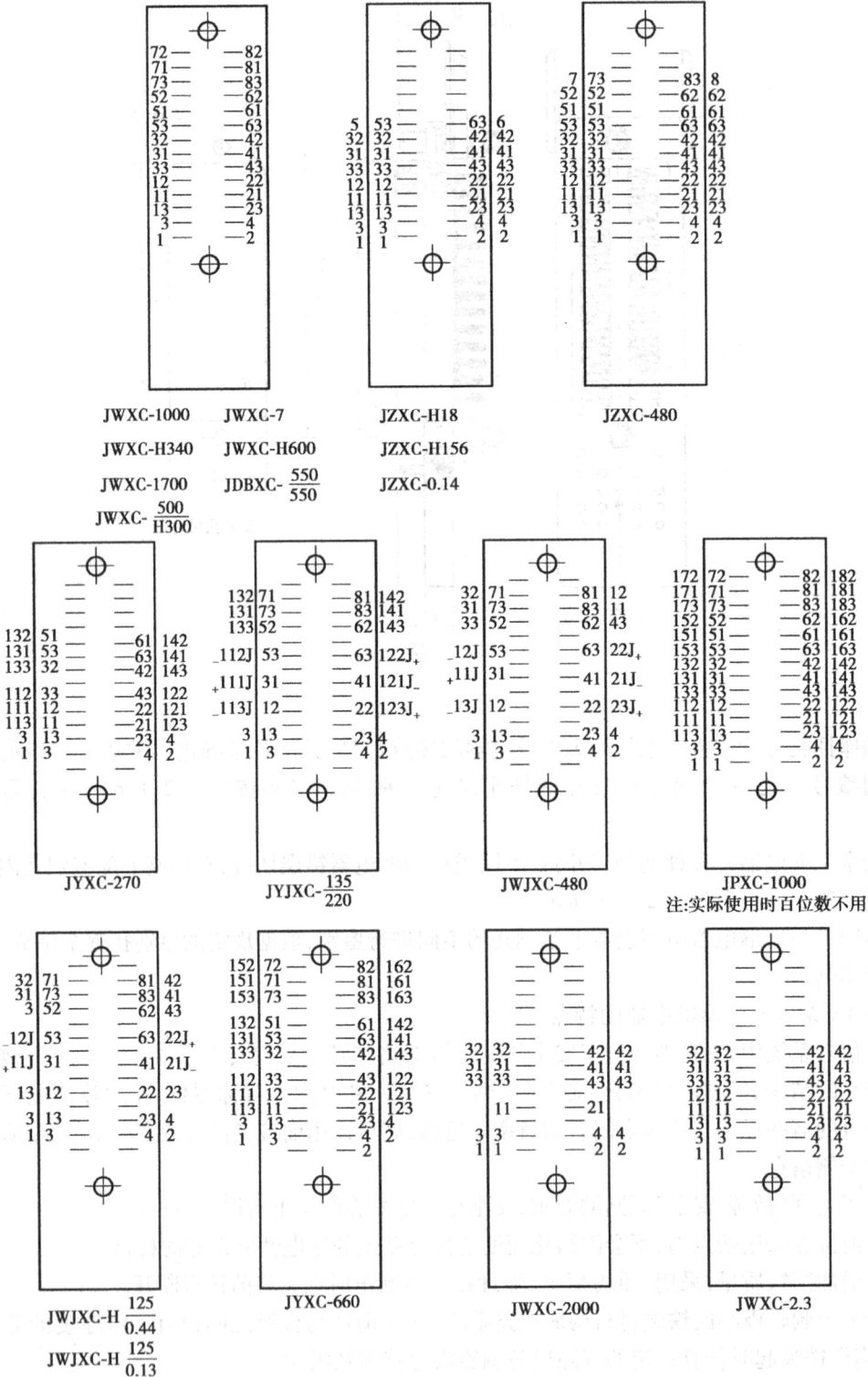

JWXC-1000　　JWXC-7　　JZXC-H18　　JZXC-480

JWXC-H340　　JWXC-H600　　JZXC-H156

JWXC-1700　　JDBXC-$\frac{550}{550}$　　JZXC-0.14

JWXC-$\frac{500}{H300}$

JYXC-270　　JYJXC-$\frac{135}{220}$　　JWJXC-480　　JPXC-1000

注:实际使用时百位数不用

JWJXC-H$\frac{125}{0.44}$　　JYXC-660　　JWXC-2000　　JWXC-2.3

JWJXC-H$\frac{125}{0.13}$

图 2.1.6

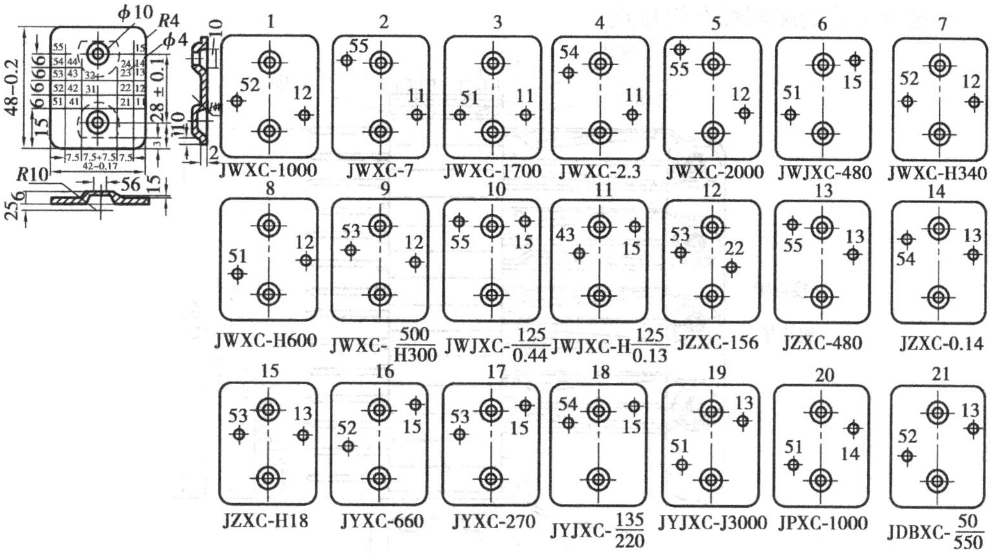

图 2.1.7

A. 直流无极继电器的结构

直流无极继电器采用的电源是直流电源,而且无论什么极性只要达到它的规定电压(或电流)值,继电器就励磁吸起,故称这种继电器为直流无极继电器,简称无极继电器。常见的无极继电器有 JWXC-1700,JWXC-1000,JWXC-H340,JWXC-7 等类型。

JWXC 型直流无极继电器由电磁系统和接点系统两大部分组成。电磁系统包括线圈、铁芯、轭铁和衔铁,如图 2.1.8 所示。接点系统处于电磁系统上方,如图 2.1.9 所示,通过接点架、螺钉紧固在轭铁上,使两者成为一个整体。用螺钉将下止片、电源片单元、银接点单元、动接点单元以及压片按顺序组装在接点架上,在紧固螺钉前,应将拉杆、绝缘轴、动接点轴与动接点组装好。

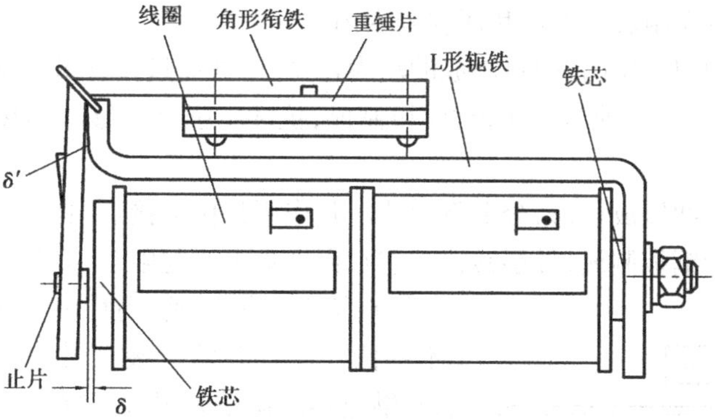

图 2.1.8

无极继电器接点系统采用两排纵列式联动结构,因此,接点组数只能成偶数增减。

拉杆传动中心线与接点中心线一致,以减少不必要的传动损失。

为了减少接点组组装时的积累公差,将接点片与托片组合压在酚醛塑料内以形成单元块。单元块之间为平面接触,易于控制公差,同时提高了接点组之间的绝缘强度。

银接点单元由锡磷青铜带制成的接点片与由黄铜制成的托片组成,两组对称地压制在胶

21

木内。在接点簧片的端部焊有银接点。

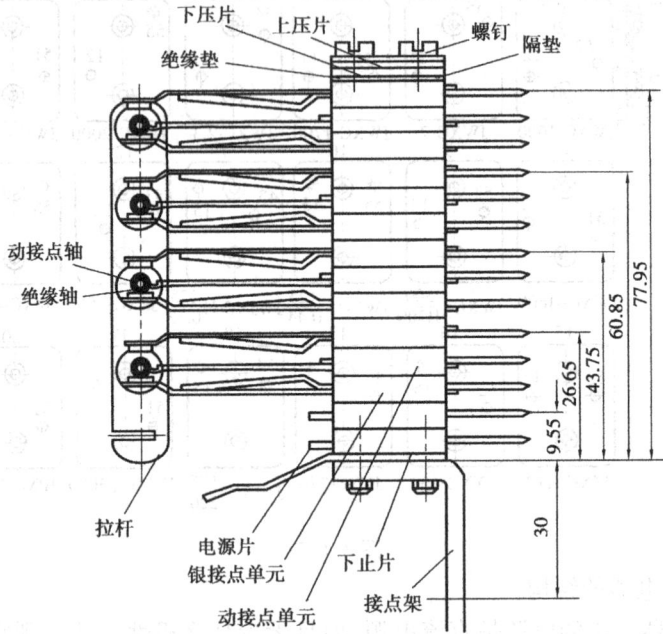

图 2.1.9

接点接触时碰撞会产生颤动,颤动将形成电弧,对接点有较大的破坏作用,为消除这种颤动必须设置托片。在调整继电器时,可在接点片和托片间加一个初压力,保证接点刚接触时可动部分的动能被接点片吸收,这样既能消除颤动,又能缩短接点的完全闭合时间,大大降低了接点烧损的几率。

动接点单元由锡磷青铜带制成的动接点簧片与黄铜板制成的补助片压制在酚醛塑料胶木内。动接点簧片端部焊有动接点。动接点由银氧化镉制成。

电源片单元由黄铜制成的电源片压在胶木内。

拉杆有铁制的和塑料制的,塑料制成的较为常见,衔铁通过拉杆带动动接点组。

绝缘轴用冻石瓷料(一种新型陶瓷材料)制成,抗冲击强度足够。动接点轴由锡磷青铜线制成。

压片由弹簧钢板冲压成弓形,分上下两片。其作用是保证接点组的稳固性。

下止片由锡磷青铜板制成,外层镀镍。它在衔铁落下时起限位作用。

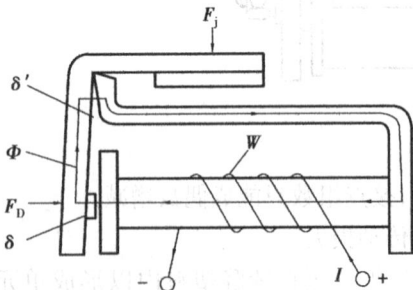

图 2.1.10

接点架由钢板制成,用稳钉与轭铁固定,保证接点架不变位。接点架的安装尺寸是否标准,角度是否准确,对继电器的调整有很大影响。

B. 无极继电器的动作原理

无极继电器的磁系统为无分支磁路,如图 2.1.10 所示。在线圈上加上直流电压后,线圈中的电流 I 使铁芯磁化,在铁芯内产生工作磁通 Φ,它由铁芯极靴处经过主工作气隙 δ 进入衔铁,又经过第二工作气隙 δ' 进入轭铁,然后回到铁芯,形成一闭合磁路。在工作气隙 δ

处,由于磁通 Φ 的作用,铁芯与衔铁间产生电磁吸引力 F_D,当 F_D 大到足以克服机械负载的阻力 F_j(主要是衔铁自重)时,衔铁即与铁芯吸合。此时衔铁通过拉杆带动动接点运动,使后接点断开,前接点闭合。

当线圈中的电流减小时,铁芯中的磁通按一定规律随之减小,吸引力也随着减小。当电流小到一定值时,它所产生的吸引力小于机械力,衔铁离开铁芯,被释放。此时,拉杆带动动接点运动,使前接点断开,后接点闭合。

②无极加强接点继电器

加强接点继电器是为通断功率较大的信号电路而设计的,外形如图 2.1.11 所示。无极加强接点继电器有 JWJXC-480 型、JWJXC-H125/0.44 和 JWJXC-H125/0.13 等类型。

图 2.1.11

JWJXC-480 型继电器,其磁系统具有加大尺寸的无极磁路,接点系统由两组普通接点和两组加强接点组成,表示为 2QH 和 2QHJ。普通接点与无极继电器相同,加强接点则具有特殊设计的大功率接点和磁吹弧器。

JWJXC-H125/0.44 和 JWJXC-H125/0.13 型无极加强接点缓放继电器,其电磁系统和无极缓放继电器(JWXC-H340)相同。接点系统由两组带磁吹弧器的加强前接点、两组不带磁吹弧器的加强后接点和两组普通接点组成,即 2QJ,2H,2QH。前线圈为主线圈,后线圈为电流保持线圈。JWJXC-H125/80 型继电器则是专为交流转辙机设计的缓放继电器,其后线圈为电压保持线圈。

无极加强接点继电器电磁系统虽与无极继电器相同,但由于接点系统结构的改变,引起磁系统的结构参数有较大变化。无极加强接点继电器的线圈与电源片的连接方式与无极继电器相同。

无极加强接点继电器的接点系统如图 2.1.12 所示。它的普通接点与无极继电器相同。加强接点组由加强动接点单元和带磁吹弧器的加强接点单元组成。为了防止接点组间的飞弧短路,在两组加强接点间安装既耐高温、又具有良好绝缘性能的云母隔弧片。隔弧片铆在拉杆上。为保证加强接点的安装空间,增加了空白单元。图中用虚线表示的熄弧磁钢,说明只有带熄弧器的加强后接点才有。

由锡磷青铜片冲压成型的加强动接点片头部,铆有由银氧化镉制成的动接点。而加强静接点片头部,同样铆接银氧化镉接点,在接点的同一位置点焊了安装磁钢的熄弧器夹。

熄弧磁钢由铝镍钴合金或铁镍铝合金制成。其熄弧原理是利用电弧在磁场中受力运动而产生吹弧作用,使电弧迅速冷却而熄灭。为避免电弧烧损接点及对磁钢去磁,加强接点端部设有导弧角,使电弧迅速移到接点及磁钢的前部位置。

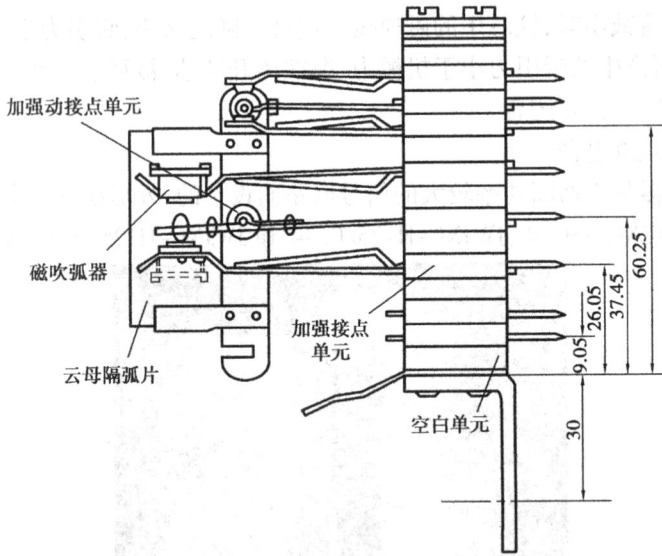

图 2.1.12

由于磁钢吹弧方向与极性有关,因此熄弧磁钢极性的安装有特定的要求。

磁熄弧器的安装与接点电流方向,如图 2.1.13 所示。

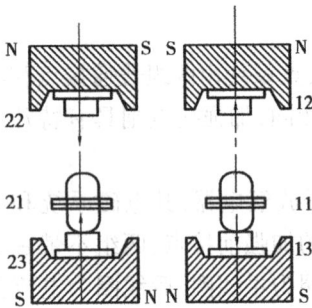

图 2.1.13

③偏极继电器

JPXC-1000 型和 JPXC-400 型偏极继电器是为了满足信号电路中鉴别电流极性的需要设计的。它与无极继电器不同,衔铁的吸起与线圈中电流的极性有关,只有通过规定方向的电流时,衔铁才吸起,而电流方向相反时,衔铁不动作。但它又不同于有极继电器,只有一种稳态,即衔铁靠电磁力吸起后,断电就落下,落下是稳定状态。

A. 偏极继电器的结构

偏极继电器的磁系统与无极继电器基本相同。但铁芯的极靴是方形的,在方极靴下方用两个螺钉固定永久磁钢,使衔铁处于极靴和永久磁钢之间,受永磁力的作用偏于落下位置。由于永磁力的存在,衔铁只安装一块重锤片,后接点的压力由永磁力和重锤片共同作用产生。

铁芯由电工纯铁制成,方形极靴是先冲压成型后再与铁芯焊成整体的。

由于铁芯为方形极靴,衔铁也由半圆形改为方形,以增加受磁面积,降低气隙磁阻。

永久磁钢由铝镍钴材料制成,其上部为 N 极,下部为 S 极。

两线圈串联使用,接线方式同无极继电器。

接点系统与无极继电器完全相同,具有 8QH 接点组。

B. 偏极继电器的工作原理

偏极继电器的磁路系统由永磁磁路与电磁磁路两部分组合而成,如图 2.1.14 所示。永磁

的磁通中 Φ_{M} 从 N 极出发,经第三工作气隙 δ_{III} 进入衔铁后分为两条并联支路:一部分磁通中 Φ_{M1} 经第一工作气隙 δ_{I} 进入方形极靴,然后直接返回 S 极;另一部分磁通 Φ_{M2} 穿过第二工作气隙 δ_{II} 进入轭铁,再经铁芯至方形极靴,返回 S 极。由于 $\delta_{\mathrm{I}} > \delta_{\mathrm{II}}$,故 $\Phi_{\mathrm{M2}} > \Phi_{\mathrm{M1}}$,而 $\Phi_{\mathrm{M}} = \Phi_{\mathrm{M1}} + \Phi_{\mathrm{M2}}$,故 $\Phi_{\mathrm{M}} \gg \Phi_{\mathrm{M1}}$ 。这样, δ_{III} 处由 Φ_{M} 产生的永磁力 F_{M} 远大于 δ_{I} 处由 Φ_{M1} 产生的永磁力,使衔铁处于稳定的落下位置。

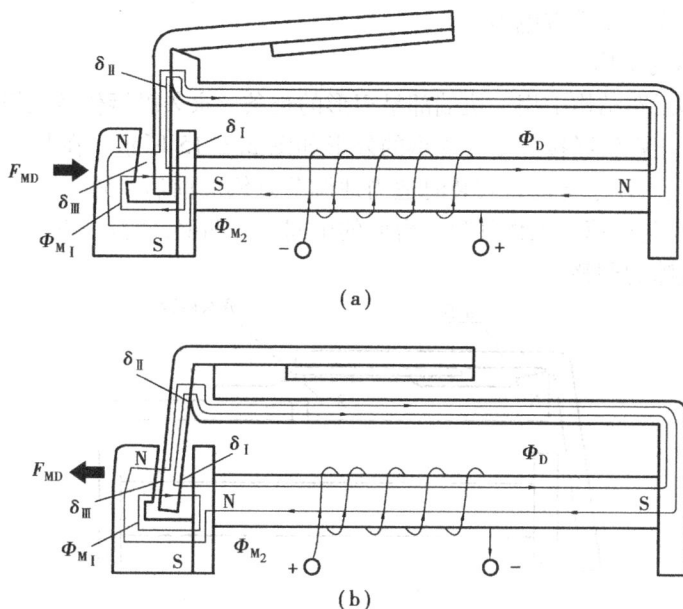

图 2.1.14

(a)衔铁吸合时的永磁及电磁磁路　(b)通以反极性电源时的永磁及电磁磁路

线圈通电后,铁芯中产生电磁通 Φ_{D} , Φ_{D} 的磁路与无极继电器相同,如图 2.1.14 (a)所示。若线圈中电流方向使电磁通在极靴处为 S 极,这时,在 δ_{I} 处 Φ_{D} 和 Φ_{M1} 方向相同,总磁通为两者之和,相应的总电磁吸引力 F_{MD1} 增大;在 δ_{II} 处 Φ_{D} 和 Φ_{M2} 方向相反,总磁通为两者之差,相应的总电磁吸引力 F_{MD2} 减小。由于力臂相差较大, F_{MD1} 的增大较 F_{MD2} 的减小作用要大得多,因此,对衔铁的总吸引力 F_{MD} 增大。当 $F_{\mathrm{MD}} > F_{\mathrm{M}}$ 时, F_{MD} 克服 F_{M} 与接点的反作用力,使衔铁被吸合。

衔铁吸合后,磁路气隙发生变化, $\delta_{\mathrm{III}} \gg \delta_{\mathrm{I}}$,永磁磁通在磁路中大大减小, F_{M} 显著减小,这时只要有一定值的电流存在,衔铁即保持在吸起状态。

断开线圈电源时,衔铁重力和接点的反作用力使衔铁返回。在衔铁返回的过程中, δ_{I} 增大, δ_{II} 减小,永磁磁通 Φ_{M} 迅速增加,加速衔铁的返回,直到衔铁被下止片阻挡为止。

当线圈通以反极性电流时(见图 2.1.14(b)),由于电磁通 Φ_{D} 改变了方向,在 δ_{I} 处, Φ_{D} 与 Φ_{M1} 相减。而在 δ_{II} 处 Φ_{D} 与 Φ_{M2} 相加,总的电磁吸引力反而下降,因此衔铁不会吸合,从而具有鉴别电流极性的功能。

但是,反极性不吸起是有条件的,如果不断增大反极性电流,使电磁通足以克服永磁的作用,即 $F_{\mathrm{D}} - F_{\mathrm{M1}} > F_{\mathrm{M}}$,则衔铁可在反极性电流作用下吸合,这是不允许的。因此,在偏极继电器的电气特性上加上一条特殊的标准,即反向加 200 V 电压,衔铁不能吸起,以保证其工作的可靠性。

④有极继电器

有极继电器是一种能反映电流极性,并能保持其极性状态的继电器,故又称极性保持继电器。它的结构特点是磁系统中增加了永久磁钢。在线圈中通以规定极性的电流时,继电器吸起,断电后仍保持在吸起位置;通以反方向电流时,继电器打落,断电后保持在打落位置。它的结构除了磁路有特殊部分之外,其余部分都与无极继电器基本相同,常见的有极继电器有加强接点的 JYJXC-135/220 型等继电器。

A. 有极继电器的结构

有极继电器的磁路结构中用一块端部呈刃形的长条形永久磁钢代替无极继电器的部分轭铁。磁钢与轭铁间用螺钉联接。永久磁钢的外形如图 2.1.15 所示。在与轭铁相连的部位有两个大于螺钉的圆孔,便于与轭铁安装时适当地调节磁钢的前后位置。磁钢上部的中间位置有一台面,以形成均匀的第二工作气隙。台面的中间有一凹槽,使拉杆下部不至于与磁钢抵触而影响第二工作气隙的调整。

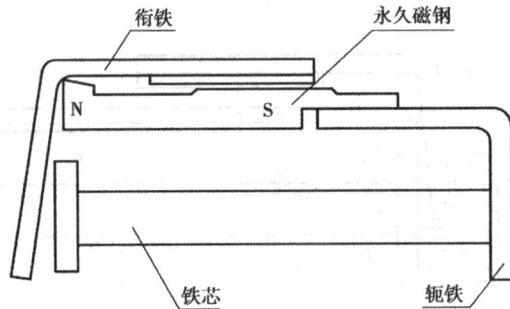

图 2.1.15

有极继电器有保持原来状态的性质,因此就不好再用吸起和落下来表示继电器的状态了,常用定位和反位来表示继电器的状态。有极继电器衔铁位置的定位、反位规定为衔铁与铁芯极靴之间的间隙最小时(即吸起状态)的位置规定为定位,此时与动接点闭合的接点称为定位接点(符号为 D,相当于前接点);衔铁与铁芯极靴之间的间隙最大时(即打落状态)的位置规定为反位,此时与动接点闭合的接点称为反位接点(符号为 F,相当于后接点)。

有极继电器的线圈引线与电源片的连接与无极继电器相同,对于两线圈串联使用的有极继电器,如 JYXC-660 型和 JYJXC-J3000 型继电器,电源片 1 接电源正极,电源片 4 接电源负极,为定位吸起,反之为反位打落。对于分线圈使用的有极继电器有 JYJXC-135/220 型继电器,则规定前圈的电源片 3 接电源正极,电源片 4 接电源负极时为定位吸起;而后圈的电源片 2 接电源正极,电源片 1 接电源负极时,为反位打落。有极继电器的接点系统与无极继电器相同。

B. 有极继电器的工作原理

有极继电器的磁路系统由两部分组成:一是永磁铁产生的磁路,二是线圈产生的磁路。其磁路系统如图 2.1.16 所示。

永久磁钢的磁通分为 Φ_{T_1} 和 Φ_{T_2} 两条并联支路。Φ_{T_1} 从 N 极出发,经衔铁、第一工作气隙 δ_1、铁芯、轭铁到 S 极;Φ_{T_2} 从 N 极出发,经衔铁上部、重锤片、第二工作气隙 δ_2 到 S 极。这两条支路不对称,磁路的不平衡就形成有极继电器的正向转极值与反向转极值的较大差别。

当衔铁处于定位状态(吸合)时,由于 $\delta_1 \ll \delta_2$,因此,$\Phi_{T_2} \leqslant \Phi_{T_1}$,由 Φ_{T_1} 产生的吸引力将克服

26

由 Φ_{T_2} 产生的吸引力、衔铁重力及接点的反作用力等力之合力,使衔铁处于稳定的吸合位置。反之,当衔铁处于反位状态时(打落),由于 $\delta_2 \ll \delta_1$,因此,$\Phi_{T_1} \ll \Phi_{T_2}$。由 Φ_{T_2} 产生的吸引力与衔铁重力、动接点预压力之和大于由 Φ_{T_1} 产生的吸引力与后接点压力之和,使衔铁保持在稳定的打落位置。

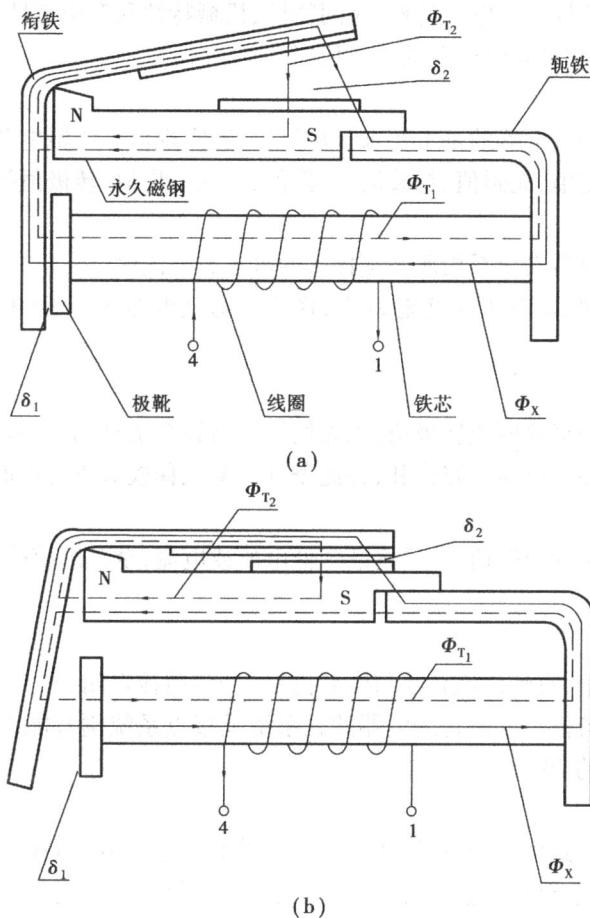

图 2.1.16 继电器

显然,有极继电器要改变其位置只有依靠线圈产生的电磁通的电磁力的作用。线圈产生的电磁通 Φ_X 是一个无分支的磁路,即铁芯、极靴、δ_1、衔铁、重锤片、δ_2、轭铁。磁通的方向由线圈中的电流极性决定。对于线圈产生的电磁通来说,永久磁钢是一个很大的磁阻,如同气隙一般。

如图 2.1.16(a)所示为有极继电器由定位转换到反位的磁路。继电器原处于定位状态,现在线圈中通以正极性电流,产生 Φ_X 电磁通的方向是极靴处为 N 极。这时在 δ_1 处 Φ_X 与 Φ_{T_1} 方向相反,磁通是削弱的,等于 $\Phi_{T_1} - \Phi_X$。而在 δ_2 处 Φ_X 与 Φ_{T_2} 方向一致,磁通是加强的,等于 $\Phi_{T_2} + \Phi_X$,当 Φ_X 增到足够大时,在 δ_2 处产生的吸力和机械力之和大于在 δ_1 处产生的吸力时,衔铁返回到打落位置,变成如图 2.1.16(b)所示的状态。

如果改变线圈电流极性,如图 2.1.16(b)所示,则在铁芯中电磁通 Φ_X 的方向随之改变,极靴处为 S 极,这时在 δ_1 处 Φ_X 与 Φ_{T_1} 方向一致,磁通是加强的,等于 $\Phi_{T_1} + \Phi_X$。而在 δ_2 处 Φ_X

与 Φ_{T_2} 方向相反，磁通是削弱的，等于 $\Phi_{T_2} - \Phi_X$，当 Φ_X 增到足够大时，在 δ_1 处产生的吸力大于在 δ_2 处产生的吸力和机械力之和时，衔铁由打落位置返回到定位吸起位置，变成如图 2.1.16（a）所示的状态。

8）安全型继电器的特性

安全型继电器的特性包括电气特性、时间特性、机械特性和牵引特性。这些特性用来表征继电器的性能，是使用和检修继电器的重要依据。

①电气特性

电气特性是安全型继电器的基本要求，也是设计和实现信号逻辑电路的依据。

电气特性包括额定值、充磁值、释放值、工作值、反向工作值、转极值等。

A. 额定值

额定值是满足继电器安全系数所必须接入的电压或电流值。

AX 系列继电器的额定电压为直流 24 V，作为轨道继电器、灯丝继电器、道岔启动继电器时除外。

B. 充磁值

为了测试继电器的释放值或转极值，预先使继电器磁系统磁化，向其线圈通以 4 倍的工作值或转极值。这样可使继电器磁路饱和，在此条件下测试释放值或转极值。

C. 释放值

向继电器通以规定的充磁值，然后逐渐降低电压或电流，至全部前接点断开时的最大电压或电流值。

D. 工作值

向继电器线圈通电，直到衔铁止片与铁芯接触、全部前接点闭合，并满足规定接点压力所需要的最小电压或电流值。此值是继电器的磁系统及接点系统刚好能工作的状态，一般规定工作值不大于额定值的 70%。

E. 反向工作值

向继电器线圈反向通电，直到衔铁止片与铁芯接触、全部前接点闭合，并满足接点压力时所需要的最小电压或电流值。造成反向工作值大于工作值的原因是磁路剩磁影响所致，反向工作值一般不大于工作值的 120%。

F. 转极值

使有极继电器衔铁转极的最小电压或电流值，又分为正向转极值和反向转极值。

正向转极值是使有极继电器的衔铁转极，全部定位接点闭合，并满足规定接点压力时的正向最小电压或电流值。

反向转极值是使有极继电器的衔铁转极，全部反位接点闭合，并满足规定接点压力时的反向最小电压或电流值。

G. 反向不工作值

向偏极继电器线圈反向通电，继电器不动作的最大电压值。

H. 返还系数

释放值与工作值之比称为返还系数。返还系数对于信号继电器有着特别重要的意义，返还系数越高，标志着继电器的落下越灵敏。规定普通继电器的返还系数不小于 30%，缓放型继电器不小于 20%，轨道继电器不小于 50%。

AX 系列常用继电器的电气特性及时间特性如表2.1.3所示。

表2.1.3 AX 系列常用继电器的电气特性和时间特性

序号	继电器型号	线圈电阻/Ω	电气特性						时间特性	
			额定值	充磁值	释放值不小于	工作值不大于	反向工作值不大于	转极值不小于	缓放时间不小于/s	
									18 V	24 V
1	JWXC-1000	500×2	24 V	58 V	4.3 V	14.4 V	15.8 V			
2	JWXC-1700	850×2	24 V	67 V	3.4 V	16.8 V	18.4 V			
3	JWXC-2.3	1.15×2	280 mA	750 mA	实际工作值50%	170~188 mA	206 mA		—	—
4	JWXC-2000	1000×2	12 V	30 V	2.4~3.2 V	7.5 V	—			
5	JWXC-370/480	370/480	18 mA/17.2 mA	48 mA/46 mA	3.8 mA/3.6 mA	12 mA/11.5 mA	14.4 mA/13.8 mA			
6	JWJXC-300/370	300/370	75 mA/75 mA	200 mA/200 mA	15 mA/15 mA	50 mA/50 mA	55 mA/55 mA			
7	JWXC-H310	310×1	24 V	60 V	4 V	15 V	—		见注2	
8	JWXC-H340	170×2		46 V	2.3 V	11.5 V	12.6 V		0.45	0.50
9	JWXC-H600	300×2		52 V	2.6 V	13 V	14.3 V			0.32
10	JWXC-H1200	600×2		66 V	4 V	16.4 V	18 V		见注3	
11	JWJXC-H125/0.13	125/0.13	24 V/3.75 A	44 V/5 A	2.3 V/<1 A	11 V/2.5 A	12.1 V/2.7 A		0.35 后线圈电流由4 A降至1 A断电时0.2	0.4
12	JWJXC-H125/80	125/80	24 V	48 V/48 V	2.5 V/2.5 V	12 V/12 V	13.2 V/13.2 V		0.4/0.4	0.5/0.5
13	JWJXC-H80/0.06	80/0.06	24 V	40 V/8 A	2.5 V/<1.3 A	11.5 V/4 A	12.6 V/4.4 A		0.35 后线圈电流由5 A降至1.5 A断电时0.2	0.45
14	JZXC-480	240×2	AC18 V	AC37 V	AC4.6 V	AC9.2 V			—	
15	JZXC-H18	9×2	AC150 mA	AC400 mA	AC40 mA	AC100 mA			AC100 mA 时0.15	

续表

序号	继电器型号	线圈电阻/Ω	电气特性						时间特性	
			额定值	充磁值	释放值不小于	工作值不大于	反向工作值不大于	转极值不小于	缓放时间不小于/s	
									18 V	24 V
16	JZXC-H142	71×2	AC50 mA	AC180 mA	AC23 mA	AC45 mA			AC50 mA 时 0.15	
17	JZXC-H 0.14/0.14	0.14/0.14	AC2.08 A	AC2.08 A/AC2.08 A	AC0.3 A/AC0.3 A	AC1.4 A/AC1.4 A			0.2	
18	JZXC-H18F	480/16	AC155 mA	AC400 mA	AC40 mA	AC140 mA			AC140 mA 时 0.15	
19	JYXC-660	330×2	24 V	60 V				10~15 V	—	—
20	JYXC-270	135×2	48 mA	120 mA				20~32 mA		
21	JYJXC-135/220	135/220	24 V	64 V/64 V				正向10~16 V 反向10~16 V	—	—
22	JYJXC-J3000	1500×2	80 V	160 V				正向30~65 V 反向20~55 V	—	—
23	JPXC-1000	500×2	24 V	64 V	4 V	16 V	反向不吸起电压>200 V		—	—

注:1. JWXC-H340 型继电器当电压在 18 V 时缓吸时间不大于 0.35 s,24 V 时不大于 0.35 s。

2. JWXC-H310 型继电器在 24 V 时缓放时间(0.8±0.1)s,缓吸时间(0.4±0.1)s。

3. JWXC-H1200 型继电器在 24 V 时缓吸时间 0.65 s。

4. JYJXC-3000 型继电器临界不转极值应大于 120 V,JYJXC-J3000 型继电器临界不转极值应大于 160 V。

②时间特性

电磁继电器的电磁系统是具有铁芯的电感,在接通或断开电源时,由于电磁感应作用,在铁芯中产生涡流,在线路中产生感应电流。这些电流产生的磁通阻碍铁芯中原来的磁通的变化,因此电磁继电器或多或少地都具有一些缓动的时间特性。

在各种继电器控制的电路中,由于它们完成的作用不一样,对继电器的时间特性要求也不一样,如果不能满足对时间特性的要求,控制电路便不能正常工作。因此,不仅要了解继电器固有的时间特性,而且还要按电路的要求,设法改变继电器的时间特性。

A. 继电器的时间特性

电磁继电器线圈所具有的电感不仅电感量大,而且是非线性的。再加上继电器磁路中的工作气隙在动作过程中是变化的,因此继电器线圈中的电流变化规律较为复杂。

当线圈通电到衔铁动作,带动后接点断开,前接点接通,需要一定的时间。当线圈断电到衔铁动作,带动前接点断开,后接点接通,也需要一定的时间,即吸合需要时间,释放也需要时间。

吸合时间指向继电器通入额定值起至全部前接点闭合所需的时间(包括通电至后接点断开的吸起启动时间和从后接点断开到前接点闭合的衔铁运动时间)。返回时间指向继电器通入额定值,从线圈断电时至前接点断开所需的时间(包括断电至前接点断开的缓放时间和从前接点断开至后接合闭合的衔铁运动时间)。继电器动作时间如图 2.1.17 所示。

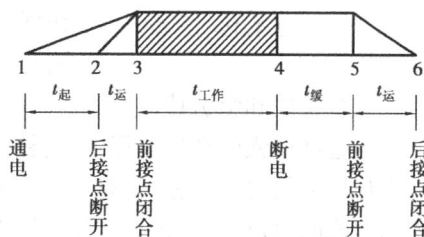

图 2.1.17

B. 改变继电器时间特性的方法

继电器用于控制电路中,要满足不同控制对象对时间特性的要求,光依靠继电器的固有时间特性是不行的,必须根据需要改变继电器的时间特性。改变继电器时间特性的方法:一是改变继电器的结构;二是用电路来实现。

a. 改变继电器结构以获得继电器的缓动

改变衔铁与铁芯间止片厚度,来改变继电器的返回时间;选用电阻率较高的铁磁材料,以缩短继电器的动作时间;增大线圈导线的线径来减小继电器的吸合时间等方法。而采用得最多的方法是在继电器铁芯上套短路铜环使继电器缓动,构成缓放型继电器。安全型继电器用铜线圈架作为铜环,如图 2.1.18 所示。

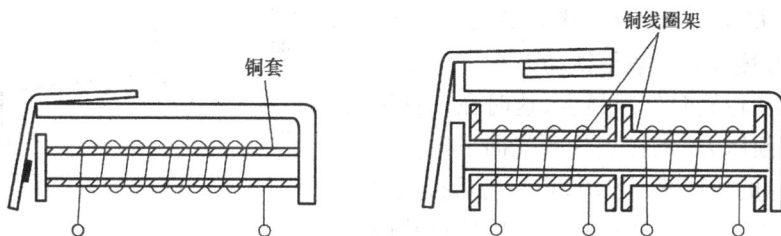

图 2.1.18

这样的继电器,当其线圈接通电源或断开电源时,铁芯中的磁通发生变化,在铜线圈架中产生感应电流(涡流),感应电流所产生的磁通阻止原磁通的变化,使铁芯中的磁通变化减慢(即接通电源时感应电流产生的磁通与原磁通方向相反,使磁通增加减慢;切断电源时感应电流的磁通与原磁通方向相同,使磁通减小变慢),从而使继电器缓吸缓放。在具体电路中,最多利用的是它的缓放特性。

b. 构成缓放电路以获得继电器的缓放

提高继电器端电压,使其快吸;与继电器线圈串联 RC 并联电路,使其快吸;在继电器线圈两端并联电阻或二极管,使其缓放;短路继电器一个线圈,使其缓放等。最多采用的是在继电器线圈两端并联 RC 串联电路,使继电器缓吸缓放,如图 2.1.19 所示。在继电器通电时,电容器充电,因充电电流一开始很大,在 R 上产生较大压降,降低了继电器的端电压,使继电器线

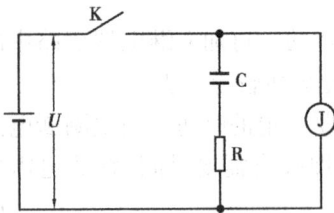

图 2.1.19

圈中的电流增加减缓,起到缓吸的作用。在继电器断电时,依靠电容器 C 的放电,使继电器缓放。

缓放时间长短与电容器的容量、放电回路中的电阻值及继电器的释放值有关。可通过改变 C 的电容量和 R 的电阻值来获得所需要的缓放时间。缓放型继电器的缓放时间最长仅 0.5 s,不能满足一些信号电路对时间的要求,因此常用在继电器线圈两端并联 RC 电路的方法来获得所需要的缓放时间。

③机械特性和牵引特性

在继电器衔铁的动作过程中,衔铁上受到电磁吸引力和反作用力。电磁吸引力又称牵引力。反作用力与之方向相反,对于安全型继电器来说是由衔铁(及重锤片)的重力和接点簧片的弹力组成的,故称为机械力。要使继电器可靠工作,牵引力必须大于机械力。因此,牵引力的大小要根据机械力来确定。

A. 机械特性

AX 系列继电器机械力的大小与接点片的数量、重锤片的数量、衔铁的动程等有关,而且在衔铁的整个运动过程中所受到的机械力不是固定不变的,而是在一个很大的范围内变化的。也就是说,继电器的机械力 F_J 是随着衔铁与铁芯间的气隙 δ 的变化而变化的。$F_J = f(\delta)$ 的变化关系称为继电器的机械特性。表示这种变化关系的曲线,称为机械特性曲线。不同类型的继电器,其结构不同,机械特性也不同。

如图 2.1.20 所示为无极继电器的机械特性曲线,图中纵坐标表示衔铁运动时所克服的机械力 F_J(单位为 g),横坐标表示衔铁与铁芯间的工作气隙 δ(单位为 mm),横轴上线段 Oa 代表最大气隙 δ 值,$O\delta_0$ 代表止片厚度,$a\delta_0$ 代表衔铁动程值($\delta_a - \delta_0$)。

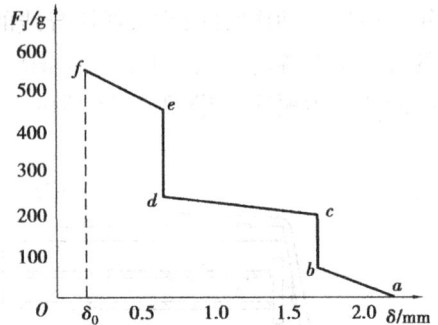

图 2.1.20

继电器衔铁释放时气隙最大,这时在衔铁重力和动接点片的预压力(动接点片预先向下弯曲变形所产生的弹力)的作用下,使动接点片与后接点片间保持一定的压力,以保证接触良好。后接点片的预压力与衔铁重力及动接点片预压力之和相平衡,衔铁上的机械力 F_J 为零,在机械特性曲线上用 a 点表示。

当衔铁开始运动,工作气隙从 δ_0 逐渐减小时,后接点片的挠度随之逐渐减小,使后接点片与动接点片之间的压力逐渐减小。这时后接点片给予动接点片的作用力也逐渐减小,动接点片的挠度逐渐增大。因此,随着气隙的减小,机械力 F_J 逐渐增大,如图 2.1.20 所示的线段 ab。该线段的陡度由后接点片和动接点片的弹性变形决定。

当动接点与后接点刚分离时,动接点片失去了后接点片对它的作用力,使机械力突然增大,如图 2.1.20 所示的线段 bc。其值决定于衔铁质量和动接点片的预压力之和。衔铁继续运动,使接点片逐渐向上弯曲,由于动接点片的挠度加大,使动接点片对衔铁的压力逐渐上升,如图 2.1.20 所示的线段 cd。上升的陡度由动接点片的弹性变形决定。当动接点片与前接点片接触并使前接点片刚离开上托片时,动接点片上增加了前接点的预压力,使机械力突然加大,如图 2.1.20 所示的线段 de。其值决定于动接点片的弯曲挠度所产生的弹力及前接点的预压力之和。

为使动接点片与前接点片间接触良好,必须要求它们之间有一定的压力,故衔铁仍需运动,直至衔铁运动完毕。在这一过程中,由于动接点片和前接点片共同弹性变形,弹力增大,所以机械力较快上升,如图 2.1.20 所示的线段 ef。

可见,继电器的机械特性曲线是一条折线,它表示了衔铁运动在不同位置时的机械反作用力 F_J。折线上 c,e 两个折点凸出向上,它们反映了衔铁运动在这两个位置的机械反作用力变化最大。如果继电器的牵引力在这两个位置均能大于机械反作用力,该继电器就能吸起。故 c,e 两个点中的一个,一般作为确定牵引力的依据,称为临界点。

机械特性曲线可根据材料力学计算求得,也可通过实验求得。

B. 牵引特性

当无极继电器线圈上加上直流电源后,铁芯中就产生磁通,磁通经过铁芯与衔铁间的气隙 δ 时,对衔铁产生电磁吸引力,称为牵引力 F_Q。牵引力 F_Q 与线圈的磁势(线圈的匝数和所加电流的乘积 IW,通常称安匝)及气隙大小有关。当 δ 一定时,F_Q 与安匝(IW)的平方成正比;当安匝一定时,F_Q 与 δ 的平方成反比。即 F_Q 随 δ 呈双曲线规律而变化。牵引力 F_Q 随工作气隙 δ 变化的关系 $F_Q = f(\delta)$,称为牵引特性。牵引特性曲线如图 2.1.21 所示。从图中可知,当安

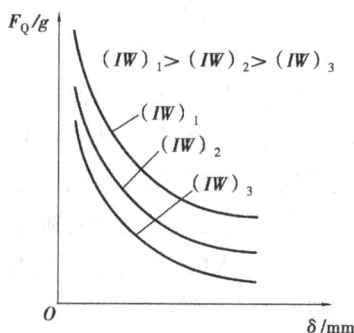

图 2.1.21

匝一定时,牵引力 F_Q 随 δ 的减小呈双曲线规律急剧增大;而相同的工作气隙,在不同的安匝下,牵引力 F_Q 也不同,安匝大,牵引力也大。因此,不同的安匝值牵引力 F_Q 与工作气隙 δ 的牵引特性曲线也不同,安匝大,曲线 $F_Q = f(\delta)$ 位置就高。

【任务实施】

任务提出:

继电器可用来构成各种控制和表示电路,统称继电器电路。在具体的应用过程中,涉及如何选用继电器,如何识读继电器电路,以及如何分析继电器电路等方面。掌握了这些知识,有助于帮助我们正确地运用继电器。

(1)电路中选择继电器的一般原则

①继电器类型、线圈电阻,应满足各种电路的具体要求。

②电路中串联使用继电器时,串联的继电器的数量应满足各继电器正常工作电压的要求。

③继电器的接点最大允许电流不应小于电路的工作电流,必要时可采用接点并联的方法。

④继电器的接点数量不能满足电路要求时,应设复示继电器,复示继电器应能及时反映主继电器的动作状态。

⑤电路中串联继电器接点时,要使串联继电器接点的接触电阻不影响电路的正常工作。

(2)继电器的表述

1)继电器的名称符号

继电器一般是根据它的主要用途和功能来命名的,如反映按钮动作的继电器称为按钮继电器,控制信号的继电器称为信号继电器。为了便于标记,继电器符号用汉语拼音字头来表

示。例如,轨道继电器表示为 GJ,灯丝继电器表示为 DJ。在一个控制系统中会用到许多继电器,同一作用和功能的继电器也不止一个,它们的名称必须有所区别。例如,以 DXJ 代表调车信号继电器,DCJ 代表道岔定位操纵继电器。同一个继电器的线圈和接点必须用该继电器的名称符号来标记,以免互相混淆。同一个继电器的各接点组还需用其编号注明,以防重复使用。

2)继电器的定位

继电器有两个状态:吸起状态和落下状态。在电路图中只能表达这两种状态中的一种,应有所规定。电路图中继电器呈现的状态称为通常状态(简称常态),或称为定位状态。在铁路信号系统中遵循以下原则来规定定位状态:

①继电器的定位状态应与设备的定位状态相一致,信号设备平面布置图中所反映的设备状态约定为设备的定位状态。例如,一般信号机以信号关闭为定位状态,道岔以开通定位位置为定位状态,轨道电路以空闲、无车占用为定位状态。

②根据"故障-安全"原则,继电器的落下状态必须与设备的安全侧相一致。例如,信号继电器的落下应与信号关闭相一致,轨道继电器落下应与轨道电路被占用相一致。这样,才能实现电路发生断线故障时导向安全侧。

根据以上两条原则就可确定继电器的定位状态了。例如,信号继电器 XJ 落下与信号关闭相对应,规定 XJ 落下为定位状态;道岔定位表示继电器 DBJ 吸起与道岔处于定位相对应,规定 DBJ 吸起为定位状态,而道岔反位表示继电器 FBJ 吸起应与道岔处于反位相对应,故规定 FBJ 落下为定位状态;轨道继电器 GJ 吸起与轨道电路空闲相对应,规定 GJ 吸起为定位状态。

在电路图中,凡以吸起位置为定位状态的继电器,其线圈和接点处均以"↑"符号标记;凡以落下位置为定位状态的继电器,其线圈和接点处均以"↓"符号标记。

3)继电器图形符号

在继电器电路中,涉及继电器线圈和接点组,它们的图形符号分别如表 2.1.4 和表 2.1.5 所示。这些图形符号反映了继电器的某些特性,因此绘图时必须正确选用,以免混淆。表中的接点图形符号有工程图用和原理图用两种。工程图用的符号略为复杂,但能准确表达接点的状态,且不致因笔误而造成误解,因此工程图必须采用工程图用符号。原理图用的接点符号比较简单,但稍有笔误即易造成误认,仅限于设计草图和教学中使用。

表 2.1.4　继电器线圈的图形符号

序　号	符　号	名　称	说　明
1	⊖	无极继电器	两线圈串接
	⊖		两线圈分接
2	◑	无极缓放继电器	两线圈串接
3	◓		单线圈缓放

续表

序　号	符　号	名　称	说　明
4	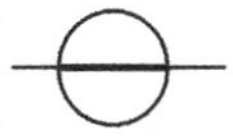	无极加强继电器	
5	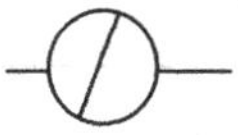	有极继电器	
6	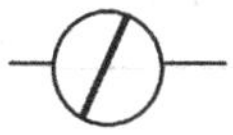	有极加强继电器	两线圈串接
	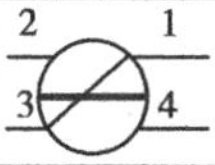		两线圈分接
7	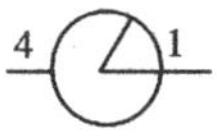	偏极继电器	
8	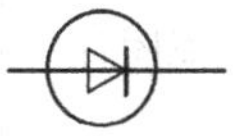	整流式继电器	
9	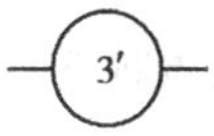	时间继电器	
10	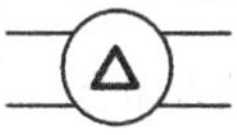	单闭磁继电器	
11	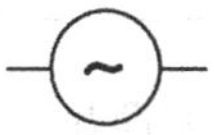	交流继电器	
12	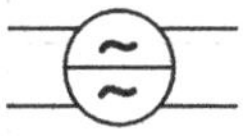	交流二元继电器	
13	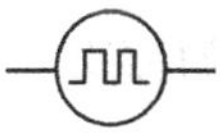	动态继电器	
	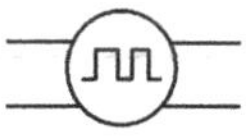		两线圈分接
14	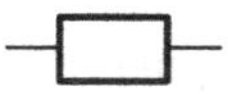	传输继电器	

表 2.1.5　继电器接点的图形符号

序号	符　号		名　称	说　明
	标准图形	简化图形		
1	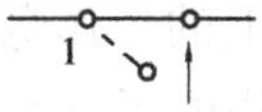	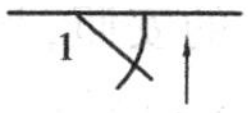	前接点闭合	
2		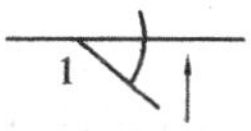	后接点断开	

续表

序 号	符 号		名 称	说 明
	标准图形	简化图形		
3	1	1	前接点断开	
4	1	1	后接点闭合	
5	1	1	前、后接点组	前接点闭合 后接点断开
	1	1		前接点断开 后接点闭合
6	111 112	111 112	极性定位接点闭合	
7	111 112	111 112	极性定位接点断开	
8	113 111	113 111	极性反位接点闭合	
9	113 111	113 111	极性反位接点断开	
10	113 112 111	113 112 111	极性定、反位接点组	定位接点闭合 反位接点断开
	113 112 111	113 112 111		定位接点断开 反位接点闭合

（3）继电器线圈的使用

对于有两个线圈参数相同的继电器,它的线圈有多种使用方法:可以两个线圈串联使用,连接2-3电源片,使用1-4电源片;可以两个线圈并联使用,电源片1-3连接,2-4连接,使用1-2或者3-4电源片;也可以两个线圈分别使用或单线圈单独使用。

无论哪一种使用方法,都要保证继电器的工作安匝和释放安匝,才能使继电器可靠工作。

例如,JWXC-1000型继电器,它的前后线圈均为8 000匝,两个线圈串联使用时,工作电压不大于14.4 V,故工作电流不大于14.4/1 000 = 0.014 4 A,工作安匝不大于2×8 000×0.014 4 = 230.4安匝。当单线圈使用时,为了得到同样的安匝,加在两线圈上的工作电压应为230.4/8 000×500 = 14.4 V。当两线圈并联时,为获得同样的安匝,所需工作电压应为115.2/8 000×2×250 = 7.2 V。

可见,单线圈使用时,为保证得到与两线圈串联使用时同样的工作安匝,通过线圈的电流必须比串联时大1倍,所消耗功率也大1倍。此时,电源容量要大,线圈易发热。因此,继电器大多采用两线圈串联使用的方法。但当电路需要时,也采用分线圈使用的方法。两线圈并联使用时,所需电压比串联时低一半,一般使用在较低电压的电路中。

（4）**继电器基本电路**

根据继电器接点在电路中的连接方式,继电器电路可分为串联、并联和串并联 3 种基本形式。

1）串联电路

串联电路指继电器接点串联连接的电路,其功能是实现逻辑"与"的运算。如图 2.1.22 所示为一串联电路,3 个接点必须同时闭合才能使继电器 DJ 吸起。从逻辑功能来看,接点在电路中的串接顺序可以是任意的,而且动接点是否接向电源也是任意的。但从工程角度出发,应考虑接点的有效使用,如 AJ 的后接点可用在别的电路中。

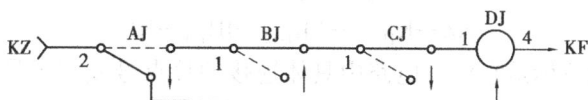

图 2.1.22

2）并联电路

由几个继电器接点并联连接的电路称为并联电路,它的功能是实现逻辑"或"运算。如图 2.1.23 所示为 3 个接点并联的电路,其中任意一个接点闭合都会使继电器 DJ 吸起。从工程角度看,也要考虑接点组的有效利用。

3）串并联电路

根据逻辑功能的要求,在电路中有些接点串联,有些并联,这类电路称为串并联电路,如图 2.1.24 所示。

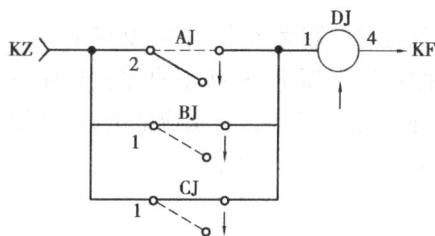

图 2.1.23

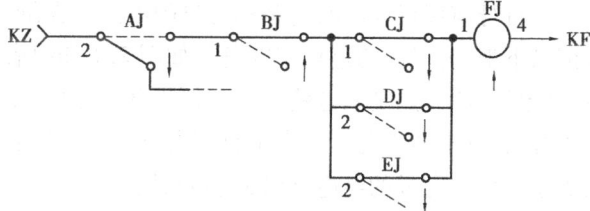

图 2.1.24

（5）**继电器电路分析方法**

1）动作程序法

动作程序法用来表示继电器的动作过程,着重反映继电器电路的时序关系和因果关系,而不能严格地表达逻辑功能。

用符号表示各继电器状态的变化,"↑"表示继电器吸起,"↓"表示继电器落下（这里"↑""↓"表示继电器的动作,不要和电路图中表示继电器定位状态的↑、↓相混淆）。"→"表示促使继电器吸起、落下。"｜"表示逻辑"与"。

例如,如图 2.1.25(a)所示的脉动偶电路,可写出它的动作程序（见图 2.1.25(b)）。

2）接通径路法

接通径路法（也称接通公式法）用来描述继电器励磁电流的径路,即由电源正极经继电器接点、线圈及其他器件(按钮接点、二极管等)流向电源负极的回路,它是在分析继电器电路中常用的方法(俗称跑电路,但不一定写下来)。

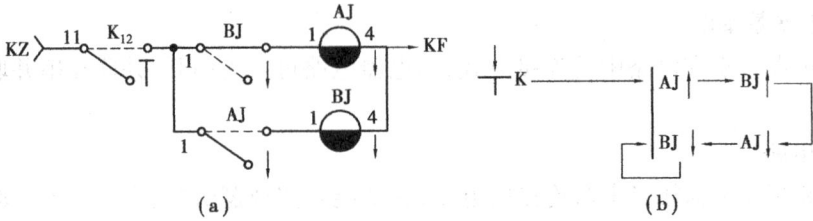

图 2.1.25

如图 2.1.25(a)所示的脉动偶电路,其励磁电路为

$$KZ—K_{11-12}—BJ_{11-13}—AJ_{1-4}—KF$$
$$KZ—K_{11-12}—AJ_{11-12}—BJ_{1-4}—KF$$

式中,各接点及器件的下标是它们在电路中具体连接的接点号或端子号,接点之间用"—"联系,它表示"经由",而不用"→",因为没有"促使"的含义,以避免和动作程序法中的"→"相混淆。

一个继电器可能有多条励磁电路,需分别写出接通径路予以描述。接通径路法仅表达了继电器电路的导通路径,而不能反映电路的逻辑功能。对于复杂的继电器电路,在对其逻辑功能不熟悉的情况下,可先用接通径路来加以描述。

在实际应用过程中,往往将动作程序法和接通径路法结合起来使用,一方面,在掌握继电器电路动作程序的情况下,能方便地跑通电路;另一方面,在跑通电路的过程中,加深对动作程序的理解。

(6)自闭电路

由自身前接点构成的电路称为自闭电路。在继电器构成的控制系统中,常需要将某一动作记录下来,为以后的过程作准备。如图 2.1.26 所示的按钮继电器电路,按下自复式按钮 A后,继电器 AJ 经过励磁电路吸起。但松开按钮后,由于增加了由自身前接点构成的电路,使按钮松开后,继电器不落下。有了自闭电路后继电器就有了记忆功能。当它完成任务后,就必须由表示该任务完成的继电器(BJ)接点使其复原。

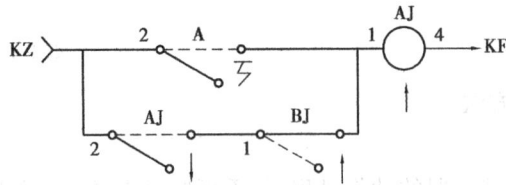

图 2.1.26

【任务考评】

以学生自评互评为主,教师综合评定。

任务实施过程考核评价表

考评项目		配分	要　求	学生自评	小组互评	教师评定
知识准备	继电器的基本工作原理	3	正确性			
	识读继电器的型号	2	正确性			
	无极、偏极和有极继电器结构差异及其工作原理	10	正确性			
	测量安全型继电器的电气特性和时间特性	10	正确性和熟练性考评			
任务完成	识读继电器线圈和接点的图形符号	5	正确性			
	分析继电器基本电路	10	分析思路的正确性考评			
	配线焊接,导通脉动偶电路,运用动作程序法进行分析	15	操作过程的规范性、熟练性考评,分析思路的正确性考评			
	配线焊接,导通自闭电路,分析其作用	15	操作过程的规范性、熟练性考评,分析思路的正确性考评			
	任务实施过程记录	5	详细性			
	所遇问题与解决记录	5	成功性			
安全事项		5	违章不得分			
协调合作,成果展示成绩		15	小组成员的参与积极性、成果展示的效果			
成　绩						

任务 2　道岔转辙设备

【场景设计】

1. 利用转辙机实物进行演示教学。
2. 采用多媒体、课件等教学方式。
3. 学生每 6～8 人 1 组。
4. 考评所需的记录、评价表。

【知识准备】

转辙机是道岔控制系统的执行机构,用于转换锁闭道岔尖轨或心轨,表示监督联锁区内道岔尖轨或心轨的位置和密贴状态。转辙机对于保证行车安全、提高运输效率、改善车站人工劳动强度有重要的作用。

（1）转辙机的作用

①转换道岔位置，根据需要将道岔转换至定位或反位。

②将道岔转至所需位置而且密贴后，锁闭道岔，防止外力转换道岔。

③正确反映道岔的实际位置，道岔尖轨密贴于基本轨后，给出相应位置表示。

④道岔被挤或因故处于"四开"（两侧尖轨均不密贴）位置时，及时给出报警信息。

（2）对转辙机的基本要求

①作为转换装置，应具有足够大的压力，以带动尖轨作直线往返运动；当尖轨受阻不能运动到底时，应随时通过操纵使尖轨回复原位。

②作为锁闭装置，当尖轨和基本轨不密贴时不应进行锁闭；一旦锁闭，应保证不致因车通过道岔时的振动而错误解锁。

③作为监督装置，应能正确地反映道岔的状态。

④道岔被挤后，在未修复前不应再使道岔转换。

（3）转辙机的分类

1）按动作能源和传动方式分类

转辙机可分为电动转辙机、电动液压转辙机和电空转辙机。

电动转辙机由电动机提供动力，采用机械传动的方式。多数转辙机都是电动转辙机，包括 ZD6 系列、ZD9 系列和 S700K 型转辙机。

电动液压转辙机简称电液转辙机，由电动机提供动力，采用液力传动的方式。ZY（J）系列转辙机即为电液转辙机。

电空转辙机由压缩空气作为动力，由电磁换向阀控制。ZK 系列转辙机即为电空转辙机。

2）按动作电源分类

转辙机可分为直流转辙机和交流转辙机。

直流转辙机采用直流电动机，工作电源采用直流电。目前使用较多的 ZD6 系列电动转辙机就是直流转辙机，ZD9 转辙机也有采用直流电源工作的，由直流 220 V 供电；电空系列转辙机则是由 24 V 直流电供电。

缺点：存在换向器和电刷，易损坏，故障率高。

交流转辙机采用三相交流电源或单相交流电源。

一些地铁公司采用的 S700K 型和 ZDJ9 转辙机即为交流 380 V 转辙机。交流电动机没有换向器和电刷，故障率低，而且单芯电缆控制距离远。

3）按动作速度分类

转辙机分为普通动作转辙机和快动转辙机。

普通转辙机动作时间在 3.8 s 以上，而快动转辙机的动作时间在 0.8 s 以下。快动转辙机一般应用在驼峰场。

4）按锁闭道岔方式分类

转辙机可分为内锁闭转辙机和外锁闭转辙机。

内锁闭转辙机是当道岔由转辙机带动转换至某个特定位置后，在转辙机内部进行锁闭，由转辙机动作杆经外部杆件对道岔实现位置固定。实质上，内锁闭方式锁闭道岔是对道岔可动部分进行间接锁闭。例如,ZD6型转辙机就是由其内部的锁闭齿轮的圆弧面和齿条块的削尖齿实现锁闭的,如图2.2.1所示。

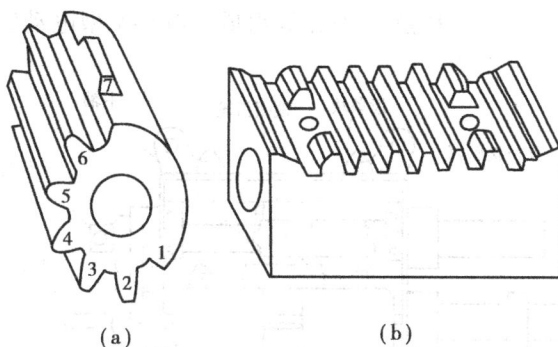

图2.2.1
(a)锁闭齿轮　(b)齿条块

缺点:当列车通过道岔产生冲击时,其冲击力经过杆件将直接作用于转辙机内部,会出现转辙机部件易于受损,挤切销折断,移位接触器跳开等故障,不利于高速区段运用。

外锁闭转辙机虽然内部也有锁闭装置,但主要依靠转辙机外的外锁闭装置锁闭道岔,将密贴尖轨直接锁于基本轨,是直接锁闭的方式。外锁闭装置将道岔的密贴尖轨和基本轨直接进行锁闭。因此,隔离列车通过时对转换设备的振动和冲击,提高转换设备的使用寿命和可靠性。S700K型和ZDJ9型电动转辙机均采用外锁闭方式。

优点:外锁闭方式锁闭可靠,列车过岔时对转辙机冲击小,有利于减少转辙机故障,提高转辙机使用寿命。

5)按是否可挤分类

转辙机分为可挤型转辙机和不可挤型转辙机。

可挤型:设有道岔保护(挤切或挤脱)装置,道岔被挤时,动作杆解锁,保护整机。不可挤型:道岔被挤时,挤坏动作杆与整机的联接结构,应整机更换。

一般双机牵引的第一牵引点为不可挤型转辙机,所以没有挤脱装置。

(4)ZD6系列电动转辙机

目前,ZD6系列的电动转辙机在我国铁路和城市轨道交通中使用最为广泛。它包括A,B,C,D,E,F,G,H,J,K等派生型号。ZD6-A型是ZD6系列转辙机的基本型,其他型号ZD6型转辙机都是以ZD6-A型为基础改进、完善而发展起来的。ZD6系列电动转辙机采用内锁闭方式。下面以ZD6-A型为重点进行介绍。

1)转辙机型号组成及表示意义

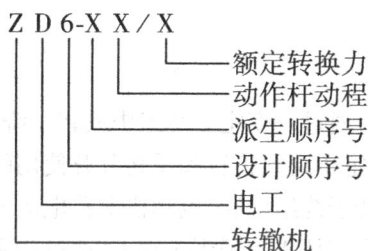

$$Z\ D\ 6\text{-}X\ X\ /\ X$$

额定转换力
动作杆动程
派生顺序号
设计顺序号
电工
转辙机

2)ZD6-A 型电动转辙机结构

ZD6-A 型电动转辙机主要由电动机、减速器、摩擦联接器、自动开闭器、主轴、动作杆、表示杆、移位接触器、遮断开关（安全接点）、外壳等组成。ZD6-A 型电动转辙机结构如图 2.2.2 所示。

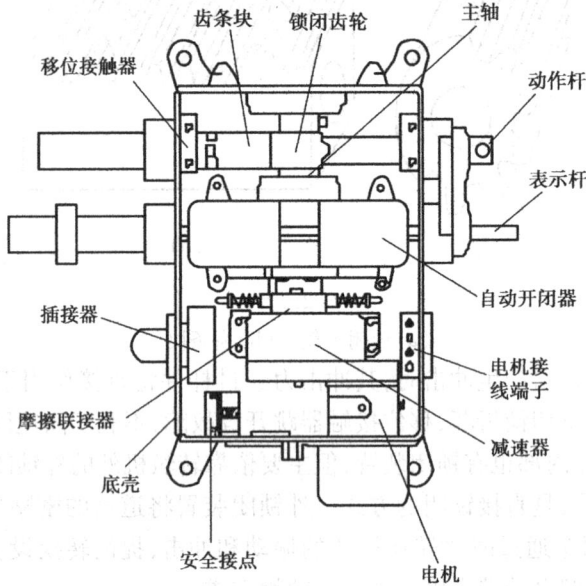

图 2.2.2

①电动机

电动机为电动转辙机提供动力,采用直流串激电动机,主要由定子绕组、转子绕组、换向器、碳刷、外壳等组成。电动机外形如图 2.2.3 所示。

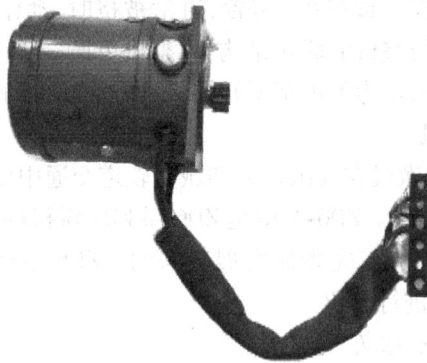

图 2.2.3

直流电动机的正转和反转可通过改变定子绕组中或转子绕组中的电流方向来实现。为配合四线制道岔控制电路,采用了定子绕组正转和反转分开使用的方式,如图 2.2.4 所示。两个定子绕组通过公共端子分别与转子绕组串联,电动机电路电流流动方向为从 1 端子到 3 端子,通过碳刷、换向器、碳刷到 4 端子或从 2 端子到 3 端子,通过碳刷、换向器、碳刷到 4 端子。

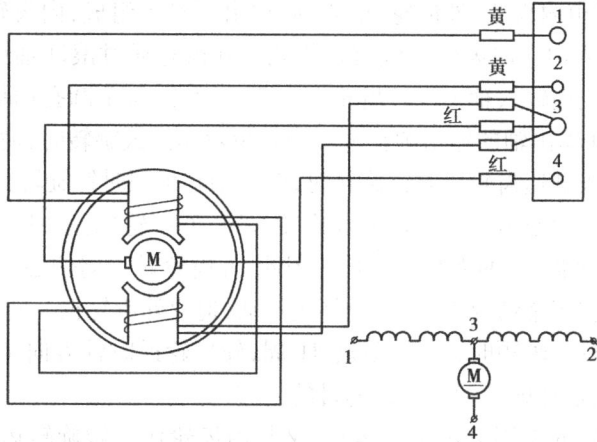

图 2.2.4

②减速器

减速器用来降低电动机的高转速以换取足够大的转矩,从而带动道岔进行转换。ZD6 系列电动转辙机所用的减速器为两级减速装置,第一级为定轴传动外啮合齿轮,即小齿轮带动大齿轮,当电动机通电旋转时,安装在电动机输出轴的小齿轮转动,使与之啮合的大齿轮转动,实现减速,减速比为 103:27;第二级为渐开线内啮合行星传动式减速器,减速比为 41:1,于是总减速比为 $103/27 \times 41/1 = 156.4$。两级间以输入轴联系,减速器由输出轴和主轴联系。减速器外形如图 2.2.5 所示。

图 2.2.5

下面以 ZD6-A 型电动转辙机的行星减速器为例,说明行星减速器的结构原理。如图 2.2.6

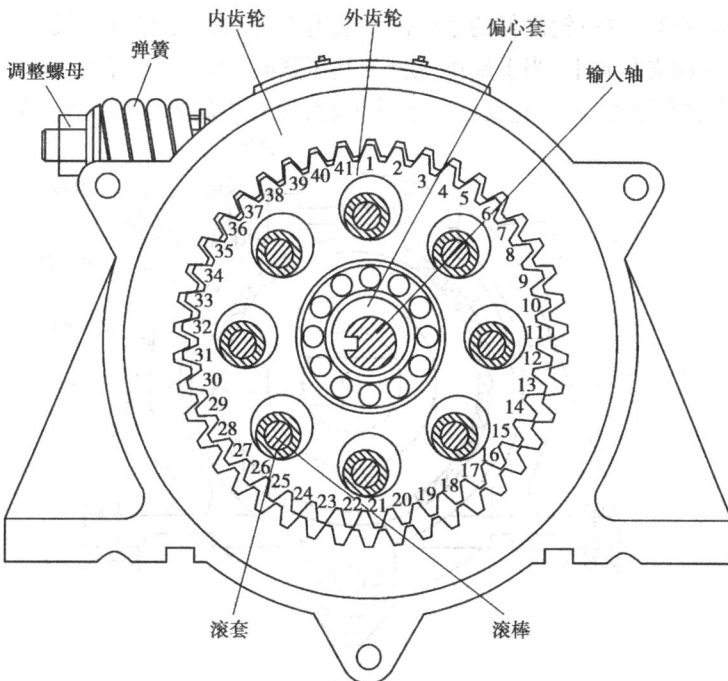

图 2.2.6

43

所示,行星减速器主要由内齿轮、外齿轮、偏心轴、输出圆盘等组成,内齿轮靠摩擦联接器的摩擦带"固定"在减速器壳内。内齿轮里装有外齿轮。外齿轮通过滚动轴承装在偏心轴的轴套上。偏心轴套用键固定在输入轴上。外齿轮上有 8 个圆孔,每个圆孔内插入一根套有滚套的滚棒。8 根滚棒固定在输出轴的输出圆盘上。当外齿轮作摆式旋转时,输出轴就随着旋转。

当输入轴随第一级减速齿轮顺时针旋转时,偏心轴套也顺时针旋转,使外齿轮在内齿轮里沿内齿圈做逐齿啮合的偏心运动。当输入轴旋转一周,外齿轮也做一周偏心运动。外齿轮有 41 个齿,内齿轮有 42 个齿槽,两者相差一齿。因此,外齿轮做一周偏心运动时,外齿轮的齿在内齿轮里错位一齿。在正常情况下,内齿轮静止不动,迫使外齿轮在一周的偏心运动中反方向旋转一齿的角度。当输入轴顺时针方向旋转 41 周,外齿轮逆时针方向旋转一周,带动输出轴逆时针方向旋转一周,这样就达到了减速的目的。

外齿轮既在输入轴的作用下做偏心运动,又与内齿轮作用做旋转运动,类似于行星的运动,即既有自转又有公转,故外齿轮称为行星齿轮,该种减速器称为行星传动式减速器。

为了达到机械转动的平衡,内齿轮里有两个外齿轮,它们共同套在一个输出轴圆盘的 8 根滚棒上,两个外齿轮之间偏向成 180°。

③摩擦联接器

摩擦联接器是保护电动机和吸收转动惯量的联接装置。它主要由减速壳、摩擦制动板、摩擦带、弹簧、调整螺母等构成。当道岔因故转不到底时,电动机电路不能断开,如果电动机突然停转,电动机会因电流过大而烧坏。另外,在正常使用中,道岔转换到位,电动机的惯性将使内部机件受到撞击或毁坏。为防止上述情况发生,还要在正常情况下能带动道岔转换,就要求机械传动装置不能采用硬性联接而必须采用摩擦联接。因此,ZD6 型电动转辙机在行星减速器中安装了摩擦联接器。ZD6-A 型电动转辙机的摩擦联接器是在行星传动式减速器内齿轮延伸部分的小外圆上套以可调摩擦板构成的,如图 2.2.7 所示。行星减速器的内齿轮大外圆装在减速壳内,可自由滑动。内齿轮延伸的小外圆上装有摩擦带的摩擦制动板。摩擦制动板下端套在固定于减速壳的夹板轴上,当上端由螺栓弹簧压紧时,内齿轮就靠摩擦作用而被"固定"。在正常情况下,依靠摩擦力,内齿轮反作用于外齿轮,使外齿轮做摆式旋转,带动输出轴转动,

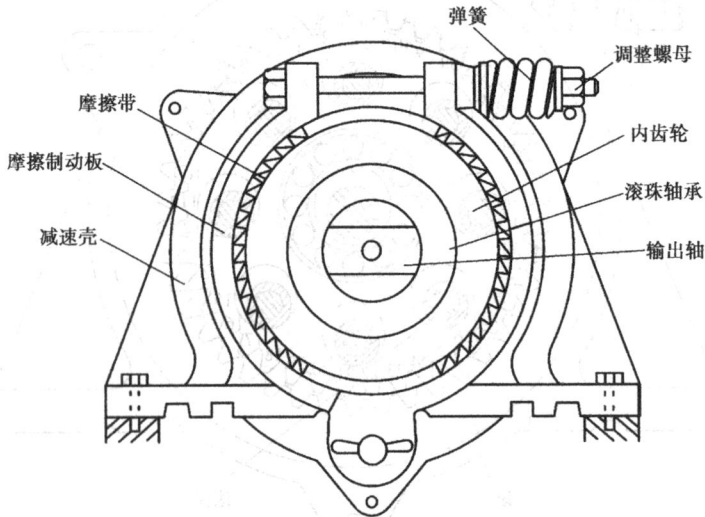

图 2.2.7

最终使道岔转换。当道岔尖轨发生受阻不能密贴和道岔转换完毕电动机惯性运动的情况下，输出轴不能转动，外齿轮受滚棒阻止而不能自转，但在输入轴带动下做摆式运动，这样外齿轮对内齿轮产生一个作用力，使内齿轮在摩擦制动板中旋转（称为摩擦空转），消耗能量，保护电动机和机械传动装置。

摩擦联接器的摩擦力要调整适当，过紧会失去摩擦联接作用，损坏电动机和机件；过松不能正常带动道岔转换。摩擦联接器的松紧用调整螺母调整弹簧压力来调整。调整的标准是额定摩擦电流应为额定动作电流的 1.3～1.5 倍。

④启动片

启动片用来联接减速器的输出轴与转辙机主轴，利用其正、反两面互相垂直成"十"字形的沟槽，在旋转时自动补偿两轴不同心的误差。

启动片还与速动片相配合，对自动开闭器起控制作用。启动片与输出轴、主轴一起转动，因此能反映锁闭齿轮各个动作阶段（解锁、转换、锁闭）所对应的转角，用它来控制自动开闭器的动作。

启动片上有一梯形凹槽，道岔锁闭后总会有一个速动爪（速动爪上的滚轮）落入其中。道岔解锁时，启动片一方面带动主轴转动，另一方面利用其凹槽的坡面推动速动爪上的滚轮，使速动爪抬起，以断开表示接点。在道岔转换过程中，两个速动爪均抬起。在道岔接近锁闭阶段，启动片的凹槽正好转到对应速动断开道岔电机电路的速动爪滚轮下方，与速动片配合，完成自动开闭器的速动。启动片如图 2.2.8 所示。

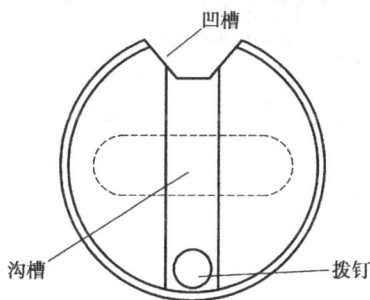

图 2.2.8

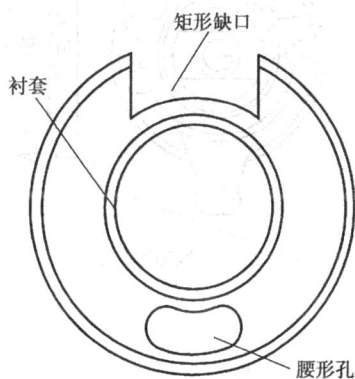

图 2.2.9

⑤速动片

速动片有一个矩形缺口，缺口对面有一腰形扁孔。速动片通过速动衬套套在主轴上。启动片上的拨钉插入速动片的腰形孔中。道岔锁闭后，拨钉总是在腰形孔的一端。转辙机开始动作时，启动片旋转，启动片上的拨钉在腰形孔中空走一段后才拨动速动片一起转动。

速动片套在速动衬套上，速动衬套又卡在自动开闭器接点座上，它不随主轴转动。速动片直径比启动片略大，当主轴转动，速动片不会跟着转。它的转动只有靠拨钉拨动。在锁闭齿轮进入锁闭阶段时，齿条块已不再动，为了完成内锁闭，主轴还在转动，启动片和速动片也在转动。这时启动片的梯形凹槽已经转到速动爪滚轮的下方，为速动爪的落下准备好条件。但是，速动片仍然支承着速动爪，使它不能落下。只有当速动片再转过一个角度，使速动爪突然失去支承，就在拉簧的强力作用下，迅速落向启动片凹槽底部，实现了自动开闭器的速动。因此，速动的关键是尖爪从速动片的缺口尖角边突然跌落。速动片如图 2.2.9 所示。

⑥主轴

主轴主要由主轴、主轴套、轴承、止挡栓等组装而成,其外形如图 2.2.10 所示。它一端和启动片联接,另一端联接锁闭齿轮,主轴带动锁闭齿轮,通过与齿条块配合完成转换和锁闭道岔。主轴上的止挡栓用来限制主轴的转角,使锁闭齿轮和齿条块达到规定的锁闭角,并保证每次解锁以后都能使两者保持最佳的啮合状态,使整机动作协调。主轴的结构组成如图 2.2.11 所示。

图 2.2.10

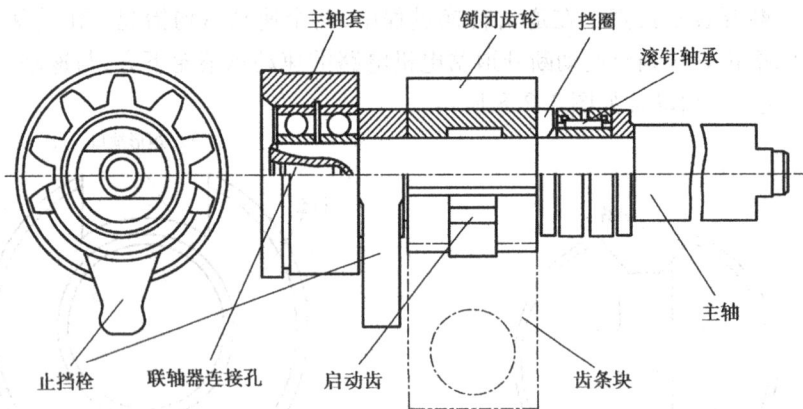

图 2.2.11

⑦转换锁闭装置

转换锁闭装置由锁闭齿轮和齿条块、动作杆组成,用来把旋转运动变为直线运动以带动道岔尖轨位移,并完成内部锁闭。

A. 锁闭齿轮和齿条块

锁闭齿轮如图 2.2.12(a)所示,共有 7 个齿,其中 1 和 7 是位于中间的启动小齿,在它们之间是锁闭圆弧。齿条块上有 6 个齿、7 个齿槽,如图 2.2.12(b)所示。中间 4 个是完整的齿,两边的两个是中间有缺槽的削尖齿。缺槽是为了锁闭齿轮上的启动小齿能顺利通过而设置的。

当道岔在定位或反位,尖轨与基本轨密贴时,锁闭齿轮的圆弧正好与齿条块的削尖齿弧面重合,如图 2.2.13 所示。这时如果尖轨受到外力要使之移动,或列车经过道岔使齿条块受到水平作用力,这些力只能沿锁闭圆弧的半径方向传给锁闭齿轮,它不会转动,齿条块及固定在其圆孔中的动作杆也不能移动,这样就实现了对道岔的锁闭。

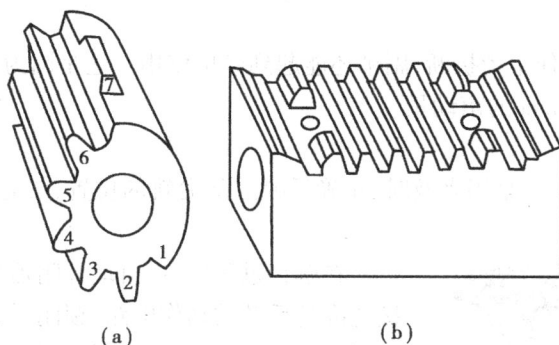

图 2.2.12
(a)锁闭齿轮　(b)齿条块

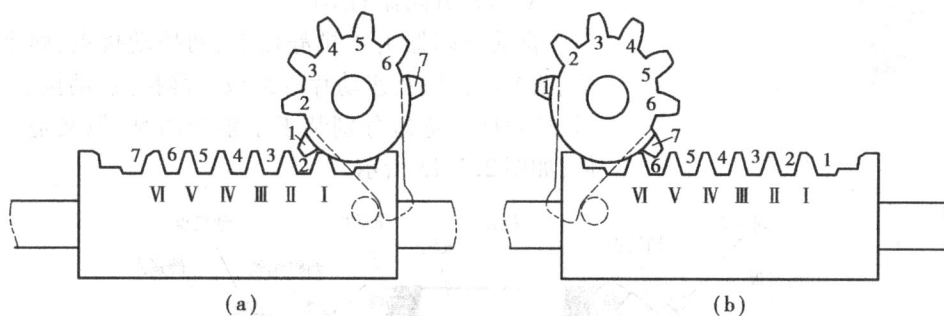

图 2.2.13

电动转辙机每转换一次,锁闭齿轮与齿条块要完成解锁、转换和锁闭 3 个过程。

a.解锁。假设如图 2.2.13(a)所示为定位锁闭状态,若要将道岔转至反位,电动机必须逆时针旋转,输入轴顺时针旋转,使输出轴逆时针旋转,通过启动片带动主轴及锁闭齿轮做逆时针转动。此时,锁闭齿轮的锁闭圆弧面首先在齿条块的削尖齿上滑退,锁闭齿轮上的启动小齿 1 从削尖齿 I 的缺槽经过。当主轴旋转 32.9°时,锁闭圆弧面全部从削尖齿上滑开,启动小齿 1 与齿条块齿槽 1 的右侧接触,解锁完毕。

b.转换。启动小齿拨动齿条块齿槽 1 的右侧,锁闭齿轮带动齿条块移动,即将旋转运动变为直线运动。锁闭齿轮转至 306.1°时,齿条块及动作杆向右移动了 165 mm,使原斥离尖轨转换到反位,与另一基本轨密贴。

c.锁闭。道岔转换完毕必须进行锁闭,否则齿条块及动作杆在外力作用下可倒退,造成"四开"的危险。道岔转换完毕后,锁闭齿轮继续转动到 339°,锁闭齿轮的启动小齿 7 在削尖齿 VI 的齿槽经过,锁闭齿轮上的圆弧面与齿条块削尖齿弧面重合,实现了锁闭,如图 2.2.13(b)所示。此时,止挡栓碰到底壳上的止挡桩,锁闭齿轮即停止转动。

B.动作杆

动作杆是转辙机转换道岔的最后执行部件。动作杆一端与道岔的密贴调整杆相联接,带动尖轨运动。动作杆通过挤切销和齿条块连成一体,正常工作时,它们一起运动。用挤切销将齿条块与动作杆联接在一起的目的是当发生挤岔时,动作杆和齿条块能迅速脱离机械联系,使转辙机内部机件不受损坏。挤切销分主销和副销,分别装于锁闭齿轮削尖齿中间开口处的挤切孔内。主销挤切孔为圆形,主销能顺利插入起主要联接作用。副销挤切孔为扁圆形,副销插入起备用联接作用。

如果是非挤岔原因使主销折断,副销还能起到联接作用。这是因为副销挤切孔为扁圆形,齿条块在动作杆上有 3 mm 的窜动量。

⑧自动开闭器

自动开闭器的作用:一是用来及时、正确反映道岔尖轨的位置,二是完成控制电动机和挤岔表示的功能。

在解锁过程中,由自动开闭器接点断开原表示电路,接通准备反转的动作电路;锁闭后,由自动开闭器接点自动断开电动机动作电路,接通表示电路。自动开闭器的外形如图 2.2.14 所示。

A. 自动开闭器的组成

自动开闭器由 4 排静接点、两排动接点、两个速动爪、两个检查柱及速动片等组成。静接点、动接点、速动爪、检查柱对称地分别装于主轴的两侧,但又是一个整体,如图 2.2.15 所示。

图 2.2.14

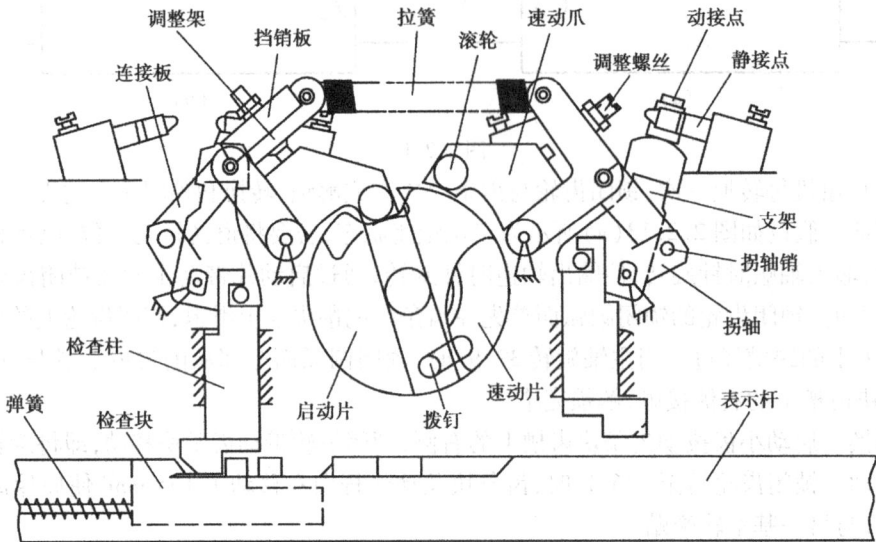

图 2.2.15

自动开闭器分为接点部分、动接点传动部分及控制部分。接点部分包括动接点、静接点、接点座等。静接点左右对称地安装在接点座上。两组动接点分别安装在左右拐轴上,拐轴以接点座为支承。动接点可以在拐肘转动时改变对静接点组的接通位置。

动接点传动部分包括速动爪及其爪尖上的滚轮、接点调整架、连接板和拐轴,这些部件左、右各有一套。调整接点调整架上的螺钉可以改变动接点插入静接点的深度。

控制部分由拉簧、检查柱、速动片(还应包括启动片)组成。拉簧联接两边的调整架,将两边的动接点拉向内侧,为动接点速动提供动力。检查柱在道岔正常转换时,对表示杆缺口起探测作用。道岔不密贴,缺口位置不对,检查柱不会落下,它阻止动接点块动作,不能构成道岔表示电路。挤岔时,检查柱被表示杆顶起,迫使动接点转向外方,断开道岔表示电路。

B. 自动开闭器的动作原理

自动开闭器的动作受启动片和速动片的控制。输出轴转动时带动启动片转动。速动片由启动片上的拨钉带动转动。它们之间的动作关系及受它们控制的速动爪的动作情况,如图2.2.16所示。道岔在定位时,启动片凹槽与垂直线成10.5°,将这个起始状态作为0°,假设启动片逆时针转动,固定在左速动爪上的滚轮与启动片凹槽斜面接触,左速动爪随滚轮沿斜面滚动向上升,使L形调整架、连接板、拐轴、支架等相互传动。当启动片转至10.2°时,自动开闭器第3排接点断开;转至19°时,第4排接点开始接左速动爪的滚轮升至最高,左动接点完全打入第4排静接点。启动片转至28.7°时,拨钉移动至速动片腰形孔尽头,拨动速动片随启动片一起转动,一直转到335.6°时,速动片缺口对准右速动爪,在弹簧作用下,右速动爪迅速落入速动片缺口内带动右动接点,使第1排接点迅速断开,第2排接点迅速接通。同时,带动右检查柱落入表示杆检查块的反位缺口内,检查道岔确已转换至反位密贴状态。

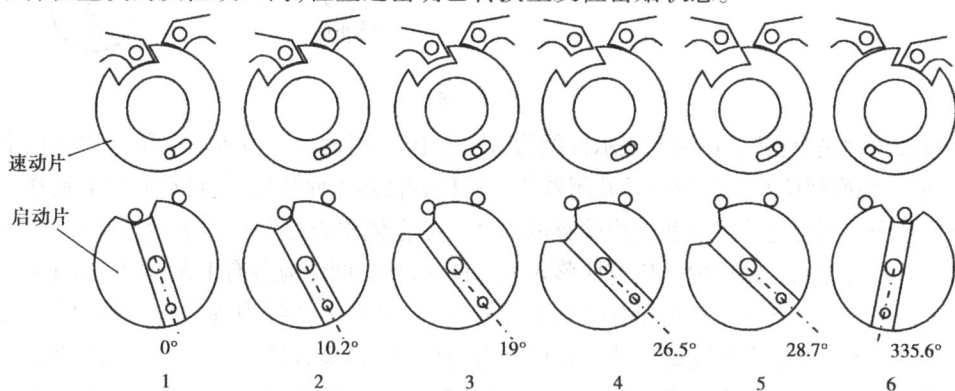

图2.2.16

自动开闭器有两排动接点,4排静接点。它们的编号是站在电动机处观察,从右至左分别为第1排、第2排、第3排、第4排接点,如图2.2.17所示。每排接点有3组接点,自远而近顺序编号,第1排接点为11—12、13—14,15—16,其他排接点以此类推。

若转辙机定位时第1、第3排接点闭合,则转辙机向反位动作,解锁时,左动接点先动作,断开第3排接点,切断道岔定位表示电路;接通第4排接点,为回转作好准备。转换至反位后,右动接点动作,断开第1排接点,切断电动机动作电路;接通第2排接点,接通道岔反位表示电路。

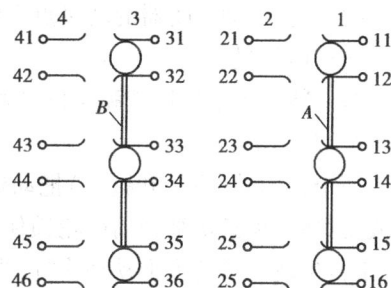

图2.2.17

若转辙机定位时第2、第4排接点闭合,则转向反位时,右动接点先动作,断开第2排接点,接通第1排接点;转换到反位时,左动接点动作,断开第4排接点,接通第3排接点。

从反位转向定位时,接点动作情况与上述相反。

⑨表示杆

转辙机的表示杆与道岔的表示连接杆相连随道岔动作,用来检查尖轨是否密贴,以及道岔在定位还是在反位。

表示杆由前(主)表示杆、后(副)表示杆及两个检查块组成,两杆通过固定螺栓和调整螺母固定在一起。前表示杆的前伸端设有连接头,用来和道岔的表示连接杆相连。固定螺栓装在后表示杆的长孔与相对应的前表示杆圆孔里。前表示杆后端有横穿后表示杆的调整螺母，后表示杆末端有一轴向长孔，内穿一根调整螺杆并拧入调整螺母内，在调整螺杆颈部用销子将它与后表示杆连成一体。松开固定螺栓，拧动调整螺杆时，它带动后表示杆在调整螺母内前后移动。由于后表示杆前端与固定螺栓相连的是一长孔，所以调整范围较大(为 86～167 mm)，以满足不同道岔开程的需要，如图 2.2.18 所示。

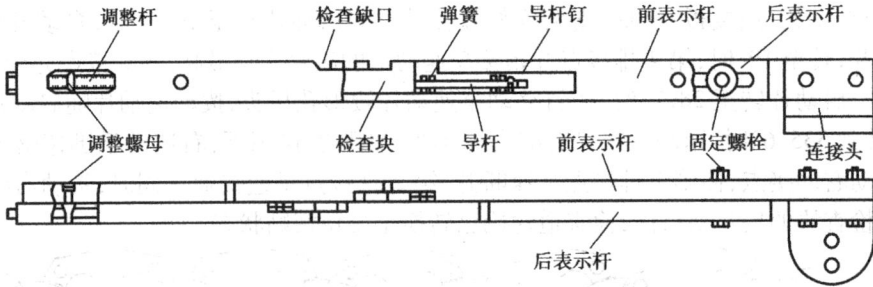

图 2.2.18

为检查道岔是否密贴，在前后表示杆的腹部空腔内分别设一个检查块。每个检查块上有一个缺口，道岔转换到位并密贴后自动开闭器所带的检查柱落入此缺口，使自动开闭器动作。设两个检查块是为了满足道岔定位和反位检查的需要。若左侧检查柱落在后表示杆缺口中，则右侧检查柱将落在前表示杆缺口中。检查柱落入表示杆缺口时，两侧应各有 1.5 ±0.5 mm 的空隙。

检查块轴向有一导杆，上面穿有弹簧和导杆钉，平时靠弹簧弹力顶住检查块，以完成对检查柱的检查。挤岔时，检查块缺口被检查柱占有，挤岔瞬间检查块动不了，挤岔的冲击力使表示杆向检查块运动，弹簧受到压缩，检查块和检查柱并未直接受到挤岔冲击力，不会损坏。此外，表示杆被挤，用缺口斜面迫使检查柱抬起，脱离检查块缺口，各部件不致受损。此时由于检查柱的抬起，自动开闭器的动接点立即退出静接点组，断开道岔表示电路。

⑩挤切装置

挤切装置包括挤切销和移位接触器，用来进行挤岔保护，并切断表示电路。

A. 挤切销

两个挤切销(主销和副销)把动作杆与齿条块联接在一起，如图 2.2.19 所示。道岔在定位或反位时，齿条块被锁闭齿轮锁住，齿条块、动作杆不能动作，道岔也就被锁住。当发生挤岔时，来自尖轨的挤岔力推动动作杆，当此力超过挤切销能承受的机械力时，主、副挤切销先后被挤断，动作杆在齿条块内移动，道岔即与电动转辙机脱离机械联系，保护转辙机主要机件和尖轨不被损坏。一般情况下，挤岔后，只要更换挤切销即可恢复使用。

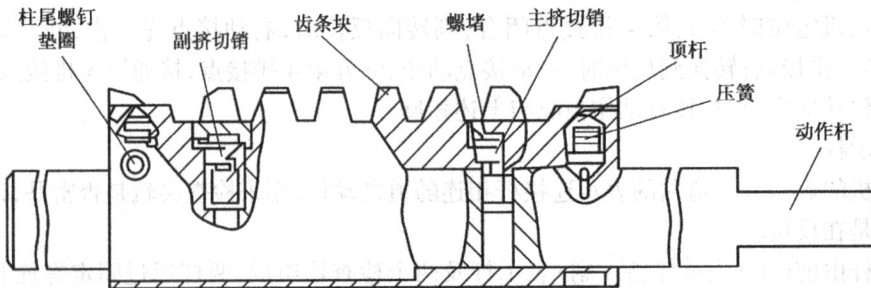

图 2.2.19

B. 移位接触器

移位接触器安装于机壳内侧,动作杆上方。由触头、弹簧、顶销、接点等组成,如图 2.2.20 所示。它受齿条块内两端的顶杆控制。平时顶杆受弹簧弹力,顶杆下端圆头进入动作杆上的圆坑内。当挤岔时齿条块不动,挤切销被挤断,动作杆在齿条块内产生位移,顶杆下端被挤出圆坑,使顶杆上升,将移位接触器的顶销顶起,断开它的接点,从而断开道岔表示电路。移位接触器上部有一按钮,挤岔后恢复时,可按下此按钮,使移位接触器再次接通。

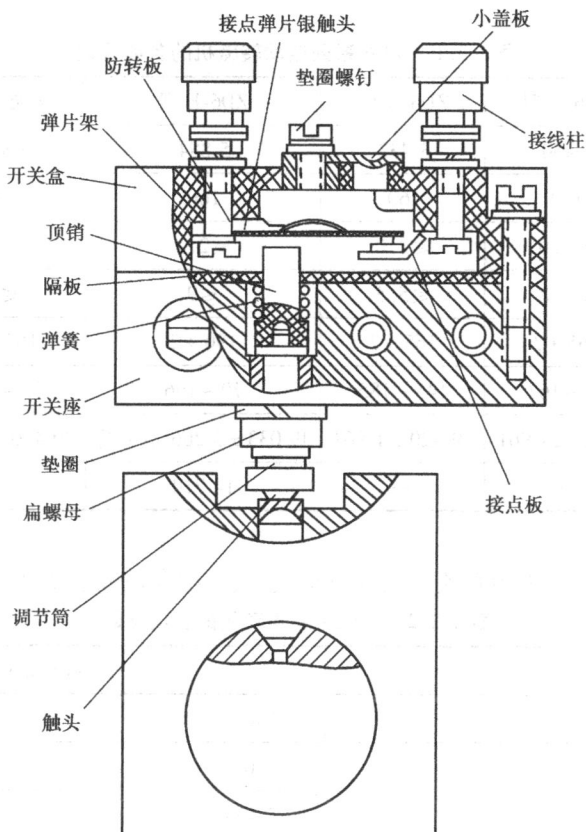

图 2.2.20

⑪安全接点

安全接点用来保证维修安全。正常使用时,安全接点接通,接通道岔启动电路。检修道岔时,断开安全接点,以防止检修过程中转辙机转动影响维修人员作业,如图 2.2.21 所示。

图 2.2.21

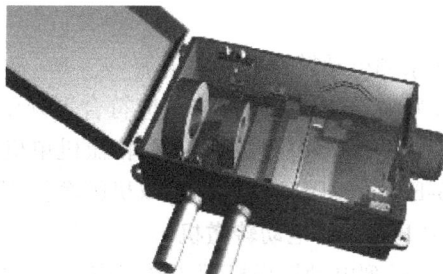

图 2.2.22

⑫壳体

壳体是用来固定转辙机各部件,防护内部机件免受机械损伤和雨水、尘土侵入,提供整机安装条件。它由底壳和机盖组成。底壳是壳体的基础,也是整机安装的基础。机盖内侧周边有密封槽,内镶有密封胶垫,防止尘土和雨水进入,如图2.2.22所示。

3)ZD6系列电动转辙机的各项参数

ZD6系列电动转辙机包括满足各种需求的ZD6型转辙机的派生型号。它们的各项参数如表2.2.1所示。

表2.2.1 ZD6系列电动转辙机的各项参数

项 目	ZD6-A 型	ZD6-D 型	ZD6-E 型	ZD6-J 型	ZD6-F 型
额定负载/N	2 450	3 432	5 884	5 884	4 413
额定直流电压/V	160	160	160	160	160
动作电流/A	≤2.0	≤2.0	≤2.2	≤2.2	≤2.2
转换时间/s	≤3.8	≤5.5	≤9	≤9	≤6.5
动作杆动程/mm	165 ± 2	165 ± 2	190 ± 2	165 ± 2	130 ± 2
表示杆动程/mm	86 ~ 167	145 ~ 185	70 ~ 196	70 ~ 196	80 ~ 130
主锁闭力/N	29 420 ± 1 961	29 420 ± 1 961	49 033 ± 3 266 不可挤	29 420 ± 1 961	29 420 ± 1 961
副锁闭力 N	—	—	14 710	—	14 710 ~ 17 652

ZD6系列电动转辙机采用直流串激式电动机,其各项参数如表2.2.2所示。

表2.2.2 直流串激电动机的各项参数

项 目	ZD6 系列
额定电压/V	160
额定电流/A	2.0
额定转速/(r · min^{-1})	2 400
额定转矩/(N · m)	0.882 6(0.09 kg · m)
短时工作输出功率/VA	≥220
单定子工作电阻(20℃)/Ω	(2.85 ± 0.14) × 2
刷间总电阻(20℃)/Ω	4.9 ± 0.245

4)ZD6系列电动转辙机摩擦电流

ZD6系列电动转辙机摩擦电流应符合下列要求:

①ZD6-A型、ZD6-D型、ZD6-F型转辙机单机使用时,摩擦电流为2.3 ~ 2.9 A。

②ZD6-E型和ZD6-J型转辙机双机配套使用时,单机摩擦电流为2.0 ~ 2.5 A。

(5)ZD(J)9系列电动转辙机

ZD(J)9系列电动转辙机用于转换各种道岔,改变道岔开通方向,锁闭道岔尖轨,反映道岔尖轨位置状态。

1)ZD(J)9 转辙机的特点

ZD(J)9 型系列电动转辙机是一种能适应交、直流电源的新型转辙机。它有着安全可靠的机内锁闭功能,因此既可适用于联动内锁道岔,又可适用于分动外锁道岔,既适用于单点牵引,又适用于多点牵引,安装时,既能角钢安装,又能托板安装。

2)ZD(J)9 转辙机型号组成及表示意义

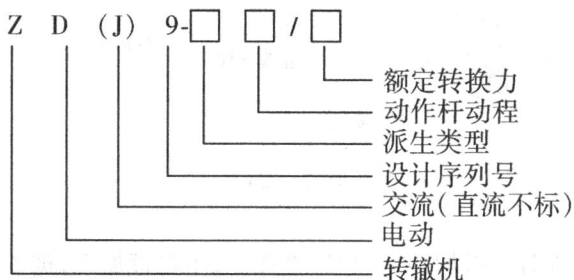

$$Z \quad D \quad (J) \quad 9\text{-}\square\square/\square$$

```
Z   D   (J)  9-□ □ / □
                    └── 额定转换力
                  └──── 动作杆动程
                └────── 派生类型
              └──────── 设计序列号
          └──────────── 交流(直流不标)
      └──────────────── 电动
  └────────────────────转辙机
```

3)ZD(J)9 系列转辙机适用范围

ZD(J)9 系列转辙机有交流和直流两种类型,可适用不同的供电种类。另外,还能满足转换不同类型道岔的要求,如单机牵引、双机牵引、多点牵引等,既可适用于普通道岔转换,又可适用于提速道岔建设中的客运专线道岔转换的使用要求。

转辙机还可根据所安装的牵引点不同分为可挤型与不可挤型。

4)ZD(J)9 结构特征

ZD(J)9 转辙机主要由电动机、减速器、摩擦联接器、滚珠丝杠、推板套、动作板、锁块、锁闭铁、接点座组件、动作杆、锁闭(表示)杆等零部件组成,结构采用模块化设计,便于维护和维修。

①电动机

电动机是给转辙机提供动力的,有交流电动机和直流电动机两种类型。电机可根据需要直接更换成交流或者直流电动机,更换方便。电机外壳采用拉拔铝成型,外形美观,如图 2.2.23 所示。

②减速器

减速器的作用是将电动机的高速转速降下来,以提高转动力矩。减速器分为两级减速,第一级减速器为齿轮减速,它以齿轮箱的形式与电动机接合在一起,齿轮箱中有摇把齿轮、电机输出小齿轮、中间齿轮,中间齿轮啮合于摩擦联接器齿轮上,摇把齿轮用于手摇转辙机。第二级减速由滚珠丝杠、螺母及推板套完成,

图 2.2.23

它除了具有减速作用外,还将旋转运动变为推板套的水平动作,以便间接使动作杆做水平运动,原理同 S700K 型电动转辙机。ZD(J)9-A 型第一级速比为 38/26,第二级速比为 46/18,总速比为 3.74。ZD(J)9-B 型第一级速比为 44/20,第二级速比也为 46/18,总速比 5.63。

③滚珠丝杠和推板套

滚珠丝杠选用 3205 型国内磨削丝杠,直径 ϕ32 mm,导程 10 mm,丝杠螺母采用法兰盘结构方式,便于选用标准结构。由于导程大,滚珠也大,故可靠性高。滚珠丝杠的一端与摩擦联接器"固定"在一起,当摩擦联接器转动时,滚珠丝杠随之转动,使丝杠上的推板套做水平运动如图 2.2.24 所示。

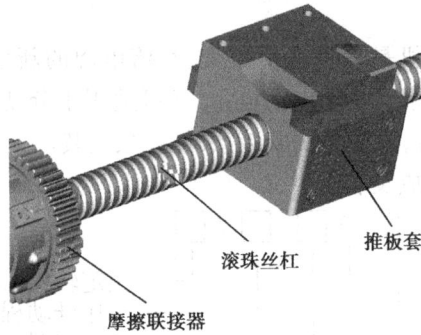

图 2.2.24

④摩擦联接器

摩擦联接器采用干摩擦,主动片是 4 片外摩擦片,用钢带加工,被动片为 3 片铜基粉末冶金摩擦材料的内摩擦片,用 12 个弹簧加压,将摩擦联接器齿轮与滚珠丝杠"固定"在一起,如图 2.2.25 所示。在正常情况下,摩擦联接器可保证转换力的稳定,通过摩擦联接器中的内外摩擦片的摩擦作用,将摩擦联接器齿轮的旋转运动传递到滚珠丝杠上,滚珠丝杠把传动齿轮的旋转运动转换成与丝杠联接的推板套的水平运动。当道岔受阻,滚珠丝杠不能转动时,电动机将带动齿轮箱中的齿轮及摩擦联接器齿轮空转,起到保护电动机的作用。

图 2.2.25

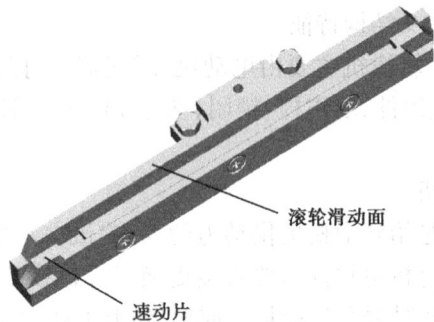

图 2.2.26

⑤动作板

如图 2.2.26 所示,动作板是固定推板套面上的钢板,有高低两个层面,高面两端有斜面,低面两端设两个可窜动(弹簧弹力)的速动片。

⑥自动开闭器

自动开闭器的接点组与 ZD6 型相同,只是将动接点支架改进成为有两处压嵌联接的结构,因此左右调整板设在同侧,缩小了接点组尺寸,减少了零件品种。另外,静接点片用铍青铜制造,静接点组中的接线端子采用一次性锁紧螺母,使接线更加安全可靠。动接点环用铜钨合金制造,使用寿命达到 100 万次以上,如图 2.2.27 所示。

⑦安全开关组

安全开关组由安全开关、连接杆和电机轴端连板组成,

图 2.2.27

安全开关采用沙尔特堡式开关。手动时,由于安全开关通过连接杆与电机轴端的连板相连,因此必须打开安全开关手摇把才能插入。

⑧接线端子

接线端子采用了德国菲尼克斯公司回拉式弹簧3线接线端子(型号ST2.5-TWIN),由于接线部分没有螺纹联接,因此使用中不需要检查或重新拧紧,是一种免维护的接线端子,能抗振动和冲击,同时又不损及导线,如图2.2.28所示。

⑨底壳

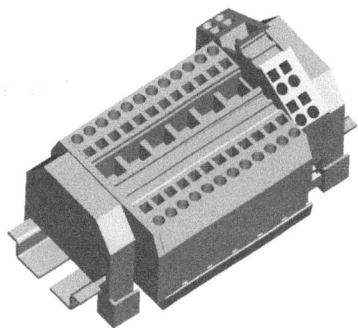

图2.2.28

电动转辙机底壳采用铸铝合金材料,同时端盖、防护管、齿轮箱等零件也均采用铸铝合金材料,相对原铸铁底壳质量减轻约40 kg,这可减轻现场电务人员安装、搬运的工作强度。采用的铸铝合金件经过变质处理、固溶处理及人工时效,在抗拉强度等机械性能上优于铸铁件,表面明显优于铸铁件,如图2.2.29所示。

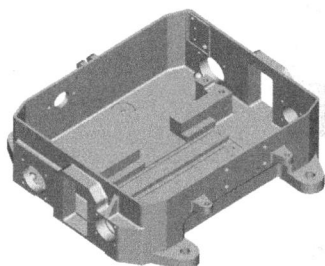

图2.2.29

图2.2.30

⑩主要动作部件

主要动作部件如图2.2.30、图2.2.31、图2.2.32所示。

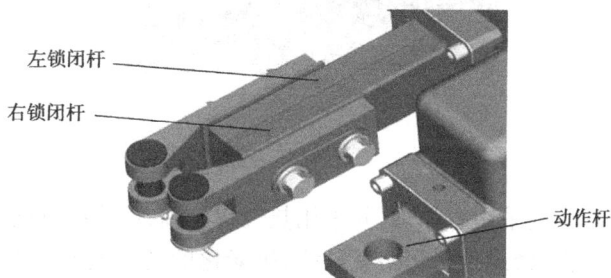

图2.2.31

⑪阻尼机构

动作杆中部的两斜面为阻尼机构的有效摩擦面,阻尼机构的摩擦头与之相互摩擦,消除转换到位的残余能量,如图2.2.33所示。

⑫挤脱机构

挤脱机构如图2.2.34所示。

手摇齿轮

齿轮2

带槽齿轮

图 2.2.32

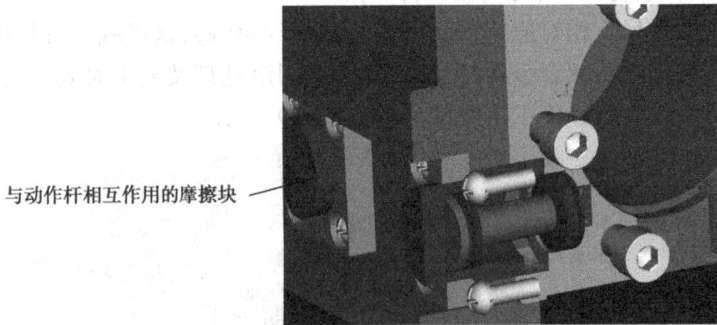

与动作杆相互作用的摩擦块

图 2.2.33

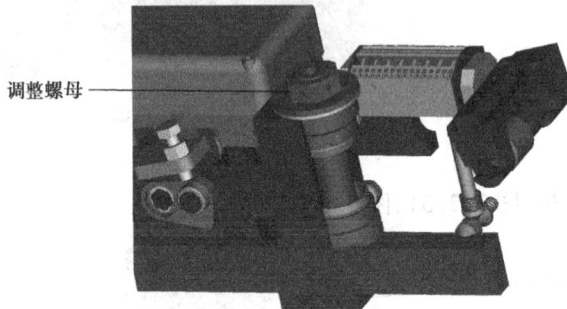

调整螺母

图 2.2.34

⑬机盖

机盖所有焊接部位均采用氩弧焊,并采用热镀锌处理,严格控制前处理,镀后有冰花效果,提高了美观性和防护性,密封条采用防紫外线、抗老化的高性能乙丙橡胶海绵密封垫,为了增强抗老化性能。

5)ZD(J)9 系列电动转辙机各项参数

①交流系列电动转辙机主要技术参数

交流系列电动转辙机主要技术参数如表 2.2.3 所示。

表2.2.3　ZD(J)9 交流系列电动转辙机主要技术参数

型 号	ZDJ9-170/4k	ZDJ9-A220/2.5k ZDJ9-C220/2.5k	ZDJ9-B150/4.5k ZDJ9-D150/4.5k
电源电压 AC 三相/V	380	380	380
额定转换力/kN	4	2.5	4.5
动作杆动程/mm	170±2	220±2	150±2
锁闭（表示）杆动程/mm	152±4	160±4（A） 160±20（C）	75±4（B） 75±20（D）
工作电流/A （≤）	2.0	2.0	2.0
动作时间/S （≤）	5.8	5.8	5.8
单线电阻/Ω （≤）	54	54	54
挤脱力/kN（±2）	28	—	28
摩擦力/kN（±10%）	6	3.8	6.8
质 量/kg	180	182	177
适用范围	尖轨动程152 mm 以下的道岔。双杆内锁	双机牵引第一牵引点，不可挤，双杆内锁	双机牵引第二牵引点，可挤，单杆内锁

注：其中 A,B 用于分动道岔，C,D 用于联动道岔。

②直流系列电动转辙机主要技术参数

直流系列电动转辙机主要技术参数如表2.2.4 所示。

表2.2.4　ZD(J)9 直流系列电动转辙机主要技术参数

型 号	ZD9-170/4k	ZD9-A220/2.5k ZD9-C220/2.5k	ZD9-B150/4.5k ZD9-D150/4.5k
额定电压 DC/V	160	160	160
额定转换力/kN	4	2.5	4.5
动作杆动程/mm	170±2	220±2	150±2
锁闭（表示）杆动程/mm	152±4	160±4（A） 160±20（C）	75±4（B） 75±20（D）
工作电流/A （≤）	2	2	2
动作时间/s （≤）	8	8	8
挤脱力/kN（±2）	28	—	28
摩擦力/kN（±10%）	6	3.8	6.8
摩擦电流/A	2.2～2.6	1.9～2.3	2.2～2.6

续表

型　号	ZD9-170/4 k	ZD9-A220/2.5 k ZD9-C220/2.5 k	ZD9-B150/4.5 k ZD9-D150/4.5 k
质　量/kg	180	182	177
适用范围	尖轨动程152 mm以下的道岔,可挤、双杆内锁	双机牵引第一牵引点,不可挤,双杆内锁	双机牵引第二牵引点,可挤,单杆内锁

注:其中A,B用于分动两点牵引道岔,C,D用于联动两点牵引道岔,170型用于单机牵引道岔。

③交流系列电动转辙机的摩擦转换力

交流系列电动转辙机的摩擦转换力如表2.2.5所示。

表2.2.5　ZD(J)9 交流系列电动转辙机的摩擦转换力

型　号	摩擦转换力/kN
ZDJ9-170/4 k	6 ±0.6
ZDJ9-A220/2.5 k	3.8 ±0.4
ZDJ9-C220/2.5 k	
ZDJ9-B150/4.5 k	6.8 ±0.7
ZDJ9-D150/4.5 k	

④直流系列电动转辙机的摩擦转换力和摩擦电流

直流系列电动转辙机的摩擦转换力和摩擦电流如表2.2.6所示。

表2.2.6　ZD(J)9 直流系列电动转辙机的摩擦转换力和摩擦电流

型　号	摩擦电流调整范围/A	摩擦转换力/kN
ZD9-170/4 k	2.2 ~2.6	6 ±0.6
ZD9-A220/2.5 k	1.9 ~2.3	3.8 ±0.4
ZD9-C220/2.5 k		
ZD9-B150/4.5 k	2.2 ~2.6	6.8 ±0.7
ZD9-D150/4.5 k		

由以上表中参数可知,ZD(J)9系列转辙机包括交流、直流两种类型,都能适应牵引分动和联动道岔。

(6)S700K 型电动转辙机

S700K 型电动转辙机是从德国西门子公司引进的设备和技术,它采用三相交流电动机,用滚珠丝杠作为驱动装置。经过数年的实践表明,该型号转辙机结构先进、工艺精良,解决了长期困扰信号维修人员的电机断线、故障电流变化、接点接触不良、移位接触器跳起、挤切削折断等惯性故障,而且可以做到"少维修、免维修",符合运营维护的特点。

S700K 型电动转辙机外形如图 2.2.35 所示。

1)S700K 型电动转辙机的特点

S700K 型电动转辙机适用于尖轨处采用外锁闭装置的道岔,它具有以下主要特点:

①采用交流三相电动机作动力源,不仅从根本上解决了原直流电动转辙机必须设置整流子而引起的故障率高、使用寿命短、维修量大的不足,还减少了控制导线截面,延长了控制距离,单芯电缆控制距离可达 2.5 km。

图 2.2.35

②采用具有簧式挤脱装置的保持联接器,并选用不可挤型的零件,从根本上解决了由于挤切销不良而造成的道岔故障。

③采用直径 ϕ32 mm 的滚珠丝杠作为驱动装置,延长了转辙机的使用寿命。

④采用多片干式可调摩擦联接器,经工厂调整加封后现场使用中一般无须调整。

2)S700K 型电动转辙机的分类

S700K 型电动转辙机规格齐全,不仅能满足道岔尖轨的单机牵引,而且也能满足双机、多机牵引的需要。

S700K 型电动转辙机的机身是通用的,经配件组装,可组成不同的种类。不同种类的转辙机,动作杆有不同的动程,表示杆也有不同的动程,转换力不同,也可以根据需要重新进行组合成为新的种类。

根据安装方式的不同,每一种类又可分为左装、右装两种。左装(面对尖轨,转辙机安装在线路左侧)的转辙机型号用字母 A 加上奇数表示,如 A13,A15。右装(面对尖轨或心轨,转辙机安装在线路右侧)的转辙机型号用字母 A 加上偶数表示,如 A14,A16 等。不同种类的 S700K 型电动转辙机不能通用。

3)S700K 型电动转辙机的结构

S700K 型电动转辙机的结构如图 2.2.36 所示。

S700K 型电动转辙机主要由铸铁底壳 1、电动机 4、摩擦联接器 14、滚珠丝杠驱动装置 6、保持联接器 7、动作杆 3、检测杆 8、接点组 9、锁闭块 10、遮断开关 11、开关锁 12、电缆插座 13 和可锁的机盖 2 等零部件组成。

①外壳

主要由底壳、机盖、动作杆套筒、导向套筒、导向法兰等组成。

②动力传动机构

主要由三相交流电动机、齿轮组、摩擦联接器、滚珠丝杠、保持联接器、动作杆等组成。

③检测和锁闭机构

主要由检测杆、叉形接头、速动开关组、锁闭块和锁舌、指示标等部分组成。

④安全装置

主要由开关锁、遮断开关、连杆、摇把孔挡板等组成。

⑤配线接口

主要由电缆密封装置、接插件及插座组成。

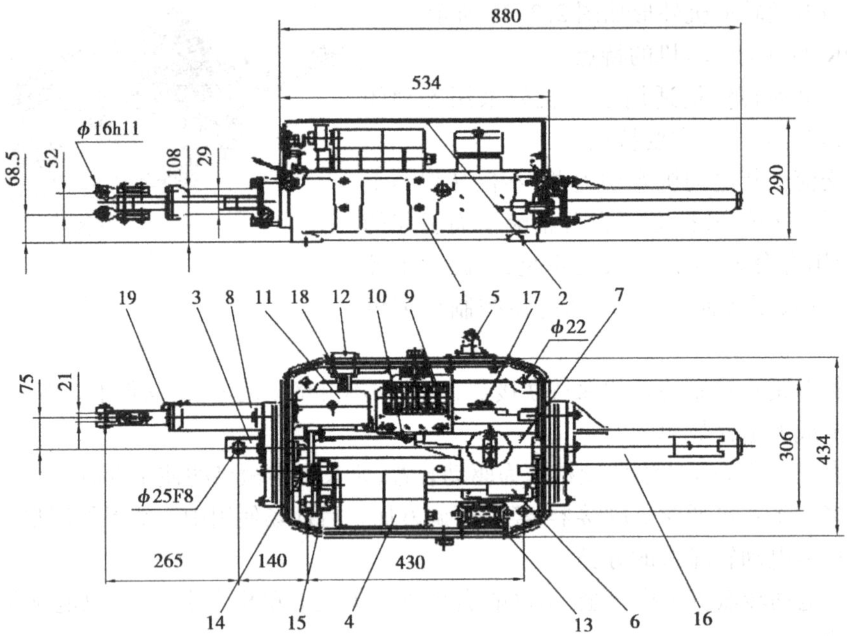

图 2.2.36

1—底壳;2—机盖;3—动作杆;4—电动机;5—电缆密封装置;6—滚珠丝杠驱动装置;7—保持联接器;
8—检测杆;9—接点组;10—锁闭块;11—遮断开关;12—开关锁;13—电缆插座;14—摩擦联接器;
15—摇把齿轮;16—动作杆罩筒;17—指示标;18—锁闭销;19—标尺

4)S700K 型电动转辙机主要部件作用介绍

①三相交流电动机

S700K 型电动转辙机采用了 380 V 交流三相电动机,为转辙机的转换提供动力。交流电动机定子 3 个绕组采用星形接法,其星形汇接点在安全接点座第 61,71,81 端子上,由跨接片跨接。

为了保证道岔能由定位到反位,或由反位到定位的相互转换,就要求三相交流电动机既能向顺时针方向转,又能向逆时针方向转。对于三相交流电动机,通过改变通向电动机三相交流电的相序就可以改变电动机的旋转方向。三相交流电动机的外形如图 2.2.37 所示。

图 2.2.37

②齿轮组

齿轮组由摇把齿轮、电机齿轮、中间齿轮及摩擦联接器齿轮组成。其中,摇把齿轮一般采用尼龙材料,与电机齿轮是一个传递系统,使得能用摇把对转辙机进行人工操纵,平时该齿轮不与电机齿轮接触,只有手摇转辙机时,通过压手摇把才能与电机齿轮接触。电机齿轮、中间齿轮、摩擦联接器齿轮是一个传递系统,将电机的旋转驱动力传递到摩擦联接器上,并将电动机的高速转速降低,以增大旋转驱动力矩,适应道岔转换的需要,这是转辙机的第一级减速,如图2.2.38所示。

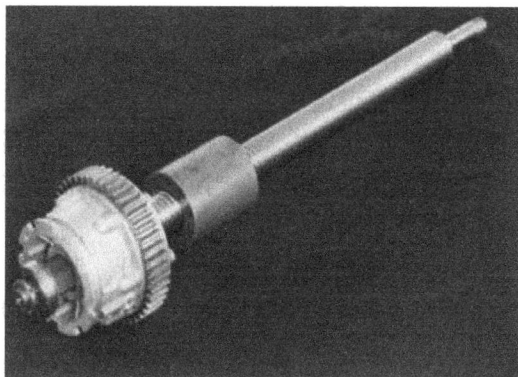

图2.2.38

③摩擦联接器

摩擦联接器将齿轮组变速后的旋转力矩传递给滚珠丝杠,摩擦联接器内有3对主被金属摩擦片,分别固定在外壳和滚珠丝杠上,摩擦片的端面有若干压力弹簧,通过调整弹簧压力,可使主、被摩擦片之间的摩擦接合力大小发生变化,实现电动机和传动机构之间的软联接。这样,就可消耗因电动机转动惯性带来的电动机动作电路断开后的剩余动力。在尖轨转换中途受阻不能继续转换时不使电动机被烧毁。即当作用于滚珠丝杠上的转换阻力大于摩擦接合力时,主被摩擦片之间相对打滑空转,保护了电动机。

摩擦联接器的摩擦力必须能调节,使道岔在正常工作情况下,电动机能够带动转辙机工作,在道岔转换终了或尖轨被阻时,使电动机能克服摩擦联接器的压力而空转,以保证电动机不致被烧毁。

对于交流转辙机来说,其动作电流不能直观地反映转辙机的拉力,现场维修人员不能像对直流转辙机那样,通过测试动作电流来对摩擦力进行监测,必须由专业人员用专业器材才能进行这一调整。转辙机在出厂时已对摩擦力进行标准化测试调整,因此现场维修人员不得随意调整摩擦力。

④滚珠丝杠

滚珠丝杠相当于一个直径 $\phi32$ mm 的螺栓和螺母,如图2.2.39所示。当滚珠丝杠正向或反向旋转一周时,螺母前进或后退一个螺距。它一方面将电动机的旋转运动变成丝杠的直线运动;另一方面起到减速作用。这是转辙机的第二级减速。

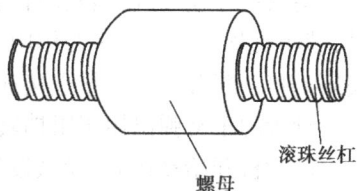

滚珠丝杠

螺母

图2.2.39

在转辙机正常动作时,滚珠丝杠上的螺母空动一定距离后才顶住保持联接器,使动作杆随保持联接器动作而做直线运动。空动的目的是使锁闭块及锁舌正常缩入,完成机内解锁及使速动开关的第二排或第三排接点断开,切断表示电路,接通向回转换的电路。同时,空动也克服了三相交流电动机启动力矩小的缺点。

⑤保持联接器

保持联接器是转辙机的挤脱装置,利用弹簧的压力通过槽口式结构将滚珠丝杠与动作杆连接在一起,其结构如图2.2.40(a)所示。当道岔的挤岔力超过弹簧压力时,动作杆滑脱,起到保护整机不被损坏的作用,相当于ZD6型电动转辙机的挤岔装置。

根据现场实际需要,保持联接器可采用可挤型和不可挤型。可挤型是指保持联接器利用其内部弹簧的压力将滚珠丝杠和动作杆联接在一起,弹簧的挤岔阻力可分别设定为9,16,24,30 kN等,当道岔的挤岔阻力超过弹簧设定压力时,动作杆滑脱,实现挤岔时的整机保护。不可挤型是工厂将保持联接器内部的弹簧取出,放一个止挡环,用于阻止与动作杆相连的保持栓的移动,成为硬联接结构。挤岔锁定力为90 kN。当道岔挤岔阻力超过90 kN时,挤坏硬联接结构的保持联接器,需整机送回工厂修理。

保持联接器的顶盖是加铅封的,维修人员不得随意打开。铅封打开后,必须由专职人员重新施封,以保证其安全可靠地投入运用。保持联接器外形如图2.2.40(b)所示。

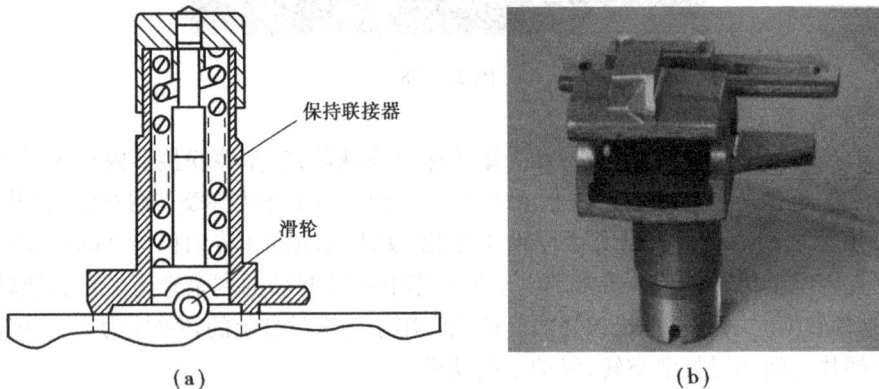

(a)   (b)

图 2.2.40

⑥动作杆

动作杆和保持联接器连接在一起,随保持联接器的动作而动作。它的一端通过连接铁和外锁闭装置联接在一起。另外,动作杆上设有一圆弧缺口,设该缺口的目的是道岔转换到规定位置时,保证锁闭块及锁舌的正常弹出。

⑦锁闭块和锁舌

道岔在终端位置,当检测杆指示缺口与指示标对中时,即锁闭块凸块对准检测杆的缺口时,锁闭块及锁舌在弹簧的作用下应能正常弹出。锁闭块和锁舌的正常弹出使速动开关的有关启动接点断开及表示接点接通。

锁舌的正常弹出用于阻挡转辙机的保持联接器的移动,实现转辙机的内部锁闭。

转辙机开始动作后,操纵板移动,锁闭块被顶入,锁舌在锁闭块的带动作用下应能正常缩入。锁闭块的缩入,应可靠地断开表示接点,接通向回转的动作接点。锁舌的缩入,应完成转辙机的内部解锁。

⑧检测杆

检测杆随尖轨转换而移动,用来监督道岔在终端位置时的状态。检测杆有上、下两层,上层检测杆用于监督拉入密贴尖轨时的工作状态,下层检测杆用于监督伸出密贴尖轨时的工作状态,如图 2.2.41 所示,两根检测杆各有一个大、小缺口。

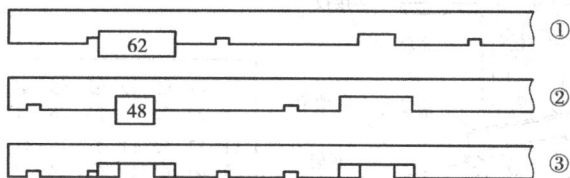

图 2.2.41

上、下层检测杆之间没有联接或调整装置,外接两根表示杆分别调整。道岔转换时,由尖轨带动检测杆运动。当密贴尖轨密贴,斥离尖轨到达规定位置,上、下层检测杆的大小缺口对准转辙机的锁闭块时,锁闭块及锁舌才能弹出。就是说,密贴尖轨,斥离尖轨到达规定位置时,才能给出有关表示。

图 2.2.41 中,①为上层检测杆,检查拉入位置;②为下层检测杆,检查伸出位置;③为上下检测杆重叠示意图。

⑨接点系统

接点系统的主要作用是接通道岔的启动和表示电路。S700K 型电动转辙机原采用沙尔特堡接点组,其体积小,结构单薄,抗振能力明显不足,在使用中出现接点接触不良、接点螺丝滑扣松动、虚焊等故障。该种接点的封闭结构给查找故障、更换接点带来不便。为了减少故障,提高设备的运行质量,沙尔特堡接点组逐步被 TS-1 型接点系统所代替。TS-1 型接点系统外形如图 2.2.42 所示。

图 2.2.42

TS-1 型接点系统由开关盒、转换驱动机械、插接件等组成,如图 2.2.43(a)所示。

当转辙机电动机旋转,滚珠丝杠下方的操纵板开始动作时,锁闭块由左向右推移,锁闭块前端斜面驱动速动爪滚轮向上顶起,并推动启动架向上提升,启动架前部滚轮逐步将开关盒下部连板向上推动,开关盒中动接点也随之开始动作,中部接点拉簧随动接点拐臂由右向左摆动,并拉伸,动接点触头向上移动与左侧静接点摩擦后断开,从而断开原表示电路。当上下拐臂过中心点后,动接点由于拉簧作用,从左侧迅速转换与右侧静接点接触,接通向回转的电机电路接点。当转辙机转至终点,检测杆到位后,另一组接点下部的锁闭块由右向左移动,在复位大弹簧的作用下,速动爪落下,启动架尾部抬起,左侧滚轮推动连接板上移,动接点由右迅速与左侧静接点接触,断开转辙机电机电路,接通新的表示电路。

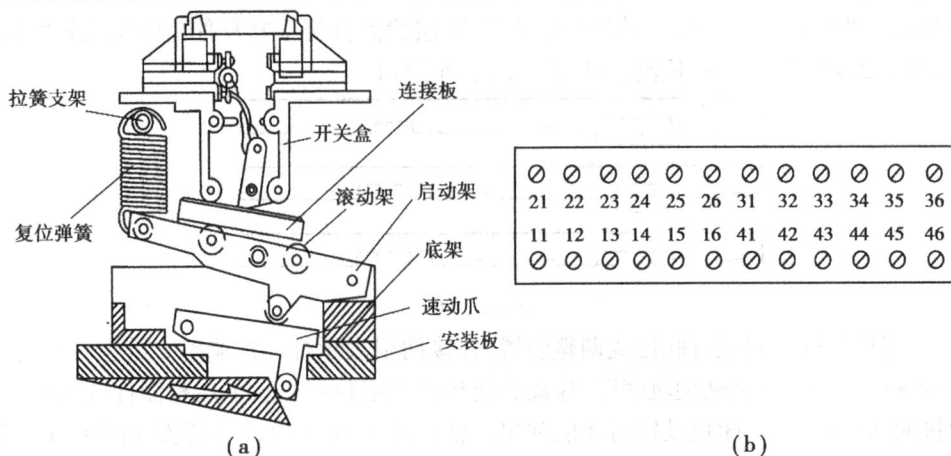

（a）　　　　　　　　　　　　　　　　　　　　（b）

图 2.2.43

该接点组将动、静接点由水平方向的上下接触改为垂直方向的左右接触,减少了列车振动对接点的损伤;增设了扫程,防止冻冰黏结;增大了接点接触压力,提高了接触可靠性。

接点组壳体透明敞开,方便检查;为可拆卸式,可快速更换。站在开关锁处看该接点组,排列方式如图2.2.43(b)所示。

⑩安全接点座

安全接点座如图 2.2.44 所示。安全接点 11—12 是遮断开关,它在开关锁的直接操纵下闭合和断开,需要进行内部检修或人工断开动作电路时,用钥匙打开开关锁,断开安全接点,切断电机电路,起到保护作用。人工摇动道岔时,打开摇把孔板,也断开安全接点,可防止在手摇道岔时室内振动道岔使其误动。端子 31,41 为安全接点 11—12、电动机引线 U、速动开关接点 25,26 的汇流排。端子 61,71,81 为三相交流电动机星形节点的汇流排。

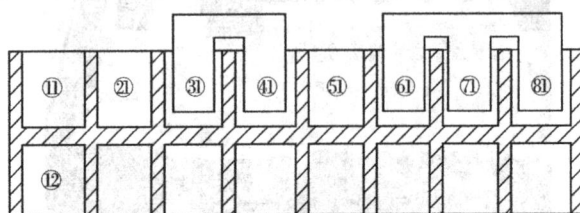

图 2.2.44

⑪开关锁

开关锁是操纵遮断开关闭合和断开的机构,用来在检修人员打开电动转辙机机盖进行检修作业或车务人员插入摇把转换道岔时,能可靠断开电动机动作电路,以防止电动机误动,保证人身安全。当钥匙立着插入并逆时针转动 90°时,遮断开关被可靠断开。恢复时须提起开关锁上的锁闭销,同时将插入的钥匙顺时针转动 90°,遮断开关才被可靠接通。

遮断开关接通时,摇把挡板能有效阻挡摇把插入摇把齿轮,防止用钥匙打开电动转辙机机盖。断开遮断开关时,摇把能顺利插入摇把齿轮或用钥匙打开电动转辙机机盖,此时电动机的动作电源将被可靠地切断,如不经人工操纵和确认,便不能恢复接通。

5) S700K 型电动转辙机的技术参数

①S700K 型电动转辙机基本技术参数

S700K 型电动转辙机基本技术参数如表 2.2.7 所示。

表 2.2.7　S700K 型电动转辙机基本技术参数

电源电压		三相,380 V,50 Hz
转换力		6 000,4 500,3 500,3 000N
挤岔阻力	可挤型	24 kN
	非可挤型	90 kN
动　程		150,220 mm
动作时间		≤6.6 s
动作电流		≤2 A（54 Ω）
单线允许电阻		最大 54 Ω
环境温度		−40 ~ 70 ℃
绝缘耐压		2 400 V,50 Hz,1 min
整机试验寿命		1×10^6 次
质　量		约 110 kg
防尘防水		IP54
最大外形尺寸（杆件缩入时）	150 mm 动程	1 260 mm ×485 mm ×290 mm(长×宽×高)
	220 mm 动程	1 260 mm ×485 mm ×290 mm(长×宽×高)

②S700K 型电动转辙机概况

S700K 型电动转辙机概况如表 2.2.8 所示。

表 2.2.8　S700K 型电动转辙机概况

代号 左/右装	型　号	动作时间 /s	动程/mm	检测行程 /mm	额定转换力 /N	适用的提速道岔
A13/A14	220/160	≤6.6	220	160	3 000	9 号尖轨第一牵引点 12 号尖轨第一牵引点
A15/A16	150/75	≤6.6	150	75	4 500	9 号尖轨第二牵引点 12 号尖轨第二牵引点

(7)外锁闭装置

目前,道岔机械锁闭存在内锁闭和外锁闭两种方式,内锁闭装置的道岔尖轨是靠转辙机通过长杆锁闭的,是对道岔可动部分进行间接锁闭;外锁闭装置直接把尖轨与基本轨锁住,大大提高了道岔及转换设备工作可靠性,降低了维修工作量,延长了使用寿命。

外锁闭装置一般由 S700K 型电动转辙机、ZD(J)9 型电动转辙机和电液转辙机带动。外锁闭装置可分为燕尾式和钩式两种。其中,燕尾式外锁闭装置已经逐步被钩式外锁闭装置所取代,因此本书主要介绍钩式外锁闭装置。

钩式外锁闭装置的锁闭方式为垂直锁闭。锁闭力通过锁闭铁、锁闭框直接传给基本轨。每一牵引点都有对应的钩式外锁闭装置。

1)钩式外锁闭装置的结构

钩式外锁闭装置由锁钩、锁闭杆、锁闭框、锁闭铁、尖轨连接铁、销轴等组成,如图2.2.45所示。

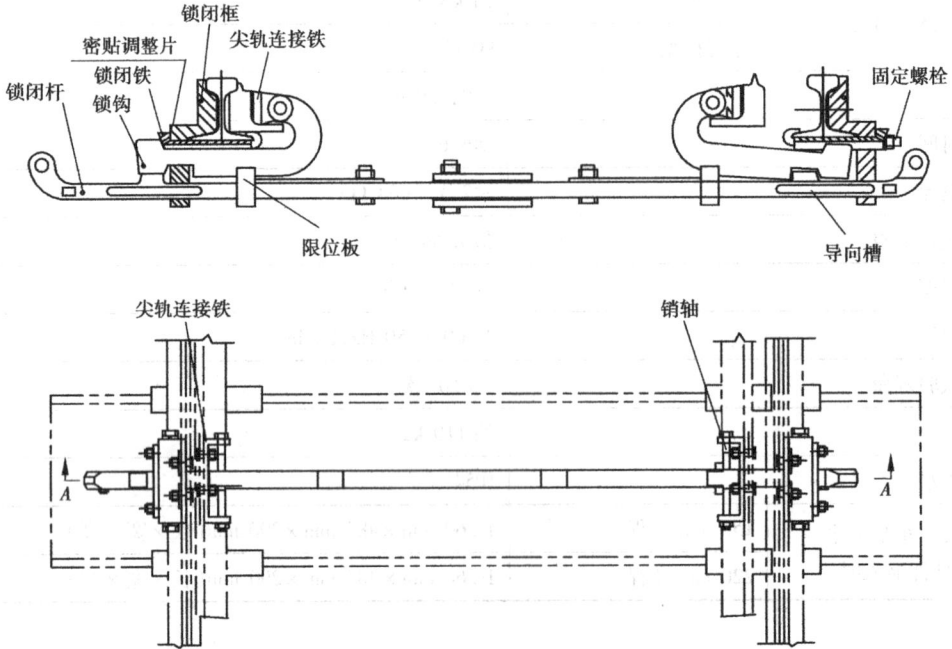

图 2.2.45

锁闭框固定在基本轨的外下方,锁闭铁固定在锁闭框上。锁钩通过销轴及尖轨连接铁与道岔尖轨固定,锁钩与锁闭杆上下排列被限制在锁闭框内,锁闭杆侧面带有导向槽,锁闭杆上对应每一尖轨的下面有一块向上凸起的锁闭块,两尖轨连接的锁钩各有一个与锁闭杆向上凸起的锁闭块对应的向上凹陷的缺口,锁钩的尾端还有一带斜面向上的凸起部分和向下带小斜面的凸起部分,由此实现道岔的外锁闭。

2)外锁闭装置的传动原理

当操纵道岔时,转辙机的动作杆动作,通过连接杆带动外锁闭装置的锁闭杆动作,实现道岔的解锁、转换和锁闭的过程,如图2.2.46所示。

①锁闭

密贴侧的锁钩被锁闭杆凸起的锁闭块顶起,使锁钩尾端的斜面与锁闭铁的斜面贴紧,尖轨被牢牢地锁住。斥离侧,由于锁钩下落进入锁闭框内,使锁钩底侧的缺口与锁闭杆向上凸起的锁闭块交错重合,这样斥离侧的尖轨也不能移动,即锁闭了该尖轨。

②解锁

道岔转换时,电动转辙机转动,动作杆移动,使锁闭杆沿导槽移动,利用锁闭杆凸起的锁闭块推动斥离侧锁钩移动,使斥离侧的尖轨先开始动作。此时,密贴侧尖轨下面的锁闭杆先是空动,使锁闭杆上凸起的锁闭块向锁闭框内移动,而后锁钩尾端整体下落到钢轨下方,锁钩底侧的缺口与锁闭杆向上凸起的锁闭块交错重合,这时原来密贴的尖轨才真正解锁。

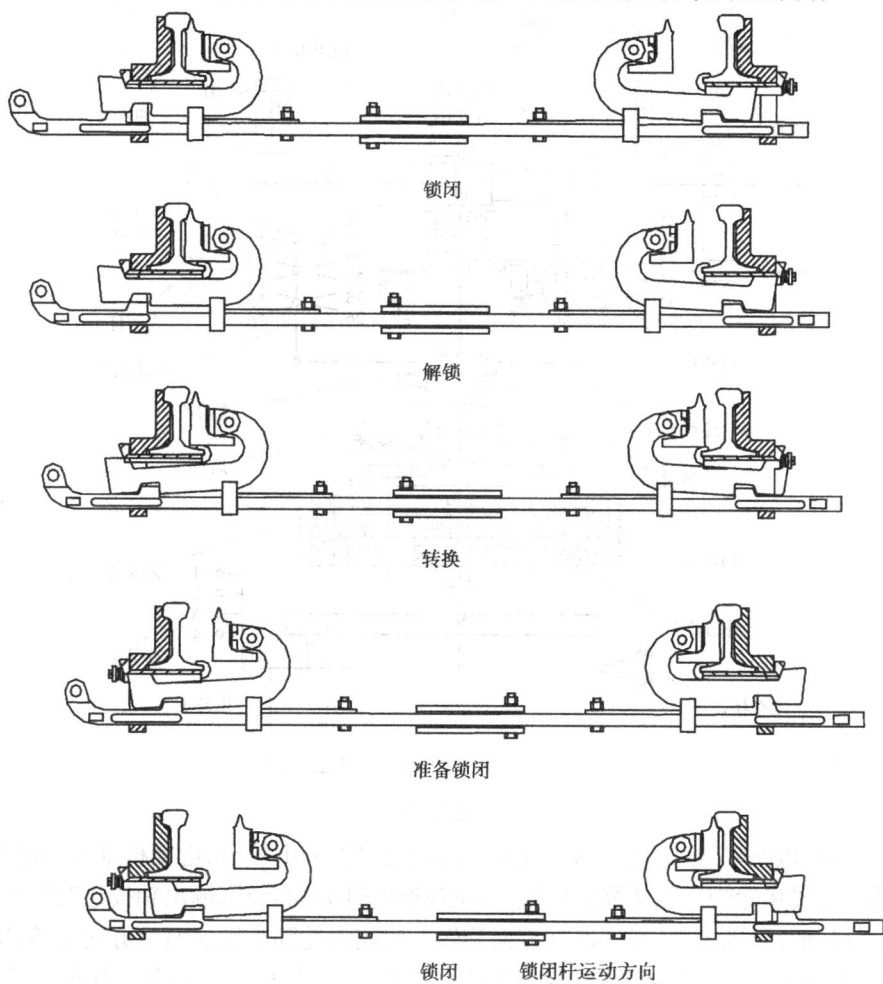

锁闭

解锁

转换

准备锁闭

锁闭　　锁闭杆运动方向

图 2.2.46

③转换

解锁后,锁闭杆的两个凸起的锁闭块都已落入对应的锁钩的凹槽当中,锁闭杆继续移动,带动两个锁钩同时移动,两个锁钩带动对应的尖轨同时转换。

④锁闭

原斥离的尖轨密贴以后,锁闭杆继续移动,其向上凸起的锁闭块推动锁钩的尾端上升,使锁钩尾端的斜面与锁闭铁的斜面贴紧,该尖轨锁闭。此时,原密贴尖轨继续移动,直至原斥离的尖轨锁闭后停止动作。

【任务实施】

任务提出:

(1)ZD6 系列电动转辙机动作原理

如图 2.2.47 所示为 ZD6 型电动转辙机动作原理,图中所示的各机件所处位置是处于左

侧锁闭状态(假设左侧锁闭为定位),此时自动开闭器第1、第3排接点闭合。现将转辙机从定位转至反位的传动过程简述如下:

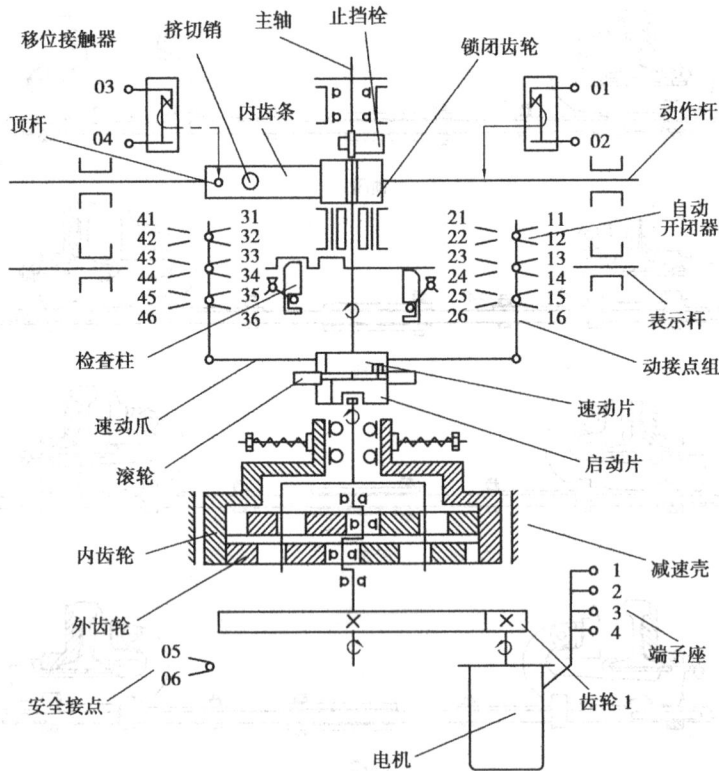

图 2.2.47

当道岔启动电路接通,电动机通入规定方向的道岔控制电流后,电动机轴按照逆时针方向旋转,电动机通过齿轮带动减速器,这时输入轴按顺时针方向旋转,输出轴按逆时针方向旋转。输出轴通过启动片带动主轴,按逆时针方向旋转。锁闭齿轮随主轴逆时针方向旋转,锁闭齿轮在旋转中完成解锁、转换、锁闭3个过程,拨动齿条块,使动作杆带动道岔尖轨向右移动,右侧尖轨密贴并实现锁闭。同时通过启动片、速动片、速动爪带动自动开闭器的动接点动作,与表示杆配合,断开原接通接点(第1、第3排接点),接通原断开接点(第2、第4排接点),完成电动转辙机转换、锁闭和给出道岔表示的任务。

手动摇动转辙机时,先用钥匙打开遮断器锁,断开安全接点,露出摇把插孔,将摇把插入减速大齿轮轴。摇动转辙机至所需位置。闭合安全接点时,必须打开机盖,合上安全接点,转辙机才能复原。

电动转辙机的动作过程如表2.2.9所示。

表 2.2.9　ZD6 型电动转辙机动作过程

道岔状态	主轴转角	手摇圈数	转换锁闭装置动作	自动开闭器动作
定位锁闭	0°			右检查柱落入后表示杆缺口接通第1、第3排接点

续表

道岔状态	主轴转角	手摇圈数	转换锁闭装置动作	自动开闭器动作
解锁	7.5°	0.85	启动片带动主轴转动,使锁闭齿轮的锁闭圆弧从削尖齿上退转7.5°开始解锁	左侧速动爪上的滚轮在启动片凹槽中滚动
	10.2°	1.2		启动片坡面推动滚轮,使左速动爪抬高,第3排接点断开,左侧检查柱开始抬高
解锁	19°	2.2		启动片坡面继续推动滚轮,动接点开始接通第4排静接点,为电机反转准备条件
解锁	26.5°	3		左速动爪完全爬上启动片弧面,动接点完全插入第4排静接点,左侧检查柱完全退出表示杆缺口
	28.7°	3.3		启动片上拨钉开始拨动速动片
解锁	32.9°	3.7	锁闭圆弧完全退出削尖齿,解锁完成	
转换	306.1°	34.9	锁闭齿轮拨动齿条块,使动作杆右移(165+2)mm,尖轨运动至反位,锁闭齿轮的凸弧开始进入反位,开始锁闭	动接点接向外侧第1、第4排接点,两个速动爪滚轮将在启动片和速动片上滚动
反位锁闭	335.6°	36.4	锁闭圆弧对齿条已达29.6°锁闭角	表示杆反位缺口已经运动至右侧检查柱下方,右侧速动爪滚轮离开启动片弧面,速动爪完全由速动片承托。稍后,右侧速动爪突然跌落,右检查柱落入表示杆反位缺口,迅速断开第1排接点,切断电机电路,接通第2排接点,接通反位表示电路
	339°	38.6	锁闭圆弧与削尖齿之间完成同心圆弧面重合32.9°的锁闭角	

(2)ZD(J)9系列电动转辙机的工作原理

1)传动原理

①电动机接通电源后,电机上的小齿轮通过齿轮箱中的传动齿轮进行两级减速,把动力传递到摩擦联接器的齿轮上。

②通过摩擦联接器中的内外摩擦片的摩擦作用,将齿轮的旋转运动传递到滚珠丝杠上。滚珠丝杠把传动齿轮的旋转运动转换成与丝杠连接的推板套的水平直线运动。

③推板套水平直线运动,推动安装在动作杆上的锁块,在锁闭铁的辅助下使动作杆水平运动,完成道岔的锁闭功能。

动作杆、锁块、锁闭铁的运动关系如图 2.2.48 所示。

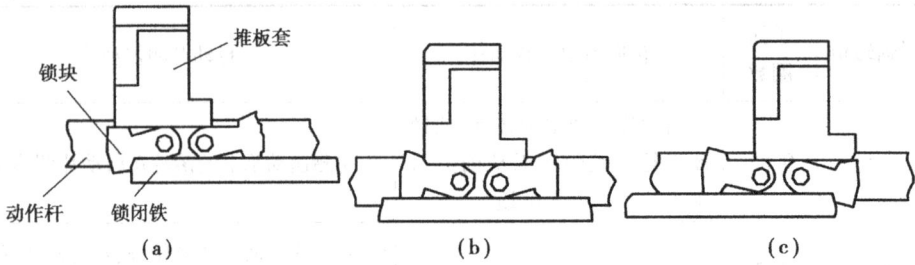

图 2.2.48

（a）拉入锁闭　（b）转换　（c）伸出锁闭

通过图 2.2.48 可以看出，ZD(J)9 型转辙机有着安全可靠的内锁功能，在两个终点位置时锁块在推板套和锁闭铁的共同作用下实现了转辙机对道岔的锁闭。

2）表示原理

①推板套动作的同时，安装在推板套上的动作板随着推板套一起运动，如图 2.2.49 所示。

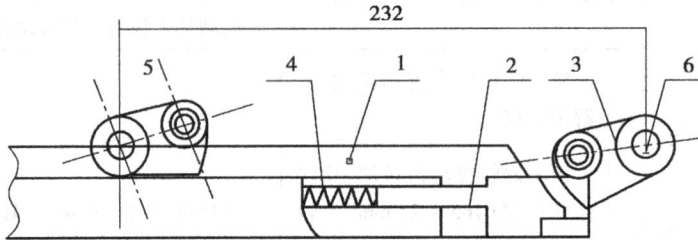

图 2.2.49

1—动作板;2—速动片;3—启动片;4—压簧;5—滚轮;6—动接点轴

②动作板开始运动后，动作板滑动面一端的斜面推动与启动片连接的滚轮，切断表示，同时接通下一转换方向的动作接点;当动作到位时，滚轮从动作板滑动面落下，动作接点断开，同时表示接点接通，给出道岔表示。在这一过程中，滚轮通过左右支架的作用，使锁闭柱（检查柱）抬起或落入锁闭（表示杆）槽内，达到检测道岔状态的作用，如图 2.2.50 所示。

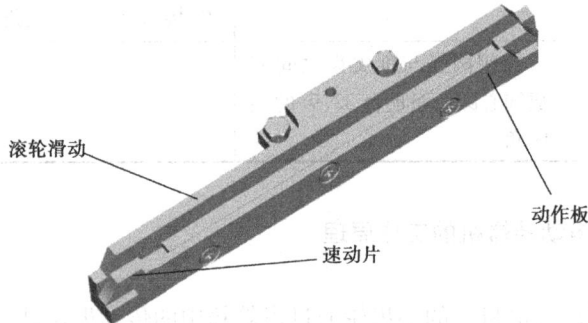

图 2.2.50

一般来说，ZD(J)9 系列转辙机的 A,C 型为锁闭杆，而 B,D 型为表示杆,170/4.0K 型也为表示杆,A,C 型和 B,D 型转辙机的外形如图 2.2.51 所示。

3）挤岔原理

ZD(J)9-B,ZD(J)9-D 及 170/4.0K 型转辙机为可挤机型，挤岔示意如图 2.2.52 所示。

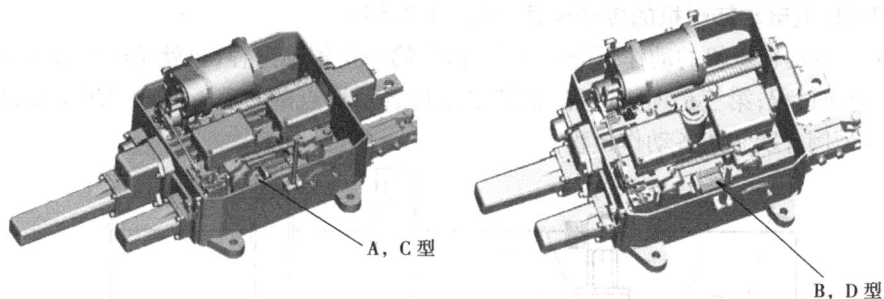

A，C 型

B，D 型

图 2.2.51

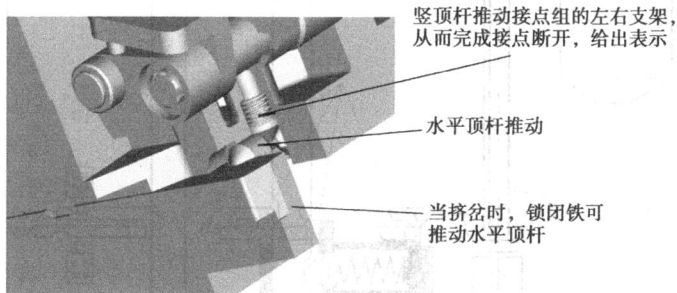

竖顶杆推动接点组的左右支架，
从而完成接点断开，给出表示

水平顶杆推动

当挤岔时，锁闭铁可
推动水平顶杆

图 2.2.52

挤岔时，当挤脱器中的锁闭铁在动作杆上的锁块作用下，脱开挤脱柱，在锁闭铁上的凹槽推动水平顶杆，水平顶杆推动竖顶杆，竖顶杆推动动接点支架，从而切断表示，非经人工恢复锁闭铁，不可能再接通表示。挤脱器如图 2.2.53 所示。

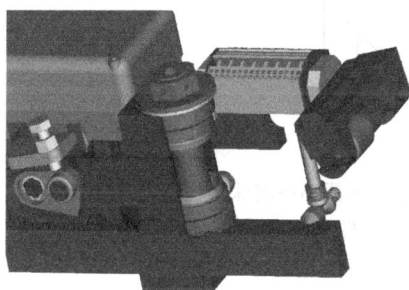

图 2.2.53

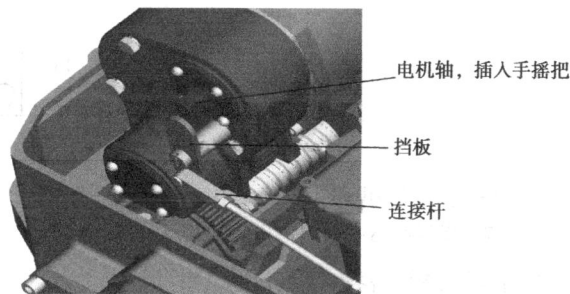

电机轴，插入手摇把

挡板

连接杆

图 2.2.54

ZD(J)9-A 和 ZD(J)9-C 型为两点牵引道岔第一牵引点用的不可挤型转辙机,故没有挤脱器,道岔的挤岔表示由 ZD(J)-B,ZD(J)-D 型转辙机给出。

ZD(J)9-B,ZD(J)-D 型为两点牵引道岔第二牵引点用的转辙机,表示杆有检查尖轨密贴和挤岔表示的功能。ZD(J)9-170/4.0K 主要用于单机牵引道岔,为可挤型,多用于地铁。

4)手摇道岔原理

ZDJ(9)电动转辙机具有手动功能,如图 2.2.54 所示。

手摇动道岔时,由于安全开关通过连接杆与电机轴端的连板相连,因此必须打开安全开关手摇把才能插入。手摇把插入电机轴后,根据需要顺时针或逆时针摇动电机,依据前述传动原理,道岔即可手摇至所需位置。

71

（3）S700K 型电动转辙机的传动原理（见图2.2.55）

S700K 型电动转辙机的动作可分为3个过程：第一是解锁过程，也就是断开表示接点的过程；第二是转换过程；第三是锁闭过程，也就是接通表示接点的过程。现以220 mm 动程转辙机定位拉入为例分别叙述各动作过程。

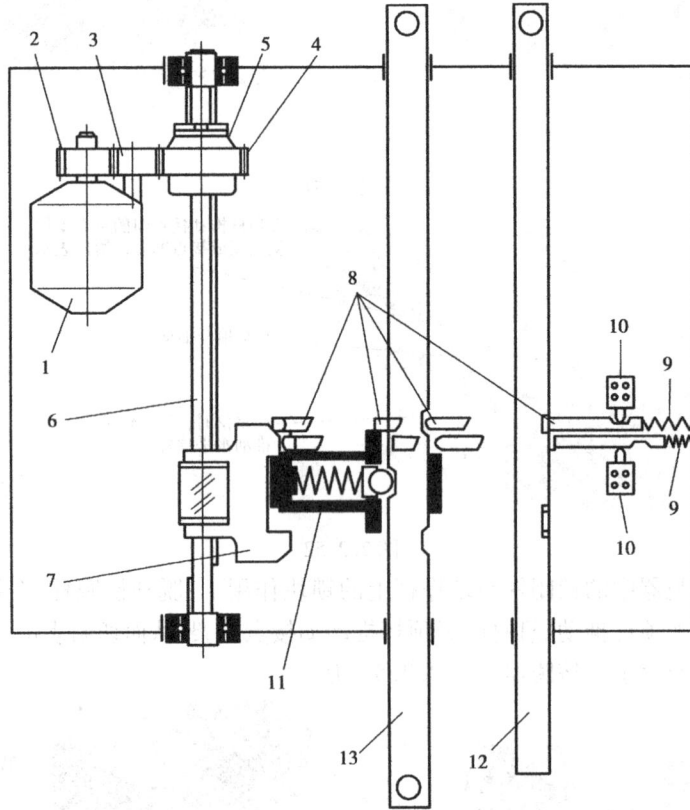

图2.2.55

1—电机；2—电机齿轮；3—中间齿轮；4—大齿轮；5—摩擦联接器；6—滚珠丝杠驱动装置；
7—操纵板；8—锁闭块；9—弹簧；10—接点组；11—保持联接器；12—检测杆；13—动作杆

1）解锁及断开表示接点过程

操纵道岔时，通过道岔控制电路将380 V 三相交流电加到电动机上，使电动机顺时针方向旋转，电动机的驱动力经过齿轮组及摩擦联接器使滚珠丝杠向顺时针方向旋转，从而使丝杠上的螺母向左侧做水平运动。在运动过程中，由操纵板将锁闭块顶进，使表示接点断开，同时带动左锁舌向缩进方向运动，直至左锁舌完全缩进，从而实现机械解锁。

2）转换过程

在转辙机解锁后，由于三相电动机继续转动，所以滚珠丝杠上的螺母继续向左运动，带动保持联接器向左运动，由于保持联接器与动作杆固定为一体，使动作杆向左侧（伸出方向）运动，带动道岔尖轨进行转换，当动作杆运动220 mm 时，即完成转换过程。

3）锁闭及接通表示接点过程

当动作杆向左侧运动220 mm 时，检测杆在尖轨的带动下运动了160 mm，这时右锁闭块弹出，接通表示接点，同时右锁舌也弹出，锁住保持联接器，使动作杆不能随意窜动，并使得另一侧的接点转换,切断电动机电源并接通新的表示电路,完成转辙机的锁闭。

(4)道岔控制电路

道岔控制电路目前应用于铁路或地铁中,我们最常见的分为 3 种控制电路,即四线制控制电路、六线制控制电路和五线制控制电路,其中四线制控制电路一般常用于联动内锁闭单机牵引的道岔,而六线制控制电路一般常用于联动内锁闭双机牵引的道岔,五线制控制电路主要用于分动外锁闭单机或多机牵引的道岔,现仅以四线制单动道岔控制电路为例进行讲解。

道岔控制电路分为启动电路和表示电路两部分。启动电路指动作电动转辙机的电路,而表示电路指把道岔位置反映到信号楼内的电路。四线制道岔控制电路室内与室外用 4 根线连接,X_1 和 X_2 分别为道岔启动电路和表示电路的公用线,X_3 为表示电路专用线,X_4 为启动电路专用线。

1)道岔控制电路的组成

四线制单动道岔控制电路使用一个单动道岔组合(DD)、一个阻容插件、一个二极管。其中,单动道岔组合内包含表示变压器(BD_{1-7})、一道岔启动继电器(1DQJ)、锁闭继电器(SJ)、二道岔启动继电器(2DQJ)、道岔按钮继电器(AJ)、定操继电器(DCJ)、反操继电器(FCJ)、定位表示继电器(DBJ)、反位表示继电器(FBJ)、一个 0.5A 的熔断器、两个 3A 的熔断器以及一个 5A 熔断器。

2)道岔控制电路原理图

四线制单动道岔控制电路如图 2.2.56 所示。

3)道岔启动电路应实现的技术要求

为保证行车安全,道岔启动电路应保证实现以下技术条件:

①道岔区段有车占用时,或者道岔区段轨道电路发生故障时,该区段内的道岔不能转换。对道岔的这种锁闭称为区段锁闭。

②进路在锁闭状态时,进路上的道岔不能转换。对道岔的这种锁闭称为进路锁闭。

③道岔一经启动,就应转换到底,不受车辆进入的影响,也不受车站值班员的控制。否则在车辆进入道岔区段时,若道岔停转或受车站值班员控制而回转,就有可能造成脱轨或挤岔事故。

④道岔启动电路接通后,由于电路故障(如自动开闭器接点、电动机碳刷接触不良)使道岔未转换,应能自动断开启动电路,以免因外界影响使故障消除后造成道岔自动转换。

⑤道岔转换途中受阻不能转换到底时,应保证车站值班员能将道岔操纵回原位。

⑥道岔转换完毕应能自动断开启动电路,并构成表示电路。

4)道岔启动电路

四线制道岔控制电路采用分级控制方式,其电路分为 4 级,即①CAJ ↑(或 DCJ ↑或 FCJ↑)→②1DQJ ↑→③2DQJ ↑→④电动机转换。首先由 1DQJ 检查联锁条件,然后由 2DQJ 控制电动机旋转方向,最后由直流电动机转换道岔。

道岔控制电路分为进路操纵和单独操纵两种方式。进路操纵是通过办理进路,使选岔网路中相应的 DCJ 或 FCJ 励磁,接通道岔启动电路转换道岔。单独操纵是按压道岔按钮及本咽喉的道岔总点位按钮(ZDA)或道岔总反位按钮(ZFA),接通道岔启动电路转换道岔。

道岔由定位通过进路操纵方式转换反位时,道岔启动电路的 1DQJ 励磁电路为(默认选岔网路中相应的 DCJ 已经励磁)

$$KZ \rightarrow CA_{61-63} \rightarrow SJ_{81-82} \rightarrow 1DQJ_{3-4} \rightarrow 2DQJ_{141-142} \rightarrow AJ_{11-13} \rightarrow FCJ_{61-62} \rightarrow KF$$

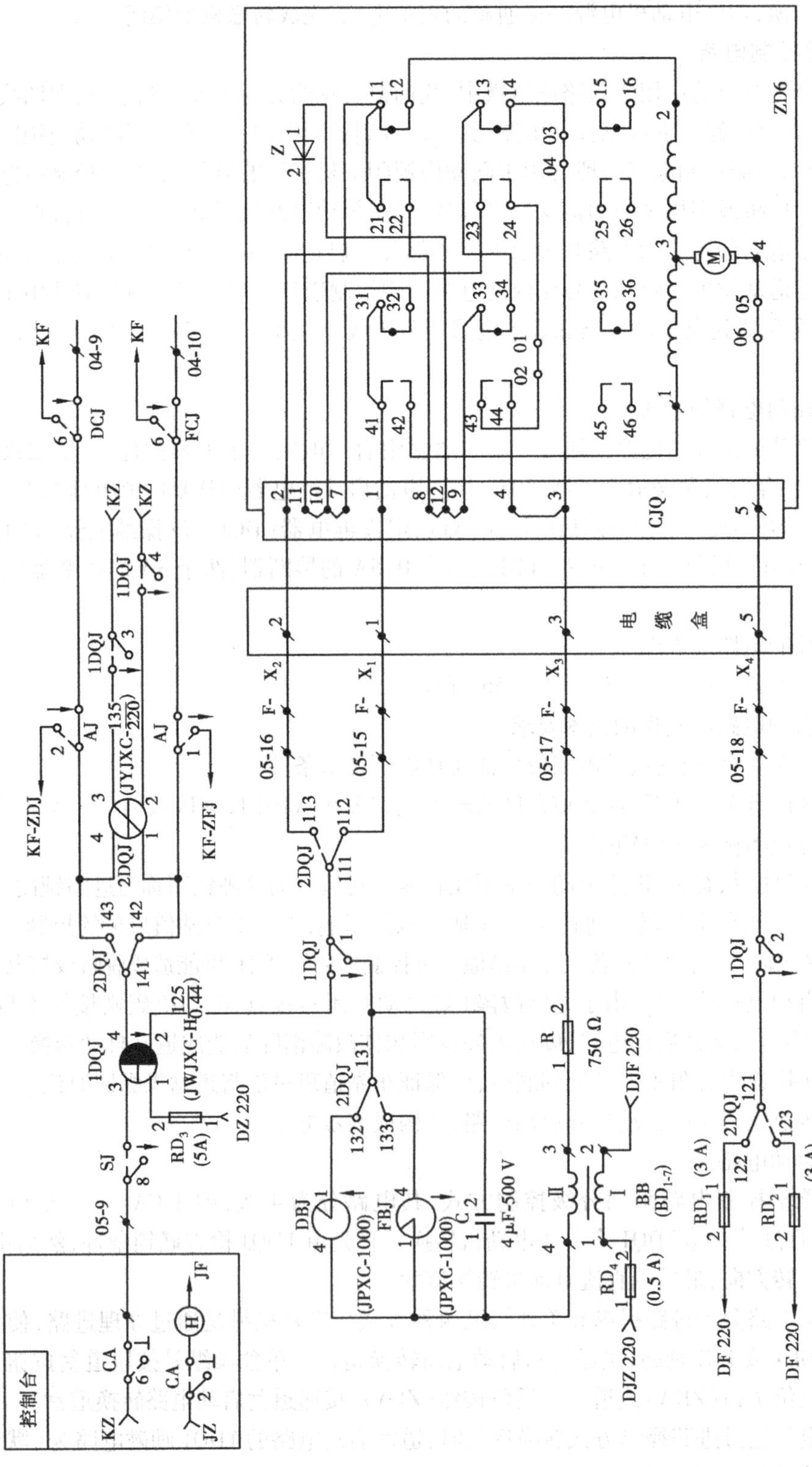
ZD6
CJQ
电缆盒
控制台
KF
DCJ
FCJ
04-9
04-10
KZ
1DQJ
2DQJ
AJ
KF-ZDJ
KF-ZFJ
(JYJXC-135/220)
(JWJXC-H125/0.44)
SJ
05-9
CA
JF
JZ
RD3
(5A)
DZ 220
DBJ
FBJ
(JPXC-1000)
(JPXC-1000)
4 μF-500 V
R
750 Ω
DJF 220
BB
(BD1-7)
RD4
(0.5 A)
DJZ 220
RD1
RD2
(3 A)
DF 220
DF 220
05-15
05-16
05-17
05-18
F-
X1
X2
X3
X4
Z
M

图2.2.56

1DQJ 励磁后,通过其前接点接通 2DQJ 的转极电路,2DQJ 的转极电路为

$$KZ \rightarrow 1DQJ_{41-42} \rightarrow 2DQJ_{2-1} \rightarrow AJ_{11-13} \rightarrow FCJ_{61-62} \rightarrow KF$$

由 1DQJ 的吸起和 2DQJ 的转极,接通 1DQJ 的自闭电路(1-2 线圈)。1DQJ 的 1-2 线圈和电机绕组串接,因此 1DQJ 的自闭电路即是电动机电路,1DQJ 自闭电路(电动机电路)为

$$DZ220 \rightarrow RD_3 \rightarrow 1DQJ_{1-2} \rightarrow 1DQJ_{12-11} \rightarrow 2DQJ_{111-113} \rightarrow 电缆盒 2 \rightarrow 插接器 2 \rightarrow$$
$$自动开闭器的 11-12 \rightarrow 电动机定子绕组 2-3 \rightarrow 电动机转子绕组 3-4 \rightarrow 遮断器 05-06 \rightarrow$$
$$插接器 5 \rightarrow 电缆盒 5 \rightarrow 1DQJ_{21-22} \rightarrow 2DQJ_{121-123} \rightarrow RD_2 \rightarrow DF_{220}$$

当道岔转换到反位后,自动开闭器 11-12 接点断开,使电动机停止转动。同时断开 1DQJ 的自闭电路,使 1DQJ 缓放落下,接通道岔表示电路。

道岔由定位通过单独操纵方式转换反位时,按压道岔按钮(CA)和道岔总反位按钮(ZFA)。道岔按钮继电器(AJ)和道岔总反位继电器(ZFJ)吸起,使条件电源 KF-ZFJ 有电。道岔启动电路的 1DQJ 励磁电路为

$$KZ \rightarrow CA_{61-63} \rightarrow SJ_{81-82} \rightarrow 1DQJ_{3-4} \rightarrow 2DQJ_{141-142} \rightarrow AJ_{11-12} \rightarrow KF-ZFJ$$

1DQJ 励磁后,通过其前接点接通 2DQJ 的转极电路,2DQJ 的转极电路为

$$KZ \rightarrow 1DQJ_{41-42} \rightarrow 2DQJ_{2-1} \rightarrow AJ_{11-12} \rightarrow KF-ZFJ$$

由 1DQJ 的吸起和 2DQJ 的转极,接通 1DQJ 的自闭电路(电动机转换电路)。单独操纵道岔和进路操纵道岔的 1DQJ 自闭电路(电动机转换电路)动作相同。

5)道岔启动电路分析

四线制道岔控制电路的启动电路根据转辙机的特性,从控制道岔的继电器接点、控制用继电器类型、电路结构等方面采取措施,以满足道岔对启动电路的技术要求。

①单独操纵道岔按钮 CA_{61-63} 接点,在维修电动转辙机时,拉出该按钮,断开道岔启动电路,对道岔实行单独锁闭。

②锁闭继电器 SJ 第 8 组接点用来检查道岔区段是否空闲,进路是否在解锁状态。当道岔区段有车、道岔区段故障或办理了经由该道岔的进路,则该道岔的 SJ 落下。用 SJ 的第 8 组前接点断开 1DQJ 的励磁电路实现道岔的进路锁闭或是区段锁闭。从 SJ 的励磁电路中(见图 2.2.57),可了解到区段锁闭、进路锁闭是如何令 SJ 失磁落下进而切断 1DQJ 励磁电路的。

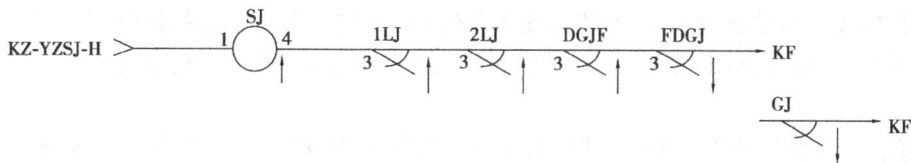

图 2.2.57

a. SJ 的励磁电路中接入 DGJF 的第 3 组前接点,当该道岔区段有车占用或是轨道区段故障时,该道岔区段的 DGJ 落下使得 DGJF 失磁落下,断开 SJ 的励磁电路,实现道岔的区段锁闭。电路中接入 DGJF 的第 3 组后接点,是为防止轻车跳动或轨道电路瞬间不良而使 SJ 吸起,造成进路提前错误解锁。

b. SJ 的励磁电路中使用条件电源——KZ-YZSJ-H,是为实现全咽喉道岔总锁闭。条件电源 KZ-YZSJ-H 常态下有电,当办理全咽喉道岔总锁闭时,按压引导总锁闭按钮(YZSA)使引导总锁闭继电器(YZSJ)励磁,使条件电源 KZ-YZSJ-H 断电。全咽喉的条件电源 KZ-YZSJ-H 断电使得全咽喉的 SJ 落下,断开全咽喉道岔的 1DQJ 的励磁电路,实现全咽喉道岔总锁闭。

c. SJ 的励磁电路中通过一进路继电器(1LJ)、二进路继电器(2LJ)的前接点间接实现道岔的进路锁闭,选排进路时 9 线上相应的区段检查继电器(QJJ)就会励磁,进而切断 1LJ,2LJ 的自闭电路,使 1LJ,2LJ 落下断开 SJ 的励磁电路,间接实现道岔的进路锁闭。

③1DQJ 选用 JWJXC-H125/0.44(无极加强缓放继电器)型继电器,其 3-4 线圈的电阻较大(125 Ω),用于检查联锁条件,通过 SJ 第 8 组前接点证明道岔未锁闭。其 1-2 线圈电阻较小(0.44 Ω)可避免线上有过大的压降,同时与电动机串联,通过电机工作时产生较大的电流才能确保 1DQJ 保持自闭,进而监督电动机的动作。1DQJ 的 1-2 线圈与电机绕组串联构成电机工作电路,脱离 SJ 和 CA 的控制使道岔启动后不受区段锁闭、进路锁闭的影响,保证道岔启动后能转换到底。因为 2DQJ 转极时切断了 1DQJ 的励磁电路,1DQJ 由励磁电路转换到自闭电路过程中会瞬间断电,为保证 1DQJ 可靠自闭故选用缓放型继电器。为减小接通或断开时产生的电弧和火花影响,特选用加强型继电器,此类继电器中有若干组带灭弧装置的加强接点。

④2DQJ 的第 4 组接点是 1DQJ3-4 线圈励磁电路的区分条件,由 2DQJ 的第 4 组接点区分道岔是由定位向反位转换,还是由反位向定位转换。通过 2DQJ 的转极确保 1DQJ 的励磁电路不保存,防止道岔启动电路接通后,由于电路故障(如自动开闭器接点、电动机碳刷接触不良)道岔未转换,因外界影响使故障消除后道岔自动转换。

2DQJ 选用 JYJXC-135/220(有极加强继电器),其两线圈分开使用有利于接收道岔转换的两种控制命令。当 3 线圈接正电源、4 线圈接负电源时 2DQJ 为定位吸起,当 2 线圈接正电源、1 线圈接负电源时 2DQJ 为反位打落。同时为避免迂回电流使 1DQJ 错误励磁断开道岔表示电路,因此在 2DQJ 电路中接入两组 1DQJ 的前接点。为减小接通或断开时产生的电弧和火花影响,特选用加强型继电器,此类继电器中有若干组带灭弧装置的加强接点。

⑤道岔按钮继电器(AJ)接点和条件电源 KF-ZDJ 或 KF-ZDJ 反映道岔单独操纵的操作手续。当单独操纵道岔时需同时按压道岔按钮(CA)和道岔总反位按钮(ZFA),道岔按钮继电器(AJ)和道岔总反位继电器(ZFJ)吸起,使条件电源 KF-ZFJ 有电接通道岔启动电路。未办理单独操纵道岔或进路操纵道岔时,道岔按钮继电器(AJ)不励磁、条件电源 KF-ZDJ 或 KF-ZDJ 没有电。将道岔按钮继电器(AJ)接点放置在 DCJ 或 FCJ 接点前,可实现单独操纵优先于进路操纵。当选排进路时遇到道岔不能转换到底时,可通过单独操纵将道岔转换回原位(若遇到以上故障时,应先按压总取消按钮(ZQA),使 KZ-ZQJ-H 无电。令道岔定位操纵继电器(DCJ)或道岔反位操纵继电器(FCJ)复原。在判断 6502 选择组网络故障时,可利用这一特点进行故障范围压缩)。

⑥道岔定位操纵继电器(DCJ)和道岔反位操纵继电器(FCJ)第 6 组前接点实现进路对道岔的操纵。当办理进路时,选岔网络中的 DCJ 或 FCJ 吸起,自动接通道岔启动电路。

⑦用自动开闭器的接点作为电动机电路的控制条件,当道岔转换完毕尖轨与基本轨密贴后,自动开闭器 11-12(或 41-42)接点断开,自动切断电动机电路及 1DQJ 的自闭电路,使电机停止转换以及令 1DQJ$_{1-2}$ 线圈断电落下接通道岔表示。实现道岔转换完毕后能自动切断启动电路的技术要求。

⑧在启动电路专用线(X_4)中接入 1DQJ 的第 2 组接点,对电动机的动作电路进行"双断"技术处理,防止混线或混入其他电源时电动机错误转换。

⑨在 DF220 电源处分别设有定位熔断丝(RD$_{1-3}$A)和反位熔断丝(RD$_{2-3}$A)以及 2DQJ 的第 2 组接点,是为保证道岔在转换途中遇到卡阻或是熔断丝断丝时,仍能将道岔转回原位。

6）道岔表示电路应实现的技术要求

在道岔控制电路中,当道岔启动电路工作完毕,应自动接通道岔表示电路,将道岔的实际位置反映到信号楼内,以便于车站值班员对信号设备的监督和控制。由电动转辙机的自动开闭器接点接通道岔表示电路,用定位表示接点接通道岔定位表示继电器(DBJ)电路,用反位表示接点接通道岔反位表示继电器(FBJ)电路。定位表示继电器和反位表示继电器的位置纳入了联锁条件的检查,因此要求道岔表示电路必须是"故障-安全"电路,对于道岔表示电路的技术要求有以下3点:

①用道岔表示继电器吸起状态与道岔的正确位置相对应,不准用一个继电器的吸起和落下表示道岔的两种位置。即只能用 DBJ 的吸起表示道岔在定位,用 FBJ 的吸起表示道岔在反位。

②当电路发生混线或混入其他电源时,必须保证 DBJ 或 FBJ 不错误励磁。

③当道岔在转换过程中,或发生挤岔、停电、断线等故障时,应保证 DBJ 和 FBJ 落下。

7）道岔表示电路的组成

四线制道岔表示电路中包含定位表示继电器(DBJ)、反位表示继电器(FBJ)、道岔表示变压器(BB)、阻容插件、二极管。

8）道岔表示电路

下面以定位时1排、3排接点闭合为例进行分析。

①道岔在定位时定位表示继电器的励磁电路为

$DJZ220 \rightarrow RD_{41-2} \rightarrow BD_{1-71-2} \rightarrow DJF220$　变比出交流110 V电源至二次侧的3-4

$BB3 \rightarrow R_{1-2} \rightarrow$电缆盒3$\rightarrow$插接器3$\rightarrow$移位接触器04-03$\rightarrow$自动开闭器14-13$\rightarrow$

自动开闭器34-33$\rightarrow$插接器9-12$\rightarrow$二极管$VD_{1-2} \rightarrow$插接器11-10-7$\rightarrow$

自动开闭器32-31$\rightarrow$自动开闭器41$\rightarrow$插接器1$\rightarrow$电缆盒1$\rightarrow 2DQJ_{112-111} \rightarrow$

$1DQJ_{11-13} \rightarrow 2DQJ_{131-132} \rightarrow DBJ_{1-4} \rightarrow BB_4$

②道岔在反位时反位表示继电器的励磁电路为

$DJZ220 \rightarrow RD_{41-2} \rightarrow BD_{1-71-2} \rightarrow DJF220$　变比出交流110 V电源至二次侧的3-4

$BB_3 \rightarrow R_{1-2} \rightarrow$电缆盒3$\rightarrow$插接器3-4$\rightarrow$自动开闭器44-43$\rightarrow$移位接触器02-01$\rightarrow$

自动开闭器24-23$\rightarrow$插接器10-11$\rightarrow$二极管$VD_{2-1} \rightarrow$插接器12-8$\rightarrow$

自动开闭器22-21$\rightarrow$自动开闭器11$\rightarrow$插接器2$\rightarrow$电缆盒2$\rightarrow$

$2DQJ_{113-111} \rightarrow 1DQJ_{11-13} \rightarrow 2DQJ_{131-133} \rightarrow FBJ_{4-1} \rightarrow BB_4$

9）道岔表示电路分析

四线制道岔控制电路的表示电路根据转辙机的特性,从继电器类型、电路结构等方面采取措施,以满足道岔对表示电路的技术要求。

①道岔表示电路所用的电源由道岔表示变压器(BB)供给,该变压器是变比为 2∶1 的 BD_{1-7} 型道岔表示变压器。其初级输入电压为交流 220 V,次级输出电压为 110 V。道岔表示电路中运用独立的电源(隔离法),是为了保证当电路发生混线或混入其他电源时不能构成回路,DBJ 或 FBJ 不错误励磁。

②在道岔表示电路中,DBJ 吸起是由自动开闭器定位表示接点接通的,FBJ 吸起是由自动开闭器反位表示接点接通。通过 DBJ 或 FBJ 与自动开闭器的位置(即道岔位置)相对应,保证了道岔表示与实际位置的一致性。

③为保证道岔表示的正确性和可靠性,DBJ 和 FBJ 均使用 JPXC-1000 继电器。该类型继电器励磁需检查电路中的电流方向性,只有通过正确方向的电源,继电器才能工作,反之则不工作。偏极继电器即有电源方向选择性,为保证表示继电器可靠工作,因此道岔表示电路中引入整流二极管(VD)以及电容(C)。

④在道岔表示电路中将电容与表示继电器并联,利用了电容"储能"的特性,利用电容的充放电使经过半波整流后的电源波形更加趋于平缓,保证表示继电器可靠励磁。

⑤在室外设置的二极管(VD)与表示继电器串联。二极管可对道岔表示变压器(BD$_{1-7}$)输出的交流 110 V 电源进行半波整流,将正弦波的正半部分输出,负半部分消损。整流后输出的电源通过自动开闭器的接点转换分别与 DBJ 和 FBJ 的励磁方向一致,使表示继电器励磁。

表示电路中电容与整流二极管工作原理经简化如图 2.2.58 所示。

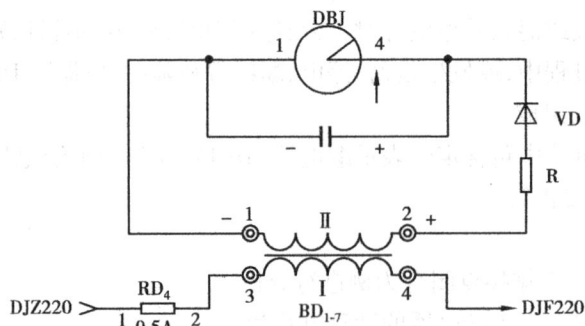

图 2.2.58

⑥表示电路中串接的电阻对表示继电器和道岔表示变压器起到很好的保护作用。电路正常工作时起到分压限流作用,保证表示继电器线圈电压符合标准;当道岔表示电路出现短路时,该电阻可作为变压器二次侧的负载保证其电流不至于过大烧坏。

⑦在道岔表示电路中接入 1DQJ 第 1 组接点,保证道岔在转换过程中切断 DBJ 或 FBJ 的励磁电路使其落下。

⑧在道岔表示电路中接入移位接触器接点(01-02,03-04),当发生挤岔时,移位接触器断开,使 DBJ,FBJ 落下,接通挤岔报警电路。

⑨在道岔表示电路中接入 2DQJ 第 3 组接点,其作用是区分 DBJ 和 FBJ 励磁时机,保证同时只能有一个吸起,检查表示继电器励磁状态与道岔位置的一致性。

10)道岔各控制线的用途

根据以上分析,我们总结出四线制各条控制线的作用如下:

X$_1$:定位控制、表示去线　　线 1

X$_2$:反位控制、表示去线　　线 2

X$_3$:表示回线　　线 3

X$_4$:控制回线　　线 4

上述电路分析均是以自动开闭器第 1、第 3 排闭合为定位进行分析,如果道岔实际是第 2、第 4 排接点闭合为定位时,则 X$_1$,X$_2$ 互换同时将二极管反向即可。

【任务考评】

以学生自评互评为主,教师综合评定。

任务实施过程考核评价表

考评项目		配分	要求	学生自评	小组互评	教师评定
知识准备	转辙机的作用及对转辙机的基本要求	5	正确性			
	转辙机的分类及其适用范围	3	正确性			
	识读转辙机型号并说出其表示含义	2	正确性			
	ZD6-A 型电动转辙机结构及各部件作用	8	正确性和熟练性考评			
	ZD(J)9 型电动转辙机结构及各部件作用	8	正确性和熟练性考评			
	S700K 型电动转辙机结构及各部件作用	8	正确性和熟练性考评			
	外锁闭装置的结构及传动原理	6	正确性			
任务完成	ZD6-A 型电动转辙机动作原理	6	分析思路的正确性和熟练性考评			
	ZD(J)9 型电动转辙机工作原理	6	分析思路的正确性和熟练性考评			
	S700K 型电动转辙机传动原理	6	分析思路的正确性和熟练性考评			
	分析四线制单动道岔控制电路	12	分析思路的正确性和熟练性考评			
	任务实施过程记录	5	详细性			
	所遇问题与解决记录	5	成功性			
安全事项		5	违章不得分			
协调合作,成果展示成绩		15	小组成员的参与积极性、成果展示的效果			
成　绩						

任务 3　信号机

【场景设计】

1. 利用信号机实物进行教学。

2. 采用多媒体、课件等教学方式。

3. 学生每 6~8 人 1 组。

4. 考评所需的记录、评价表。

【知识准备】

信号机是指挥列车运行的信号设备,它直接向列车司机发出行车指令,是列车运行的重要凭证。信号机显示为开放信号时允许列车通过进路,信号机显示为关闭信号时禁止列车通过进路。开放信号是指室外信号机点亮绿灯(黄灯或白灯),为允许信号。关闭信号是指室外信号机点亮红灯(蓝灯),为禁止信号。城市轨道交通系统中信号机的设置原则和信号显示含义、显示距离等与铁路信号有所区别。

下面以城市轨道交通系统中信号机的应用为例进行全面介绍。

(1)信号机的分类

1)按信号机用途分类

城市轨道交通信号按信号机的用途可分为进段(场)、出段(场)、出站、阻挡、防护、调车、复示等信号机。

①进段(场)信号机设于车辆段(场)的入口处,指示列车从正线进段(场)。

②出段(场)信号机设于车辆段(场)的出口处,防护正线,指示列车从车辆段(场)进入正线。

③出站信号机设置在发车线路端部,防护区间,指示列车是否能进入区间。

④阻挡信号机设于线路的终点,起阻挡列车的作用。

⑤防护信号机设于正线有道岔的地方,主要起防护正线上的道岔的作用。

⑥调车信号机设于车辆段(场)内,指示调车作业。

⑦复示信号机设于曲线线路处等显示距离不能满足要求的地点,作为主体信号机的补充。

2)按信号机结构分类

城市轨道交通信号按信号机的结构可以分为两灯位结构、三灯位结构和四灯位结构信号机 3 种。其中,在正线上基本是采用三灯位结构的信号机,只在尽头型线路采用两灯位结构的信号机,但在有些地铁移动闭塞系统也有采用四灯位结构的。而在车辆段,列车信号机采用三灯位结构的信号机,调车机采用两灯位结构的信号机。

3)按信号机光源分类

城市轨道交通信号按信号机的光源可分为透镜式色灯信号机与 LED 色灯信号机两种。

目前,在城市轨道交通中使用的信号机基本为固定的色灯信号机。本书针对这两种固定色灯信号机进行详细的介绍。

4）按信号机地位分类

城市轨道交通信号按信号机地位可分为主体信号机和从属信号机。

①主体信号机能独立地显示信号,是指示列车或调车车列运行条件的信号机。

②从属信号机本身不能独立存在,是只能从属于主体信号机的信号机,如复示信号机就从属于其主体信号机。

（2）信号机的设置原则

目前城市轨道交通采用右侧行车制,使用的信号机一般为固定的色灯信号机,城市轨道交通的信号机设置分为正线信号机的设置和车辆段/停车场信号机的设置。

1）正线信号机的设置

①在每一站台的正向运行方向都应设置出站信号机。

②城市轨道交通线路在正常情况下是单线单方向运营,考虑到特殊情况（火灾、区间阻塞等）下的反方向运营,可在相应位置设置出站信号机,称为反向出站信号机。

③在城市轨道交通信号控制系统中设有 ATP 系统时,一般情况下可不设通过信号机。但是考虑到长、大区间的运营能力需求以及 CBTC 降级运营的需求可根据线路的实际情况设置通过信号机。

④在道岔前都应设置道岔防护信号机。

⑤在线路的尽头都应设置阻拦信号机。

⑥在防淹门前都应设置防淹门防护信号机。

⑦在显示距离不满足规定距离的情况下可设置复示信号机。

⑧车站设置发车指示器或发车计时装置。

⑨信号机应设在列车运行方向的右侧,特殊情况可设于列车运行方向左侧或其他位置。

⑩正线一般采用三灯位四显示信号机,只在尽头型线路末端采用两灯位两显示信号机。

2）车辆段/停车场的信号机设置

①在车辆段/停车场入口处设进段/场信号机;出段/场信号机可设置在停车列检库前、转换轨的两端。进段/场信号机应设置引导信号。

②在线路的尽头设列车阻挡信号机。

③在同时能存放两列及以上列车的停车线中间进段方向设置信号机,起列车阻挡和调车作用。

④车辆段/停车场内其他地点根据需要设调车信号机。

（3）信号机显示的含义

城市轨道交通信号系统采用铁路信号的基本显示系统,城市轨道交通系统的信号显示采用的基本色为红色、绿色、黄色 3 种,辅助色为蓝色和白色。根据不同的颜色显示可以表示不同的行车信息,用于指挥列车的运行。

《地铁设计规范》对信号显示未作统一规定,各地对信号的显示要求也有所区别。

一般情况下,信号机显示的意义如下:

红色——代表停车信号,列车必须在信号机前停车。

绿色——代表列车可以通过信号机,且进路中的所有道岔开通直股（只用于正线显示,车辆段一般不设绿色显示）。

黄色——代表列车可以通过信号机,且进路中的道岔至少有一组开通曲股（用于正线显示),用于车辆段显示时,只代表列车可以通过信号机,不含道岔开通情况。

蓝色——代表禁止调车信号(用于车辆段显示),列车必须在信号机前停车。

白色——代表允许调车信号(只用于车辆段),列车可以通过信号机进行调车作业。

红色＋黄色——代表引导信号,列车可以按照 20 km/h 的速度通过该信号机,并随时准备停车。

在有些城市的轨道交通系统中(如上海地铁),引导信号的显示为红色＋白色。

1)出段/场信号机显示含义

一个绿色灯光:前方进路开通并锁闭。

一个红色灯光:停车信号,严禁列车越过该信号机。

一个白色灯光:允许列车越过该信号机调车。

2)调车信号机显示含义

一个红色灯光或一个蓝色灯光:严禁列车越过该信号机调车。

一个白色灯光:允许列车越过该信号机调车。

3)阻挡信号机显示含义

一个红色灯光:表示前方已无线路,严禁列车越过该信号机。

4)入段/场信号机显示含义

红色灯光:禁止越过该信号机入场。

红色灯光＋黄色(白色)灯光:为引导信号,允许以 20 km/h 越过该信号机入场,并随时准备停车。

两个黄色灯光:表示进路中至少有一副道岔开通侧向,允许列车侧股入段(场)。

一个黄色灯光:表示进路中所有道岔都开通直向,允许列车直股入段(场)。

5)发车表示器

白色灯光闪烁:在 ATP 保护下允许司机关门。

白色灯光稳定:在 ATP 保护下允许司机凭收到的速度码发车。

(4)信号显示的基本要求

1)信号机定位

将信号机经常保持的显示状态作为信号机的定位。一般是根据保证行车安全、提高运输效率及信号显示自动化等因素来确定信号机的定位。除采用自动闭塞时通过信号机显示绿灯为定位外,其他信号一律以显示禁止信号为定位。

2)信号机关闭时机

进段/场、出段/场及出站信号机,当列车的第一轮对越过后该信号机便自动关闭。

调车信号机在调车车列全部越过调车信号机后便自动关闭;当调车信号机外方不设或虽设轨道电路而被占用时,应在调车车列全部出清调车信号机内方第一轨道区段后该信号机便自动关闭。

引导信号应在列车头部越过信号机后及时关闭。

3)停车信号

信号机的灯光熄灭、显示不明或显示不正确时,均视作停车信号。

4)区分运行方向

有两个以上运行方向而信号显示不能区分运行方向时,应在信号机上装进路表示器。

（5）信号机显示距离的要求

信号机的显示均应使其达到最远，即使是在曲线上的信号机，也应使接近的列车尽量不间断地看到显示，信号机的显示距离应满足以下要求：

①正线上各类信号机的显示距离原则上不得小于 300 m。

②车辆段各类信号机的显示距离原则上不得小于 200 m。

③引导信号和道岔状态表示器以外的各种表示器应不小于 100 m。

④不满足显示距离要求的小半径曲线区段的信号机应使其达到最远显示距离。

最小显示距离计算方法：从最大行车速度开始减速直到列车停下所行驶的距离再加上约 50 m 的人和系统反应时间内列车行驶距离，计算中使用的加速度为 -1 m/s^2。

（6）信号机的命名规则

1）正线信号机的命名规则

为了说明正线信号机的命名，先简单介绍一下城市轨道交通系统关于上、下行方向的设定原则。在一般城市轨道交通系统中，规定列车驶离车辆段的方向为上行方向，列车驶入车辆段的方向为下行方向。以车站中心为界，上行列车驶入的一端为上行区域，下行列车驶入的一端为下行区域。

关于正线信号机的命名，在不同的城市轨道交通系统会有所不同，但一般会按照以下的规则来命名：

①信号机的编号共有 5 位，第一位为字母（S 和 X），后 4 位为数字。

②第一位字母为 S 和 X，代表方向，S 代表上行方向，X 代表下行方向。

③第二、第三位为数字，代表车站编号，如 01 代表第 1 个车站，17 代表第 17 个车站。

④第四、第五位为数字，代表设备编号，单数为站台下行区域设备，双数为站台上行区域设备，按照列车到达方向顺序由站外到站内、从小到大的顺序进行编号，离站台最远的设备编号为第一个，如 01 代表为站台下行区域设备且离站台最远，如 02 代表为站台上行区域设备且离站台最远。

所以，信号机编号 X1002 的意思是第 10 个车站上行区域的第一个信号机，方向为下行方向。信号机编号 S0101 第 1 个车站下行区域的第一个信号机，方向为上行方向。

2）车辆段信号机的命名规则

对于在地铁车辆段内的信号机的命名，各个城市在设计时都不尽相同，但主要遵循以下的规则来命名：

①信号机的编号共有 2~3 位，第一位为字母（D,S 和 X），后 1~2 位为数字或字母。

②第一位字母为 D,S 和 X，代表调车和列车信号机，D 代表调车信号机，S 代表上行方向的列车信号机，X 代表下行方向的列车信号机。

③第二或 2~3 位为数字或字母，代表设备编号，如果第一位为字母 D（调车信号机）且第二或 2~3 位为数字，则单数为停车库下行咽喉区域设备，双数为停车库上行咽喉区域设备，按照列车到达方向顺序由段外向段内、从小到大的顺序进行编号，距离停车库最远的设备编号为第一个，如 1 代表为停车库下行咽喉区域设备且距离停车库最远，如 2 代表为停车库上行咽喉区域设备且离站台最远。如果第一位为字母 D（调车信号机）且第二或 2~3 位为字母或数字和字母，则第二或 2~3 位是按实际的停车库股道号来命名，如停车库第一 C 股道调车信号机的编号为 D1C。如果第一位为字母 S 或 X（列车信号机），则第二或 2~3 位是按实际的停车库

股道号来命名,如停车库第一股道列车信号机的编号为 S1 或 X1。

所以,信号机编号 D5 的意思是停车库下行咽喉区域的第三架调车信号机,S11 的意思是停车库第十一股道上行方向的发车列车信号机。

有的地铁由于车辆段站场“一头沉”,故信号机编号不分单双号,顺序依次编号。因此,以上原则仅为参考,并非必需的规定。

④出入段线处信号机分为入段信号机和出段信号机,入段信号机的方向为下行方向,所以用 X 表示,设在入段线的入段信号机则用 XR 编号,设在出段线的入段信号机则用 XC 编号;还设有总出段信号机,因其方向为上行方向,所以用 S 表示,设在入段线的总出段信号机就用 Szrd 编号,设在出段线的总出段信号机就用 Szcd 编号。

(7)信号机灯光配列

1)防护信号机

防护信号机采用三显示机构,自上而下灯位为黄、绿、红。若设正线出站信号机,其灯光配列同防护信号机。

2)阻挡信号机

阻挡信号机采用单显示机构,为一个红灯。

3)进段(场)信号机

进段信号机灯光配列可同防护信号机,也可采用双机构(两个二显示)带引导机构,自上而下灯位为黄、绿、红、黄、月白。

4)出段(场)信号机

出段(场)信号机采用三显示机构,绿、红,带调车白灯,或者双机构黄、绿和红、白。

5)调车信号机

调车信号机采用二显示机构,自上而下灯位为白、红(或蓝)。

6)通过信号机

若区间设置通过信号机,一般为三显示机构,自上而下灯位为黄、绿、红。

当根据实际情况需减少灯位时,应采用空位停用方式处理。减少灯位的处理方式可以维持信号机应有的外形,以防误认。如防护信号机若无直向运行方向时,仍采用三显示机构,将绿灯封闭;存车线中间进段方向的列车阻挡信号机采用三显示机构,其绿灯可采用封闭方式处理,但不允许改变信号机外形。因为信号机的外形是识别信号机类型的重要标志。

(8)信号机的一般组成及工作原理

信号机一般由点灯单元(含灯丝转换)、灯座和灯泡(或发光盘)以及机构等组成,信号机的一般组成及工作原理如图 2.3.1 所示。

信号机系统刚启动时,采集驱动单元通过常态闭合开关接通供电单元向室外信号机的红灯点灯单元供电,使室外信号机点亮红灯(信号机关闭状态)。

当想让室外的信号机为开放信号时,可以通过操作及显示工作站选择相关信号机及进路并把相关信息传送给逻辑控制单元,如果满足信号开放条件,逻辑控制单元通过接口单元向采集驱动单元发出开放信号命令,采集驱动单元立即接通供电单元向室外信号机的绿(黄)灯点灯单元供电,同时切断红灯点灯单元的供电,室外信号机点亮绿(黄)灯(信号机开放状态)。此时,如果我们想关闭信号机,也可以通过操作及显示工作站选择相关信号机并把相关信息传送给逻辑控制单元,逻辑控制单元通过接口单元向采集驱动单元发出关闭信号命令,采集驱动单元立即切断供电单元向室外信号机绿(黄)灯点灯单元的供电回路,同时通过常态闭合接点接通供电单元向红灯点灯单元供电,室外信号机点亮红灯(信号机关闭状态)。

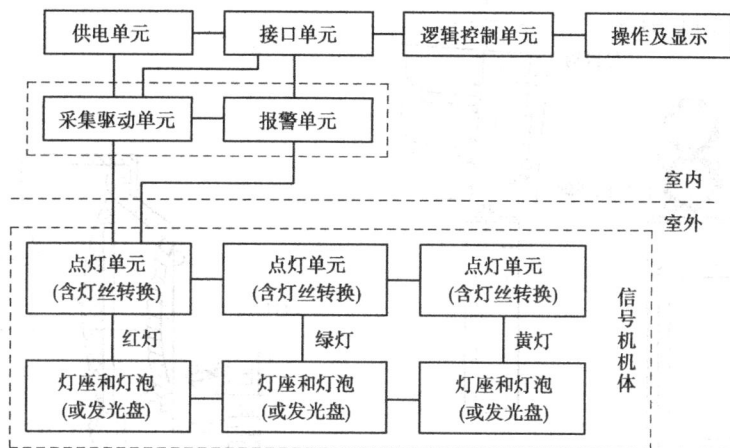

图 2.3.1

【任务实施】

任务提出:

(1)透镜式色灯信号机

透镜式色灯信号机有高柱和矮型两种类型,高柱信号机的机构安装在钢筋混凝土信号机柱上,矮型信号机的机构安装在信号机水泥基础上。

高柱透镜式色灯信号机如图 2.3.2 所示。它由机柱、机构、托架、梯子等部分组成。机柱用于安装机构和梯子。机构的每个灯位配备有相应的透镜组和单独点亮的灯泡,给出信号显示。托架用来将机构固定在机柱上,每一机构需上下托架各一个。梯子用于给信号维修人员攀登及作业。

矮型透镜式色灯信号机如图 2.3.3 所示。它用螺栓固定在信号机基础上,没有托架,更不需要梯子。

透镜式色灯信号机有两灯位、三灯位和四灯位机构 3 种,城市轨道交通系统一般使用两灯位和三灯位两种。透镜式色灯信号机的每个灯位主要由灯泡、灯座、点灯单元、透镜组、遮檐、背板等组成,如图 2.3.4 所示。

1)信号灯泡和灯座

透镜式色灯信号机的灯泡一般采用直丝双灯丝铁路信号灯泡,其额定电压为 12 V,额定功率为 25 W。主灯丝和副灯丝呈直线状且平行。主灯丝在下,其轴心线

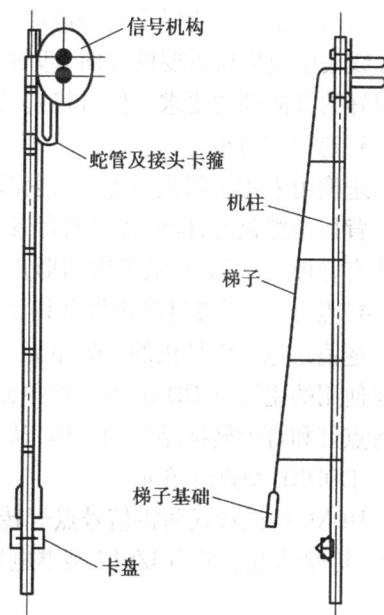

图 2.3.2

与灯头的中心线相垂直。副灯丝在上,其轴心线距离主灯丝轴心线(2.5 ±0.5)mm。主灯丝

85

在前,副灯丝在后,间距为 2.5 mm,以防止副灯丝挡住主灯丝的光。主灯丝在下可避免主灯丝断丝时,灯丝落下碰到副灯丝,影响副灯丝正常工作,有利于安全使用。

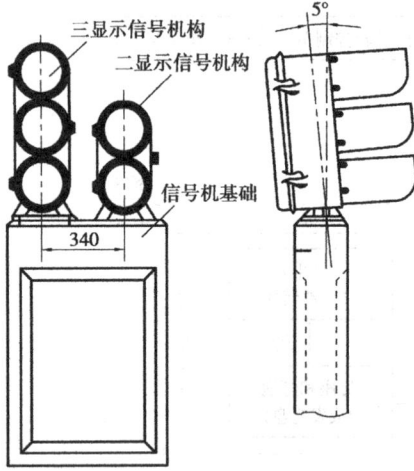
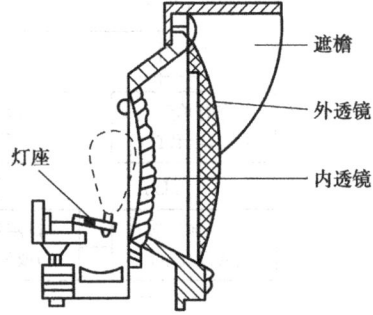

图 2.3.3   图 2.3.4

灯座为带切换试验按钮和不带切换试验按钮的定焦盘式铁路信号灯座,定焦盘灯座上下、左右、前后可调,可调整光源位置,使主灯丝位于透镜组的焦点上,获得最佳显示效果。调好焦后更换灯泡就无须再调整,信号显示比较稳定。

定焦盘式灯座对提高信号显示的稳定性和减少维修工作量起着积极作用。

2)透镜组

透镜组装在镜架框上,由两块带棱的凸透镜组成,里面是有色带棱外凸透镜,外面是无色带棱内凸透镜。之所以采用两块透镜组成光学系统,是利用光的折射和反射原理,将光源发出的光线集中射向所需要的方向,即增强该方向的光强。这样,就能满足信号显示距离远而且具有很好的方向性的要求。信号机构的颜色取决于有色透镜,可根据需要选用。

3)遮檐与背板

遮檐用来防止阳光等光线直射时产生错误的幻影显示。

背板是黑色的,构成较暗的背景,可衬托信号灯光的亮度,改善瞭望条件。只有高柱信号机才有背板,一般信号机采用圆形背板,复示信号机采用方形背板,以与主体信号机区别。

4)点灯单元(带灯丝报警及切换)

透镜式色灯信号机的点灯单元一般由信号变压器和灯丝转换继电器组成,目前城市轨道交通使用的主要有 DDXL 型点灯单元和 XDZ-B 型多功能信号点灯装置两种,这两种点灯单元都将点灯和灯丝转换结合为一体,从而减少体积。

①DDXL 型点灯单元

DDXL 型插接式防雷信号点灯转换单元的点灯变压器采用带防雷装置的 BX_2-34 信号变压器,灯丝继电器采用 JZSJC 型继电器。DDXL 的定义为 D(单元),D(点灯),X(信号),L(防雷)。

A. DDXL 型点灯单元工作原理

来自信号设备房的 220 V 电源从变压器 T1 的 1,2 端子输入后,经变压器 T1 后分 5 路输出,可以通过调整变压器 T1 次级的不同端子为主副电路提供不同的电压。刚接通电路时,主副电路会有瞬间同时点灯的过程,但随着主灯电路中的 JZSJC 型继电器得电,其第一组后接点(接在副灯回路)断开,从而切断副灯电路,使副灯丝熄灭。当主灯丝断丝灭灯时,主灯回路中的 JZSJC 型继电器失电落下,其第一组后接点(接在副灯回路)闭合,从而接通副灯电路,使副灯丝点亮并通过 BD 表示灯给出表示。同时,JZSJC 型继电器的第二组前接点也断开,通过 4,6 端子给出主灯丝报警信息,如图 2.3.5 所示。

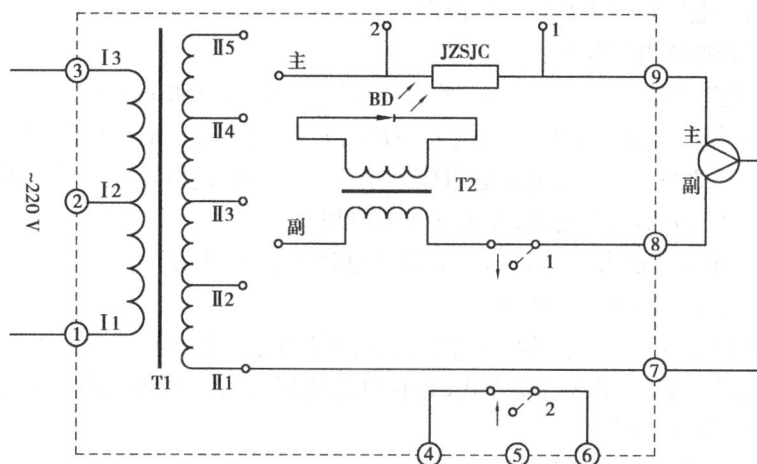

图 2.3.5

B. DDXL 型点灯单元功能和特点

DDXL 型点灯单元由变压器、继电器、九位插接件 3 大部分组成,其中变压器端子板上装有表示灯,配线简单,施工方便。

在正常情况下点亮主灯丝,当主灯丝断路时,通过灯丝转换继电器 JZSJC 的后接点闭合点亮副灯丝,同时端子板上的表示灯被点亮。如果要检查主、副灯丝转换功能时,可用任何导体将表示灯下边 1,2 两个螺钉短路,则 JZSJC 继电器线圈被短路而落下,点亮表示灯,则表示副灯丝回路及继电器转换功能良好。

C. DDXL 型点灯单元技术参数

a. 变压器部分:

变压器空载及负载特性:当初级 I1-I3 接交流电压 220 V 时,次级空载电压误差不大于额定电压值的 +5%,变压器在满载时其次级电压不小于额定电压值的 85%。

DDXL 型点灯单元变压器主要参数如表 2.3.1 所示。

表 2.3.1　DDXL 型点灯单元变压器主要参数

容量/VA	初　　级		次　　级	
	额定电压/V	空载电流/A	额定电压/V	满载电流/A
34	220	<0.011	12.5/13.5/15/16.5	2.1

绝缘电阻:在正常的试验大气条件下,变压器各绕组之间及各绕组对铁芯之间,初级绕组对屏蔽层间的绝缘电阻应不小于 1 000 MΩ,次级绕组对屏蔽层间的绝缘电阻应不小于 600 MΩ。

绝缘耐压:在正常的试验条件下,变压器的初级绕组与次级绕组、初级绕组与屏蔽层间,应能承受交流 50 Hz 有效值 3 000 V 的试验电压,历时 1 s 应无击穿或闪络,次级绕组与屏蔽层间应能承受交流 50 Hz 有效电压值为 2 000 V 的试验电压,历时 1 s 应无击穿或闪络现象。

雷电冲击耐压:初、次级绕组对铁芯、初、次级绕组之间,施加电压波形为 1.2/50 μs,幅值为 15 kV,间隔为 1 min 的冲击电压,进行正负极性 5 次试验不发生击穿或闪络。

电压转移系数:在变压器线路侧施加波形为 1.2/50 μs,幅值为 1,5,10 kV 各一次,变压器设备侧测试所得的电压转移系数符合铁道部标准。

b. 交流灯丝转换继电器部分:

机械部分:接点间隙不小于 0.8 mm,前后接点压力不小于 150 m·N。

电气特性:工作值不大于 1.5 A(交流)。释放值不小于 0.35 A。在温度为 +15~35 ℃、相对湿度为 45%~75% 环境中,绝缘电阻应不小于 100 MΩ,绝缘耐压应能承受交流正弦 50 Hz 1 500 V,历时 1 min 的试验电压,无击穿或闪络现象。

c. 插接部分:单片的插入力为 2~11 N,接触电阻小于 0.03 Ω。

②XDZ-B 型多功能信号点灯装置

XDZ-B 型多功能信号点灯装置将信号灯泡的点灯和灯丝的转换结合成为一体,取代了变压器和灯丝转换继电器,采用软启动方式,延长灯泡使用寿命。XDZ-B 的定义为 X(信号),D(点灯),Z(装置),B(产品序号)。

A. XDZ-B 型点灯装置工作原理

XDZ-B 型点灯装置工作原理如图 2.3.6 所示。

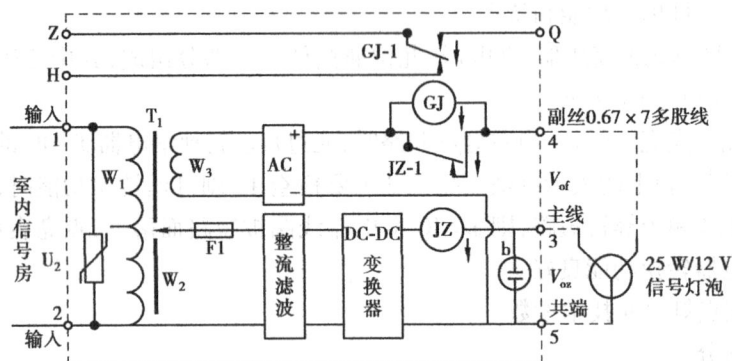

图 2.3.6

来自信号设备房的电源由"输入"端输入变压器 T_1 后分两路,主路以自耦合方式由绕组 W_2 提供交流 DC-DC 变换器转为直流供主灯丝点灯。DC-DC 变换器输出的直流电压 V_{oz} 具有稳压和软启动功能。由于主灯丝点亮时,副灯丝虽不工作,但仍在点亮主灯丝的高温烘烤下氧化严重,因此,从可靠性出发,副路以变压器降压方式由绕组 W_3 提供交流,经桥式整流器整流为全波直流电压 V_{of},供副灯丝点灯,此副灯丝电压较低且没有经过任何处理。副灯丝为全波整流电压,在纯正弦波下其有效值为平均值(数字表直流挡测值)的 1.11 倍,考虑到波形等因素,为方便起见,实际副灯丝电压可由表测值加 1.0 V 计算。

主灯丝电路中的灯丝转换继电器 JZ 为电流型继电器,与主灯丝串联,主灯丝断丝时失电,其后接点 JZ-1 闭合接通副灯丝电路,完成灯丝转换。副灯丝电路中的告警继电器 JG 为电压型继电器,与副灯丝串联,副灯丝断丝时失电,由此提供副灯丝断丝告警。如上所述,在副灯丝完好仅主灯丝断丝时,灯丝转换继电器 JZ 失电,通过 JZ-1 闭合完成灯丝转换,同时短路了告警继电器 JG 使之失电,所以主灯丝与副灯丝两者任一断丝,JG 都及时失电告警。JG 的一组接点组被引接在单元的 3 个接线柱上,用于组成断丝报警,为区别起见,告警端子比其他端子短 5 mm 以示区别。

如果共端断路时,信号机灭灯。由于此时 V_{of} 与 V_{ol} 方向相反,使 JZ,JG 以及信号设备房内的灯丝继电器均落下,故障导向安全。

B. XDZ-B 型多功能信号点灯装置端子编号

XDZ-B 型多功能信号点灯装置其端子编号排列如下:

1 号端子为输入 1　　　　　　　　5 号端子为共端

2 号端子为输入 2　　　　　　　　Z 号端子为告警 Z(中接点)

3 号端子为主灯丝　　　　　　　　H 号端子为告警 H(下接点)

4 号端子为副灯丝　　　　　　　　Q 号端子为告警 Q(上接点)

C. XDZ-B 型点灯装置功能和特点

a. 把点灯与灯丝转换结合在一起的一体化结构,配线简单,施工方便。

b. 采用插入式安装方式,便于检修和更换,并且不需要现场调整。

c. 采用新型高集成化开关稳压电源作为点灯电源,该电源具有许多线性电路无法比拟的优点,体积小、质量轻、稳压范围宽,同时设计中考虑了电源初次级之间的隔离,确保用户的安全。

d. 电路中具有软启动功能,当主灯丝和副灯丝刚点亮时,使冷丝冲击电流限制在 6 A 以下,从而大大延长了灯丝的寿命。

e. 具有主、副灯丝断丝告警接口,点灯装置增设了副灯丝断丝监测,当主灯丝完好,而副灯丝断丝时,点灯装置也能发出告警。因此,不论主灯丝或副灯丝两者任一断丝都能及时发出告警。

f. 增设了防浪涌的保护功能。

D. XDZ-B 型点灯装置主要技术参数

定义:

a. 冷丝冲击电流:点灯开始瞬间,灯丝处于冷态时所经过的电流。信号机灯丝冷态电阻约 0.5 Ω,如开启时输出电压瞬间全额加在灯丝上,此时的冷丝冲击电流在 10 A 以上,影响灯丝寿命。

b. 软启动:在灯丝点亮瞬间加在灯丝上的电压远低于额定电压(本装置仅为 3 V),然后经过 0.05~0.2 s 上升至额定值。此时间称为软启动时间。

主要技术参数:

a. 工作电压:220 V(+15%/20%)(176~253 V)单相交流 50 Hz。

b. 额定负载:25 W/12 V 双灯丝信号灯泡。

c. 灯丝输出电压:在额定负载情况下为 DC10.7~11.9 V。

d. 空载电流:在最高输入电压下,≤16 mA。

e. 主灯丝冷丝冲击电流:≤6 A。

f. 主灯丝软启动时间:0.05~0.2 s。

g. 灯丝转换时间:<0.1 s。

h. 环境温度: -25 ~ +60 ℃(TB1433-821 室外电子产品规定)。生产时按 -40 ~ +85 ℃ 考核。

i. 相对湿度:小于90%(25 ℃)。

j. 电阻:输入、输出端子对地的缘电阻,≥25 MΩ。

(2)LED 色灯信号机

LED 色灯信号机的机构由铝合金材料构成,质量轻,便于进行施工安装,信号点灯单元由 LED 发光二极管构成,使用寿命长,免维护。LED 色灯控制系统,在与现有点灯控制电路兼容、LED 驱动电路与二极管供电方式的设计方面取得突破,通过监测控制系统的电流,可监督信号显示系统的工作状态,预警异常情况有助于准确判断故障点,便于及时处理。LED 信号显示系统作为一种节能、免维护的新型光源在城市轨道交通信号系统中得到广泛运用。

LED 色灯信号机主要由点灯变压器、超高亮度发光二极管矩阵(发光盘)、光学透镜、固定框架等组成。

1)铝合金信号机构

铝合金信号机构分为高柱机构和矮型机构。

高柱信号机构由背板总成、箱体总成、遮檐和悬挂装置4部分组成。

矮型机构分为二灯位矮型机构和三灯位矮型机构两种,其安装方法与透镜式信号机构相同,厂家按二灯位或三灯位组装成一个整体。

2)点灯变压器和发光盘

LED 色灯信号机室外电路原理如图 2.3.7 所示。

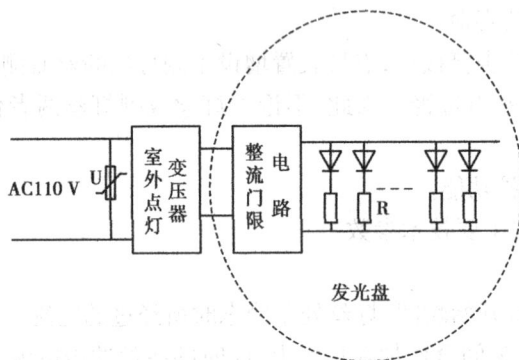

图 2.3.7

因为 LED 发光管是低能耗的高效发光器件,在满足相关光学指标的前提下,LED 信号光源的功率不足 25 W 双灯丝灯泡的 1/4,仅 6 W 左右,如果直接采用交流 220 V 向点灯变压器和发光盘供电,则会造成点灯回路中的电流过小而无法满足 JZXC-H18 等型号灯丝继电器工作的要求,因此,供电电路一般会采用低压供电方式,即将信号点灯电源输出由交流 220 V 降低为交流 110 V 向点灯变压器和发光盘供电。但有些城市轨道交通系统直接为 220 V 交流供给室外,依靠室外点灯单元降压并供给发光盘电压。

点灯变压器可起到电隔离作用,同时为发光盘提供合适的电源电压。

发光盘分为高柱发光盘、矮型发光盘和表示器发光盘。

高柱发光盘适用于高柱透镜式色灯信号机构。矮型发光盘适用于矮型透镜式色灯信号机构、引导信号机构、矮型复示信号机构,表示器发光盘适用于发车线路表示器机构。

发光盘为圆形盘状结构,如图 2.3.8 所示。发光盘前罩上有鉴别销,以确认该灯位的颜色。只有发光盘的灯光颜色与该灯位灯箱玻璃卡圈上的鉴别槽相吻合,才能安装。

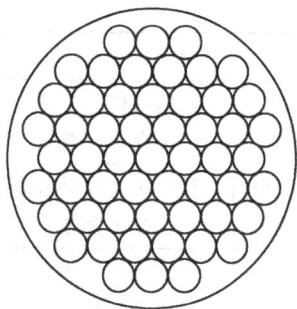

发光盘(含整流门限电路)的内部电路为串并联结构,每条支路由若干个 LED 发光二极管和电阻 R 组成,LED 发光二极管均匀地分布在发光盘圆面内,构成发光点阵。支路中的电阻 R 起限流作用,限定电流在规定范围之内。为提高 LED 信号光源的抗干扰能力,在 LED 信号光源内均设有抗干扰门限电路。门限设定为线路输入电压 60 V,如果输入电压低于门限值,门限关

图 2.3.8

闭,光源灭灯。当外部接上正向直流电源时,LED 发光二极管点阵便发出相应颜色光,经光学集光透镜后产生由多个光轴组成近似于平行的信号灯光。

3)LED 色灯信号机的主要特点

①寿命长。发光二极管理论寿命超过 100 000 h,是信号灯泡的 100 倍,可免除经常更换灯泡的麻烦,且有利于实现免维修,降低运营成本。

②可靠性高。发光盘是用上百只发光二极管和数十条支路并联工作的,在使用中即使个别发光二极管或支路发生故障也不会影响信号的正常显示,提高了信号显示的可靠性。

③节省能源。单灯 LED 光源功率小于 8 W,不到传统 25 W 信号灯泡的 1/3。

④聚焦稳定。发光盘的聚焦状态在产品设计与生产中已经确定,并能始终保持良好的聚焦状态,现场安装与使用不再需调整。

⑤显示效果好。发光盘除有轴向主光束外,还有多条副光束,有利于增强主光束散角之外以及近光显示效果。

⑥无冲击电流,有利于延长供电装置的使用寿命。点灯时没有类似传统 25 W 信号灯泡冷丝状态的冲击电流,有利于延长供电装置的使用寿命,并减少对环境的电磁污染。

4)LED 色灯信号机主要技术参数

①LED 发光管额定工作电流:20 mA。

②光源额定输入电流:160 mA。

③光源额定输入电压:DC39.5 V。

④光源额定功率:<8 W。

⑤光源供电电源调压范围:AC:43～52 V。

⑥电快速瞬变脉冲群抗扰:3 级。

⑦静电放电抗扰度:3 级。

⑧光源发光强度符合:TB/T 2353—1993。

⑨光谱符合:TB/T 2081—1989 铁路灯光信号颜色。

⑩环境温度:-40～+70 ℃。

⑪相对湿度:<90%(25 ℃)。

【任务考评】

以学生自评互评为主,教师综合评定。

任务实施过程考核评价表

考评项目		配分	要　求	学生自评	小组互评	教师评定
知识准备	信号机分类及命名规则	10	正确性			
	信号机设置原则及显示含义	10	正确性			
	信号机的基本工作原理	10	分析思路的正确性考评			
任务完成	透镜式色灯信号机的结构组成	3	正确性			
	DDXL型点灯单元工作原理	12	分析思路的正确性和熟练性考评			
	XDZ-B型点灯单元工作原理	12	分析思路的正确性和熟练性考评			
	LED式色灯信号机的结构组成	3	正确性			
	LED式色灯信号机工作原理	10	分析思路的正确性和熟练性考评			
	任务实施过程记录	5	详细性			
	所遇问题与解决记录	5	成功性			
安全事项		5	违章不得分			
协调合作,成果展示成绩		15	小组成员的参与积极性、成果展示的效果			
成　绩						

任务4　轨道电路与计轴设备

【场景设计】

1.现场参观城市轨道交通系统中的轨道电路和计轴设备进行教学,或利用多媒体展示城轨系统中轨道电路和计轴设备的实际应用。

2.将学生每6~8人分为1组,选出小组长。

3.考评所需的记录、评价表。

【知识准备】

（1）**轨道电路**

1）轨道电路的定义

轨道电路是铁路信号自动控制的基础设备。利用轨道电路可以自动检测列车、车辆的位置,控制信号机的显示;通过轨道电路可以将地面信号传递给机车,从而可以控制列车运行。

轨道电路是以铁路线路的两根钢轨作为导体,两端加以机械绝缘或电气绝缘,并接上送电和受电设备构成的电路。最简单的轨道电路如图2.4.1所示。

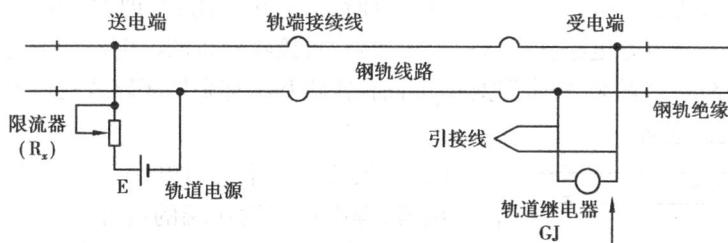

图2.4.1

轨道电路的送电端由轨道电源 E 和限流器 R_x 组成。限流器 R_x 的作用有两个:其一是保护电源不致因电流过大而损坏,使电压大部分降在 R_x 上,以保护电源;其二同时也保证列车占用本区段时,轨道继电器能可靠落下。受电端一般采用轨道继电器 GJ,由它来接收轨道电路的信号电流。钢轨是轨道电路的传输导体,为减小钢轨接头的接触电阻,增设了轨端接续线,一般用镀锌铁线。钢轨绝缘是为分隔相邻轨道电路而装设的。钢轨引接线一般采用钢丝绳,其将送电端和受电端直接接向钢轨。

2）轨道电路的原理

如图2.4.1所示,当两根钢轨完整,且无车占用,即轨道电路空闲时,电流通过两根钢轨和轨道继电器,使轨道继电器吸起,前接点闭合,信号开放。当列车占用轨道电路时,电流通过机车车辆轮对,轨道电路被分路。由于轮对电阻比轨道继电器电阻小得多,使电源输出电流显著加大,限流电阻上的压降随之增加,两根钢轨间的电压降低,流经轨道继电器的电流减少到它的落下值,使轨道继电器落下,后接点闭合,信号关闭。同时,当轨道电路发生断轨、断线时,同样会使轨道继电器落下。

3）轨道电路的作用

①可以检查和监督区段是否占用,防止错误地办理进路。

②可以检查和监督道岔区段有无机车车辆通过,锁闭占用道岔区段的道岔,防止在机车车辆经过道岔时扳动道岔。

③检查和监督轨道上的钢轨是否完好,当某一轨道电路区段的钢轨折断时轨道继电器也将因无电而释放衔铁,防护这一段轨道的信号机也就不能开放等。

④传输不同的信息,使信号机根据所防护区段及前方邻近区段被占用的情况变化而变换显示。

4）轨道电路的分类

轨道电路有多种分类方法。

①按结构分类

按结构可分为闭路式轨道电路、开路式轨道电路。

A.闭路式轨道电路

闭路式轨道电路由轨道电路一端的发送设备、限流装置及连接导线和另一端的接收设备组成,如图2.4.1所示。在轨道电路区段空闲时,从轨道电源发送一定强度的信号电流,经钢轨线路送至轨道电路的接收端。接收设备的继电器励磁,使接收设备的前接点闭合,后接点断开,即发出轨道电路区段空闲的信息。在轨道电路被机车车辆占用时,从轨道电路电源发出来的信号电流因机车车辆车轴的分流,而只有很少一部分送至轨道电路的接收设备。接收设备的继电器因电流不足而不能励磁,使其前接点断开,后接点闭合,即发出轨道被占用的信息。闭路式轨道电路的特点是电路任何部分出现故障时,接收设备的继电器都不能励磁,反映区段被占用,符合铁路信号"故障-安全"原则。目前,铁路基本都采用闭路式轨道电路。

B.开路式轨道电路

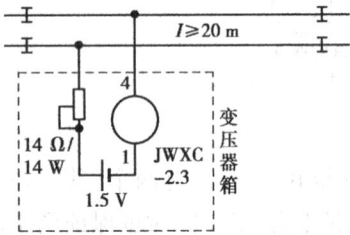

开路式轨道电路平时呈开路状态,这种电路的接收设备(继电器)等串接在发送端的电源电路内,如图2.4.2所示。在区段内没有列车占用时,轨道继电器处于失磁状态;在有列车占用时,轨道继电器处于励磁状态,并发出本区段被占用的信息。开路式轨道电路的特点是动作反应快,但不能自动检查出轨道电路各个组成部分的故障,如遇有断轨或断线等故障时,无法发现,若此时有车进入,轨道继电器仍处于落下,极不安全。这种轨道电路只在部分铁路上,用于驼峰编组场和道口。

图 2.4.2

②按信号电源的种类分类

按信号电流的种类分为直流轨道电路、交流轨道电路和脉冲轨道电路。

A.直流轨道电路

采用一次电池或蓄电池作为电源的轨道电路,如图2.4.1所示。这种轨道电路的特点是电源可靠,电路和元件结构简单,但电源维护工作量大,抗迷流干扰的能力差,受轨道电路电容性蓄电效应的影响时分流感受不好。因此,应用较少。

B.交流轨道电路

采用交流电作为电源的轨道电路。这种轨道电路的特点是电源波动的调整性能好,能在各种不同和复杂的条件下工作,应用广泛。交流轨道电路按轨道电流的频率可分为工频轨道电路和非工频轨道电路。

a.工频轨道电路。采用工业电流频率作为轨道电路的电流频率。这种电路可由工业电网供电,广泛应用在蒸汽、内燃和直流电力牵引区段。中国铁路车站轨道电路主要采用工频轨道电路,如整流式轨道电路和50 Hz二元型相敏轨道电路均属这种类型。

b.非工频轨道电路。采用同工业电流频率不同的交流电源供电的轨道电路。这种电路抗干扰能力强,但需要专用的电源设备。因此,一般在交流电力牵引区段的车站采用,如75 Hz交流轨道电路,25 Hz相敏轨道电路,移频轨道电路和亚音频轨道电路均属这种类型。

C.脉冲轨道电路

向钢轨中发送按规定频率和编码的断续电流,接收端只有在收到这种规定的脉冲电流时,轨道继电器才动作的电路。这种轨道电路具有长度大、分路灵敏度高和能防止迷流干扰等优点。编码的脉冲轨道电路又称电码轨道电路,如高压脉冲轨道电路。部分器件如图2.4.3所示。

③按轨道电路内有无道岔分类

按轨道电路内有无道岔分为无岔区段轨道电路和道岔区段轨道电路。

A. 无岔区段轨道电路

无岔区段轨道电路区段内无分支,一般用于两差置调车信号机之间、尽头式调车信号机前方接近区段以及停车线和检车线。

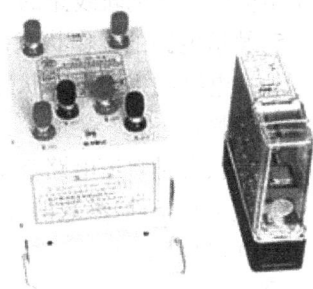

图2.4.3

B. 道岔区段轨道电路

道岔区段的轨道电路内有分支。按分支轨道电路接受电端的多少,分为一送一受轨道电路和一送多受轨道电路。

a. 一送一受轨道电路:在车站内有分支的钢轨线路上,只设有一个接收设备。

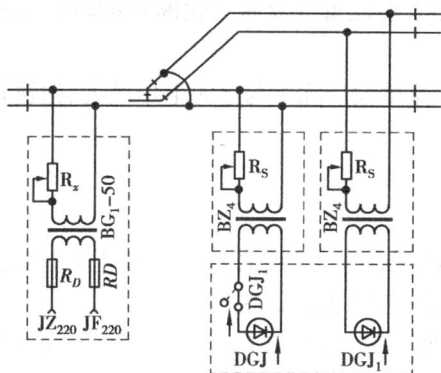

图2.4.4

b. 一送多受轨道电路:在车站内,钢轨有分支的线路上,钢轨线路的每个分支端都设有接收设备。如图2.4.4所示为一送两受轨道电路。这种电路同一送一受轨道电路比较,在线路的分支端有较高的分路灵敏度。由于使用的设备较多,一般只在衔接到发线的道岔区段轨道电路采用。

④按照相邻钢轨线路的分割方法分类

按照相邻钢轨线路的分割方法可分为有绝缘轨道电路和无绝缘轨道电路。

A. 有绝缘轨道电路

有绝缘轨道电路就是在轨道区段的分界点,加装机械绝缘进行物理隔离的轨道电路,一般的轨道电路均为有绝缘轨道电路。因钢轨绝缘在外力作用下很容易损坏,使轨道电路的故障率较高。另外在无缝线路上机械绝缘的安装需要锯轨,线路维护也不方便。因此,目前无缝线路和电气化线路基本采用无绝缘轨道电路。

B. 无绝缘轨道电路

无绝缘轨道电路具有明显的优点。由于采用电气绝缘,取消了机械绝缘节和钢轨接头,车辆轮对与钢轨接缝之间的碰撞减轻,轮对和钢轨的磨损降低,列车过缝时乘客舒适感提高,更加提高了轨道电路工作的可靠性。

⑤按照钢轨作为传输通道的方式分类

按照钢轨作为传输通道的方式可分为双轨条轨道电路和单轨条轨道电路。

A. 双轨条轨道电路

一般的轨道电路均为双轨条轨道电路,轨道电路利用同一线路的两根钢轨作为传输通道,双轨条返回牵引电流。

B. 单轨条轨道电路

单轨条轨道电路是利用单轨条返回牵引电流的轨道电路。这种电路以一根斜拉的电缆连接钢轨,使返回的牵引电流能够绕过钢轨绝缘。它的优点是可节省扼流变压器;缺点是返回的牵引电流因只在钢轨线路的一条钢轨里流过,干扰电压比较大。

5)轨道电路的工作状态

轨道电路的主要工作状态有调整状态、分路状态、断轨状态。

①调整状态

调整状态是轨道电路空闲、线路完整,受电端正常工作时的轨道电路状态。

其最不利条件:参数的变化使通过轨道继电器的电流最小,即电源电压最小、钢轨阻抗最大、道砟电阻最小。

②分路状态

分路状态是两条钢轨间被列车车轮对或其他导体连接,使轨道电路受电端设备能反映轨道被占用的轨道电路状态。

其最不利条件:参数的变化使通过轨道继电器的电流最大,即电源电压最大、钢轨阻抗最小、道砟电阻最大。

③断轨状态

断轨状态是轨道电路的钢轨被折断时,轨道电路受电端设备能反映钢轨断轨的轨道电路状态。

其最不利条件:参数的变化使通过轨道继电器的电流最大。除了与电源电压最大、钢轨阻抗最小有关系外,还与断轨地点和道砟电阻大小有关。

(2)计轴设备

1)计轴工作原理

计轴器是以安装在钢轨轨腰上的轨道传感器为探测手段,直接计取和检查通过列车的轴数,并通过运算比较器判别计轴轨道区段是否有车占用的信号基础设备。

列车从所检测区间的一端出发,驶入区间,经过计轴点时,运算单元对传感器产生的轴信号进行处理、判别及计数,此时轨道继电器落下,与此同时向所检测区间的另一端发送"占用"信号,使接车点控制的轨道继电器落下。发车端不断将"计轴数"及"驶入状态"等信息编码传给接车端。当列车驶出区间,经过接车端计轴点时,接车端计数,接车端将"计轴数"及"驶出状态"传给发车端。当两端对"计轴数"及"驶入、驶出状态"校核无误后方可使两端轨道继电器吸起,给出所检测区间的空闲信号,如图2.4.5所示。

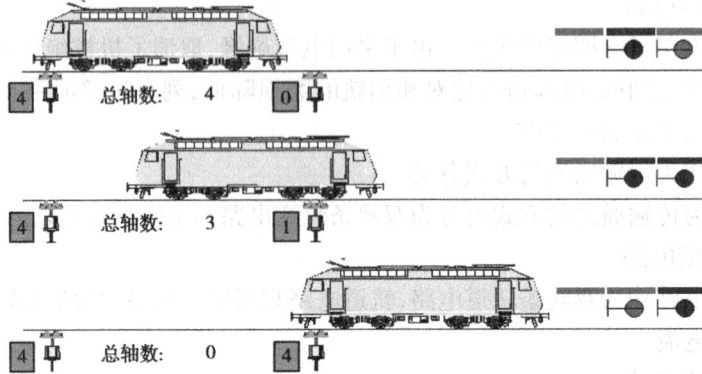

图2.4.5

2）计轴设备的特点

与轨道电路相比，计轴设备具有以下特点：

①区段的长度几乎没有限制。

②不需要设置绝缘节。

③在钢轨表面生锈、污染时，仍能可靠安全地工作。

④不受道床电阻的影响。

⑤对电气化区段牵引回流的连接及接地线无限制。

⑥站间自动闭塞时，需与机车信号发送设备配套使用。

⑦不能检测断轨，目前已采用超声波检测。

【任务实施】

任务提出：

本任务的实施以 50 Hz 单轨条相敏轨道电路 Ⅰ 型和 Ⅱ 型、AzLM 型计轴系统和 AzS（M）350U 型计轴系统为例，介绍列车检测设备的作用、组成及工作原理。

（1）WXJ50 型微电子相敏轨道电路

单轨条轨道电路主要用在有几条轨道同时返回牵引电流的车站，此外在地铁车辆段多采用单轨条轨道电路。地铁和轻轨交通车辆段内的列车为无机车信号显示，因此其轨道电路的功能仅为列车占用检查。由于其电力机车为直流牵引，且牵引的钢轨回流为单条钢轨，50 Hz 交流连续式轨道电路需加设滤波器防护，滤波器故障不能保证安全，故轨道电路应采用单轨条回流方式的 50 Hz 相敏轨道电路。

1）WXJ50 型微电子相敏轨道电路的组成

WXJ50 型微电子相敏轨道电路由送电端、受电端、钢轨绝缘、钢轨引接线、钢轨接续线、回流线以及钢轨组成，如图 2.4.6 所示。

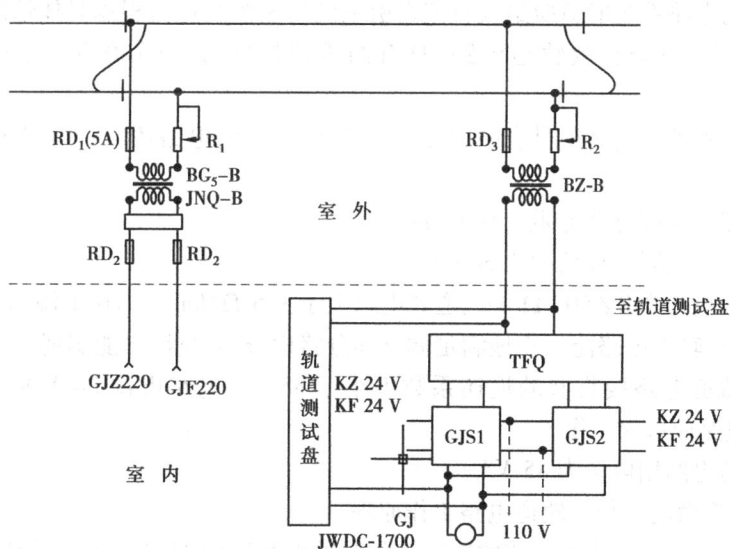

图 2.4.6

送电端包括 BG5-B 型轨道变压器、JNQ-B 节能器、R-2.2/220 型变阻器以及断路器(或熔断器),安装在室外的变压器箱内,如图 2.4.7 所示。

受电端包括 BZ-B 型中继变压器、R-2.2/220 型变阻器、断路器(或熔断器),安装在室外的变压器箱内;轨道继电器、调相防雷器(TFQ-B)、轨道接收器(电子接受盒)等,安装在室内的组合架上,如图 2.4.8 所示。

图 2.4.7   图 2.4.8

2)WXJ50 型微电子相敏轨道电路应符合的要求

①钢轨引接线采用截面不小于 15 mm²(19×1.2 mm)钢绞线,长度为 1 620 mm 和 3 600 mm 两种。引接线塞钉孔距固定鱼尾板临近固定螺钉孔竖向中心线的距离不得小于 150 mm。塞钉打入深度露出钢轨 1~4 mm,不得打弯。塞钉与塞孔接触紧密。引接线沿轨枕平直敷设,距钢轨底面不得小于 30 mm。变压器箱至钢轨引接线的配线应符合双线轨道电路图的极性要求。

②车场的横向连接线应采用两根截面不小于 95 mm²(37×7×0.68 mm)多股铜芯电缆,严禁无故断开通路或阻塞畅通。

③本制式的电路系统能适应最大直流牵引电流为 3 000 A(可根据具体情况设计)。

④WXJ50 型微电子相敏轨道电路,具有两重选择性,即可靠的频率选择性和相位选择性。

⑤轨道电路室外箱盒必须具有防雨、防尘、防潮的设施;电路还应具有过电流防护及防雷措施。

⑥轨道电路的标准分路电阻为 0.15 Ω。

⑦轨道电路的极限设计长度为 300 m。

⑧在钢轨阻抗为 0.8∠60° Ω/km、道砟电阻大于 1.5 Ω/km、50 Hz 电源为 220 V±3% 时,在极限长度内,该轨道电路能可靠地满足调整和分路检查的要求,并能实现一次调整。

⑨微电子轨道电路接收器的返还系数不小于 85%。电路电源 24 VDC±10%、交流分量≤1 V 轨道电路应可靠工作。

⑩每段轨道电路用电量为 45 VA。

3)WXJ-50 型微电子相敏轨道电路工作原理

单轨条式 50 Hz 相敏轨道电路的轨道接收器采用 WXJ50 型微电子相敏接收器,该接收器具有两种选择性,即频率选择特性和相位选择特性。

频率选择性保证了轨道继电器在接收到直流牵引电流的干扰时不会使其错误动作;只有

在其接收端的 WXJ50 型微电子相敏接收器局部输入端加上 50 Hz 交流电压,而该接收器的轨道接收端又接收到由钢轨传送来的轨道信息,其频率也为 50 Hz,且相位合适时,才能正常工作。本制式的轨道变压器能够适用在直流磁化电流的条件下,确保轨道电路系统正常工作。因此,轨道变压器在其满载电流和直流磁化电流的共同作用下,50 Hz 特性不能发生过大的变化,即不能饱和。

相位选择特性,即轨道电路的接收器对该信号的相位有一定要求,只有当接收器收到合适的相位时,才能正常工作,一般称其为具有"相敏"特性。因此,该制式轨道电路的核心部分是 WXJ50 型微电子相敏接收器。因为该制式轨道电路不仅具有频率选择性,也具有相位选择性,所以,其能较好地对来自牵引电流的各类谐波干扰进行防护。

本制式轨道电路在室外的主要设备为送电端轨道电源变压器和受电端轨道中继变压器等,它们分别置于室外的轨道电路送、受电端变压器箱内;室内需要设置相应的 50 Hz 电源设备,分别为轨道电路送电端供给电源和为受电端的 WXJ50 型微电子相敏接收器供给局部电源,WXJ50 型微电子相敏接收器的工作电源为 DC24 V,一般由电源屏供给。

50 Hz 相敏轨道电路系统安全可靠、制式简单、使用方便、维修周期长、易学好懂、便于设计、施工和维修。

4)WXJ50 型微电子相敏轨道电路部件介绍

①WXJ50 型微电子相敏轨道电路接收器

WXJ50 型微电子相敏轨道电路接收器可以单套设备使用,为提高系统的可靠性、方便维修,也可以双套并联使用,所采用的 WXJ50 型微电子相敏轨道电路接收器(简称电子盒)完全一样,调相防雷变压器(TFQ)有所不同,分为 TFQ-B1 型和 TFQ-B2 型两种,组合配线也不同,分别称为 WXJ50-Ⅰ型微电子相敏轨道电路(单套设备)和 WXJ50-Ⅱ型微电子相敏轨道电路(双套设备)。

WXJ50 型微电子相敏轨道电路接收器安装在安全型继电器罩内,采用继电器插座。其端子分配如图 2.4.9 所示。

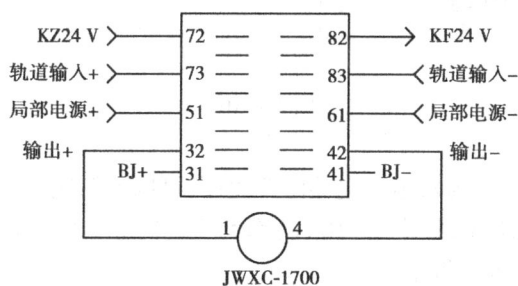

图 2.4.9

a. WXJ50 型微电子相敏轨道电路接收器工作电源为直流 24 V±15%,可由电源屏供给,也可另加独立整流电源供给。每套接收器耗电小于 100 mA。

b. WXJ50 型微电子相敏轨道电路接收器局部电源为 110 V/50 Hz,由电源屏或另加独立电源供给。每套接收器局部输入阻抗为 30 kΩ,输入电流 3.7 mA。

c. WXJ50 型微电子相敏轨道电路接收器的最后执行继电器为 JWXC1-1700 安全型继电器。

d. 轨道接收阻抗：$Z = (500 \pm 20)\,\Omega, \theta = 160° \pm 8°$。

e. 轨道接收信号与局部电源为理想相位 $-90°$ 时，工作值为 $(12.5 \pm 1)\,V$，返还系数大于 85%。

f. 轨道输入采用隔离变压器，具有较强的抗雷电干扰能力。

g. 具有可靠的防护绝缘破损能力。

②轨道变压器

BG 型轨道变压器主要用于轨道电路供电，其一次侧为 220 V，频率为 50 Hz，功率 5 W；二次侧最大输出电压 12 V，允许电流 10 A。依据所连接的端子不同，可获得各种不同的电压值，如图 2.4.10 所示。

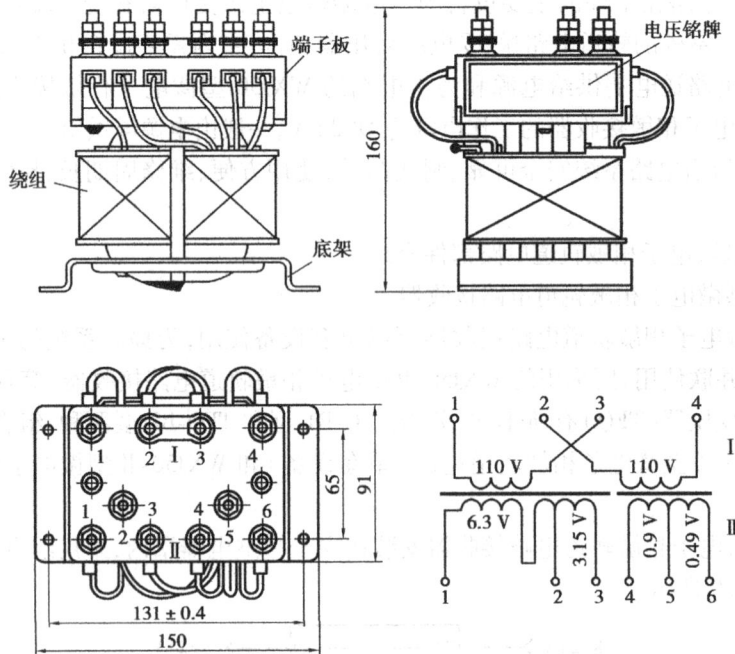

图 2.4.10

③中继变压器

用于轨道电路的受电端，与轨道继电器配合使用，可以使钢轨阻抗和轨道变压器的阻抗相匹配。一次侧输入电压 220 V，频率 50 Hz，功率 5 W；二次侧最大输出电压 12 V，允许电流 10 A。通过连接不同端子可获得不同电压。

④调相防雷器

调相防雷变压器(TFQ)也安装在安全型继电器罩内，每个继电器罩安装两套设备，供两段轨道电路使用，其电路图及接线端子如图 2.4.11 所示。其中"轨道输入 +"和"轨道输入 -"接轨道电路，"轨道输出 +"和"轨道输出 -"接 WXJ50 接收器的"73""83"端子。

5)WXJ50 型微电子相敏轨道电路维护

WXJ50 型微电子相敏轨道电路参数调整表如表 2.4.1 所示。

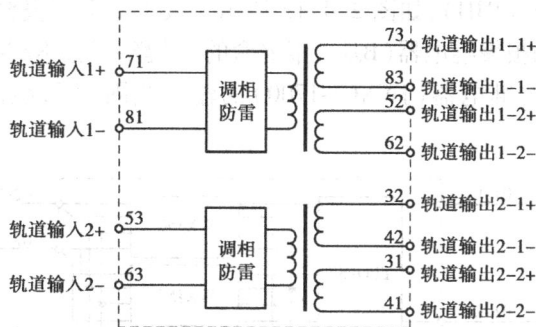

图2.4.11

表2.4.1 WXJ50型微电子相敏轨道电路参数调整表

轨道类型	轨道长度/km	送电端调整电压 U_B/V	轨道继电器端电压/V	
			$U_{J\,max}$	$U_{J\,min}$
一送一受	0.05	6.3	15.8	12.5
一送一受	0.10	6.7	16.8	12.5
一送一受	0.20	7.5	18.7	12.5
一送一受	0.30	8.4	20.7	12.05
一送一受带三无受轨道分支	≤0.30	8.4	20.9	12.5
一送两受带一无受轨道分支	≤0.20	10.7	17.4	12.5

①WXJ50型微电子相敏轨道电路室外调试测试标准

a.送电端电缆允许压降不大于60 V,即≥154 V。

b.送电端限流电阻和受电端防护电阻的数值不小于1.6 Ω。

c.BG5-B二次侧电压:6.3~10.7 V(此项指标参考调整表调整)。

②WXJ50型微电子相敏轨道电路室内调试测试标准

a.轨道电源电压:(220±6)V AC。

b.局部电源电压:110 V AC。

c.WXJ电源电压:(24±3.6)V DC。

d. WXJ电源杂音:≤1 V AC。

e.WXJ输入电压:13.5~16 V AC。

f.轨道信号失调角:≤30°。

g.轨道分路时:WXJ输入残压≤10 V。

(2)WXJ50-Ⅱ型微电子相敏轨道电路

WXJ50-Ⅱ型微电子相敏轨道电路是WXJ50-Ⅰ型的双套化产品,其两套设备中只要有一套正常工作,就能保障系统正常运行,进一步提高了系统的可靠性;如果其中一套发生故障,能及时报警,通知维修人员进行维修,而且对其中单套维修时,不影响系统使用,大大方便了现场维修。

WXJ50-Ⅱ型微电子相敏轨道电路采用TFQ-B2型调相防雷变压器,每个组合安装4段轨道电路设备和一个报警盒(BJH),如图2.4.12所示。报警盒上有报警表示灯,能明确显示哪个设备发生故障,并驱动报警继电器(BJJ),报警盒的"报警+"接KZ24 V,本车站所有报警盒的"报警-"并联,接报警继电器(JWXC1-1700)的输入线圈"1",线圈"4"接KF24 V,如图2.4.13所示。

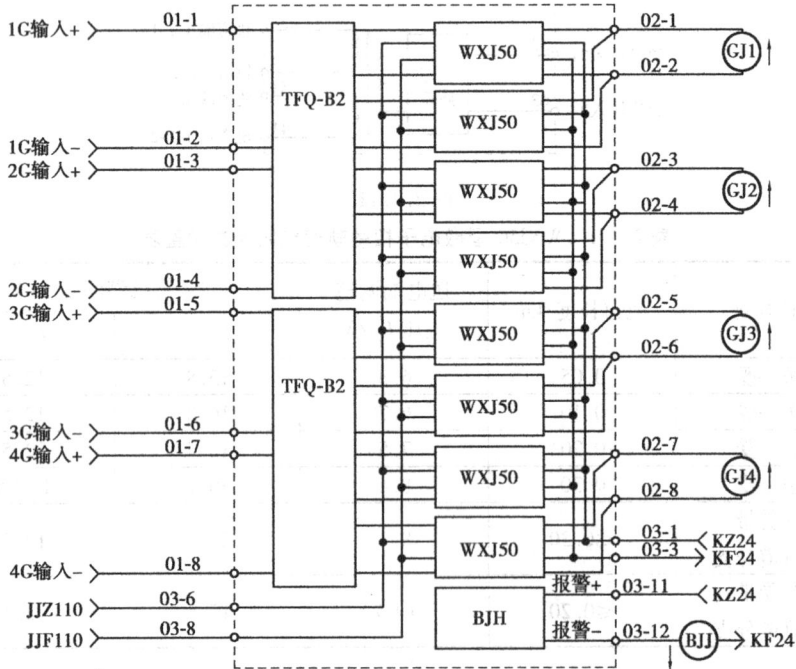

图2.4.12

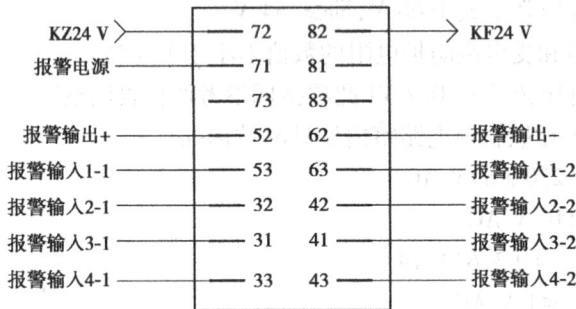

图2.4.13

(3)AzLM型计轴系统

AzLM系统是阿尔卡特公司(现泰雷兹)近几年在世界最新计算机技术、通信技术和传感器技术基础上开发的新型计轴系统,其技术和工艺引领世界先进水平,如图2.4.14所示。

1)AzLM计轴系统的主要特点

①主机采用2取2的冗余方式,硬件开发符合TAS平台标准。

②适应列车速度最高440 km/h的线路条件。

③可根据现场实际情况和需要灵活选择3种不同配置的设备,以降低造价。

④简单的电缆连接(WAGO 端子)。

⑤符合最新的欧洲安全标准和电磁兼容标准,达到 SIL4 级。

⑥系统容量有了很大扩展(每台主机最多可以检测 32 个计轴点、监控 32 个区段)。

⑦室内主机与检测点设备之间采用容错的 ISDN 通信方式。

⑧主机与各接口板之间采用工业标准的 CAN 总线。

⑨可通过软件逻辑来灵活设置任意两个室外计轴点的逻辑关系(每个计轴点可被 4 个不同区段共用),使该系统既可用于站内,也可用于站间。

⑩主机具有一个以太网接口和一个串行接口,用来进行 ACE 和所连接检测点的诊断。

⑪室外计轴点采用直流供电,可与通道信号共线传输(也可分设),室内外采用星形连接。

⑫兼容涡流制动。

2)AzLM 型计轴系统组成

图 2.4.14

AzLM 系统由室内 ACE 主机和室外轨旁计轴点设备组成。轨旁计轴点设备包括 SK30H 轨道磁头传感器和 ZP30H 电子盒。室内主机与室外计轴点之间采用 ISDN 数据线进行通信,且电源与通信可以共线传输。每台主机最多可以检测 32 个计轴点、监控 32 个区段,适用于一般区段和复杂站场,如图 2.4.15 所示。

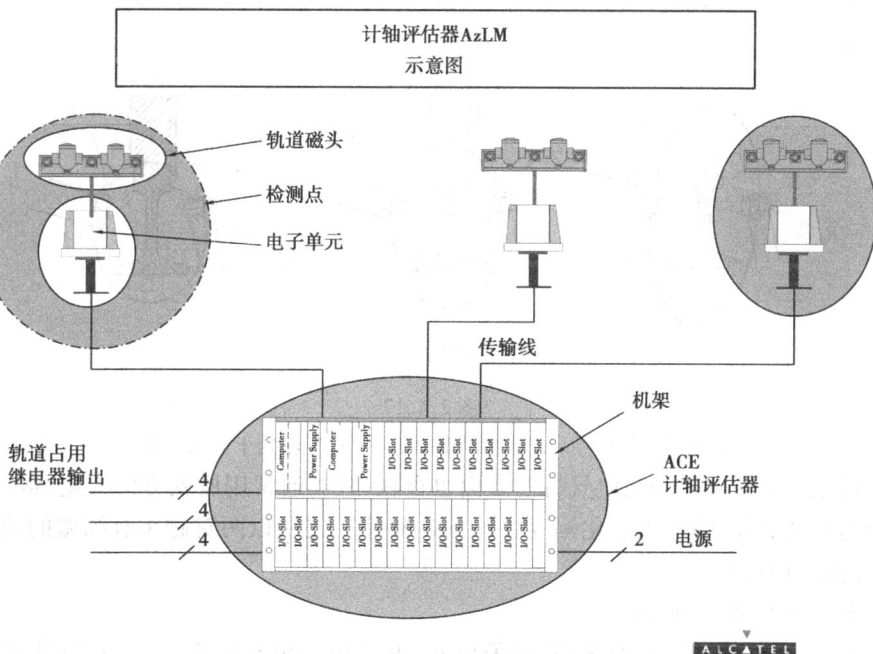

图 2.4.15

①轨旁计轴点(ZP30H)

轨旁计轴点由轨道磁头、电子单元E-Es及密闭安装盒组成。如图2.4.16所示,图2.4.16(a)为磁头(SK30H),图2.4.16(b)为电子盒(E-Es30H),图2.4.16(c)为安装盒(黄帽子)。

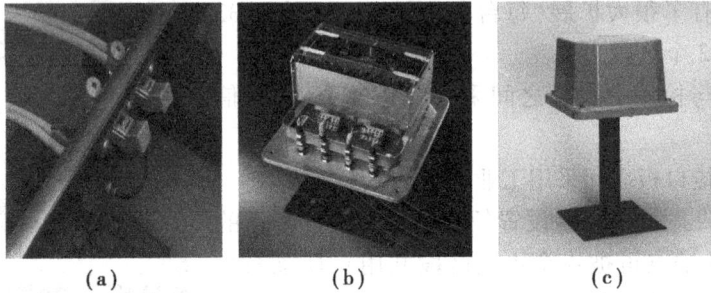

(a)　　　　　　　　(b)　　　　　　　　(c)

图2.4.16

A. 轨道磁头

轨道磁头由两个物理偏移线圈装置SK_1和SK_2组成,它们安装在同一根轨道上。轨道外侧是两个T_x线圈,轨道内侧为两个R_x线圈,产生约为30 kHz的不同频率的两种信号,在轨道附近形成电磁场。这些装置提供了两个时间偏移的感应电压,利用这些装置就可以在电子单元中确定是否通过轮轴以及轮轴的行驶方向。基于可靠性原因,磁头中除线圈外不存在其他电子部件。

轨道磁头安装在轨道上,轨道外侧圆柱形磁头能够发送电磁场,轨道内侧方形磁头负责接收该电磁场信号。当车轮经过磁头的时候,如图2.4.17所示,磁力线由于金属的介入而改变,接收端磁头接受到的磁场强度会发生变化。随着接收到的磁场强度变化,接收磁头发送回EAK箱的电压会跟着变化。每个计轴点有相邻的两对磁头共4个,每个磁头都有电缆同EAK箱的底板连接。

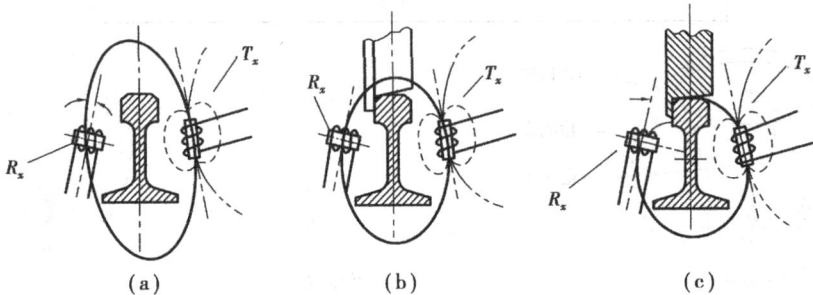

(a)　　　　　　　　(b)　　　　　　　　(c)

图2.4.17

(a)没有车轮时　(b)车轮渐渐靠近　(c)车轮处于磁头正上方

同一计轴点的两对磁头在电气特性方面也存在差别,通常用所朝方向决定SK_1和SK_2来区分这两对磁头,SK_1的电压变化幅度要比SK_2略小。之所以两对磁头有细微的差别是为了确定列车的运行方向。

B. 车轮电子检测盒(EAK)

箱内有接地板,接地板上有EAK电子单元,电子单元里有底板、模拟板以及评估板各一块。电子单元E-Es30H为T_x磁头供电,检测并计算轮轴脉冲,监控磁头,进行自检并向ACE

发送包含计数和监控信息的报文。计数、监控和报文生成功能由两个受计轴主机安全模块监控的独立微控制器执行。一般计轴点的 EAK 箱下共有 6 条电缆,其中 4 条电缆连接计轴磁头,一条电缆连接室内 CTF 分线盘,还有一条地线电缆,如图 2.4.18 所示。

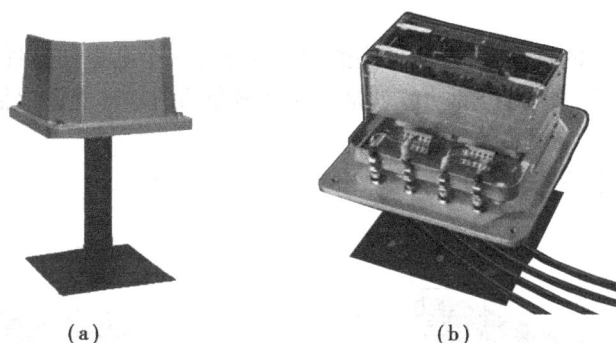

图 2.4.18
(a)EAK 外观　(b)EAK 内部

整个 EAK 内部设备可从中间分为基本对称的两半,每一半对应一对计轴磁头。两半的工作原理相同。

C.底板

电子单元的底板类似于电脑的主板,整个电子单元的供电由此接入,评估板(核算器)和模拟板插在底板的插槽中。底板边缘还有一个测试插座,可连接测试工具用来查看电路板的工作电压以及磁头发送回来的电信号等,如图 2.4.19 所示。

图 2.4.19

底板的线缆终端上连接的是沟通室内外的电缆,电缆另一头通过室内分线盘连接 ACE 机架内对应的 PDCU,整个电子单元的 120 V 供电就是由 PDCU 提供的。普通计轴点的线缆终端 3 和 13 两个端子上有接线,供电输出和数据回送都是在这两根配线上实现的,用电压表测量可以测到接近 120 V 的交流电压。共享计轴点的 4 和 14 端子也有配线,这两根线连接的是另一个集中站的对应 PDCU,由于只需要将数据共享,所以 4 和 14 端子的接线没有电源输入。WAGO 终端连接的是计轴磁头。计轴磁头所需要的 5 V 电源和板卡的 24 V 工作电源都由底板供电。

因为所有的评估板、模拟板和 PDCU 都不需要特别编程,更换新的就能立即投入使用,为了区分不同计轴点的数据就必须给每个数据加上地址。底板上的地址开关就是起这个作用的。

D. 模拟板

在车轮靠近和远离的过程中,计轴磁头的磁场变化是一个渐进的过程,所导致的接收端电压变化自然也是渐变的。模拟板的功能就是把这种渐变的信号转变成评估板能读懂的电脉冲信号。

模拟板卡灯位和电位器功能如图 2.4.20 所示。

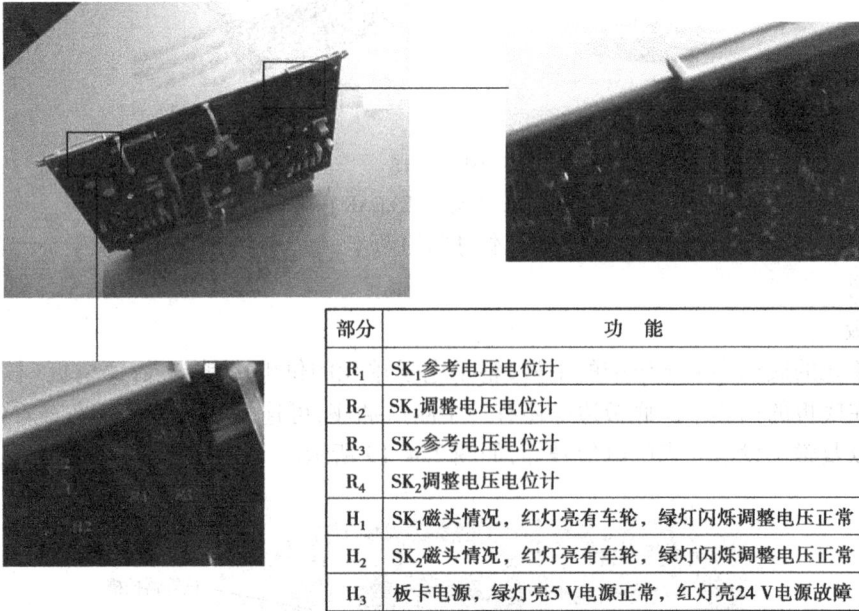

部分	功 能
R_1	SK_1 参考电压电位计
R_2	SK_1 调整电压电位计
R_3	SK_2 参考电压电位计
R_4	SK_2 调整电压电位计
H_1	SK_1 磁头情况,红灯亮有车轮,绿灯闪烁调整电压正常
H_2	SK_2 磁头情况,红灯亮有车轮,绿灯闪烁调整电压正常
H_3	板卡电源,绿灯亮5 V电源正常,红灯亮24 V电源故障

图 2.4.20

参考电压和调整电压是模拟板工作的两个重要数据,将测试工具箱连接到底板的测试工具插头上,通过相应的挡位就可以读出 SK_1 和 SK_2 的这两个数值。

调整电压(MESSAB)就是磁头发送回 EAK 的电压。当车轮靠近磁头上方,该电压会急剧变小,当车轮在磁头正上方时,电压值最小。调整电压的最大值和最小值之间的差距基本恒定,绝对数值约为 400 mV。旋转电位器 R_2/R_4,调整电压波形会在纵轴上发生平移,通过放上和取下模拟车轮,将最大值和最小值调整为绝对值相等的相反数。只要记录有车轮和无车轮的电压绝对值,将它们相加除以 2 即可得到需要的值。测试工具箱的 10 挡用来测试 SK_1 的调整电压,12 挡测试 SK_2 的调整电压。

参考电压(PEGUE)是一个定值,其作用就是作为一个参考值。参考电压的调整一般在完成调整电压后。改变测试工具挡位测量参考电压,旋转电位器 R_1/R_3,使参考电压值等于没有车轮时的调整电压值。这样平时调整电压值在正常范围内时,模拟板持续送出高电平信号,当调整电压值达到负的参考电压时,模拟板送出低电平信号。测试工具箱的 11 挡用来测试 SK_1 的参考电压,13 挡测试 SK_2 的参考电压。

E. 评估板

评估板的功能就是计数和向室内发送数据。核算器板有自检功能,一旦发现本身 CPU 有故障就会停止向室内发送错误数据。

评估板灯位信息如图 2.4.21 所示。

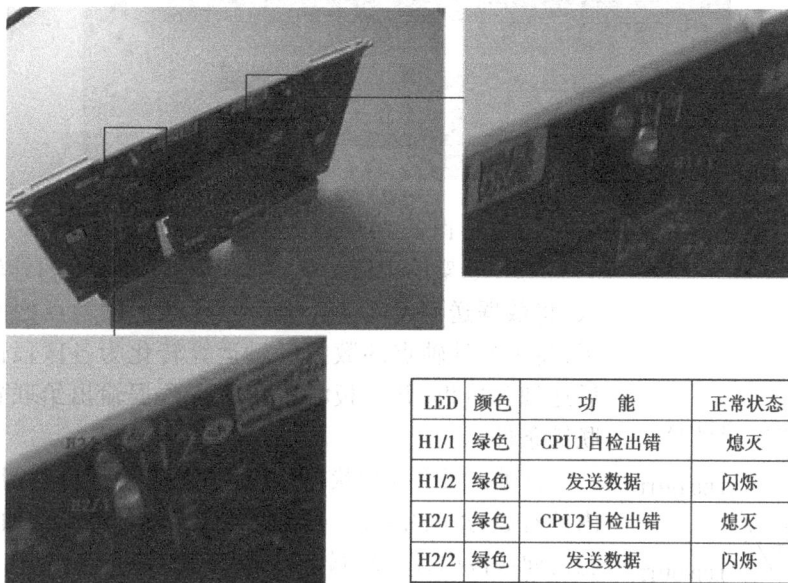

LED	颜色	功　能	正常状态
H1/1	绿色	CPU1自检出错	熄灭
H1/2	绿色	发送数据	闪烁
H2/1	绿色	CPU2自检出错	熄灭
H2/2	绿色	发送数据	闪烁

图 2.4.21

②ACE 主机

ACE 主机是室内计轴设备的核心,一个 ACE 子架分为 3 层,每层有 16 个板卡位。第一层两块电源板和两块 CPU 板占掉 6 个板卡位,其余板卡位则是并行和串行 I/O 板,没有板卡的位置用盖板盖住,如图 2.4.22 所示。

图 2.4.42

计轴评估器 ACE-2-42 背面连接面板如图 2.4.23 所示。

图 2.4.43

ACE 子架的串行 I/O 接收到来自 PDCU 的计轴点数据输入,将数据送到 CPU 板,CPU 通过各个计轴点之间的逻辑关系,将来自计轴点的数据经过运算转化为各区段的状态信息后送到并口板,并口板将区段状态数据输出给联锁系统作为联锁条件。

计轴区段有 3 种状态:空闲、占用和受扰。空闲区段即区段内轮对数为零的区段。当该区段两头任何一个计轴磁头上有车轮滑向区段内,区段内轮对数变成正数就会成为占用状态。当该区段两头任何一个计轴磁头上有车轮滑出去段,区段内轮对数变成负数就成为受扰状态。占用区段内有多少轮对记录在室内 ACE 机架的 CPU 板内,如果有相同数量的车轮滑出该区段,区段就会恢复空闲。一旦区段受扰,并口板会自动锁死,除非经过复位处理,否则只会向联锁系统发送受扰信号。

A. 电源板

电源板从电源屏获得 60 V 交流电输入,然后分配给串行和并行 I/O 板使用,如图 2.4.24 所示。如表 2.4.2 所示为电源板面板表示灯的含义。

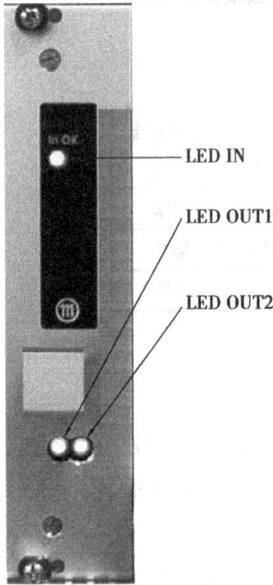

图 2.4.24

表 2.4.2　电源板面板表示灯含义

LED IN(绿)	LED OUT1(绿)	LED OUT2(绿)	功　能
ON	ON	ON	正常
ON	OFF	ON	温度过高 过载 过电压输出
ON	ON	OFF	温度过高 过载 过电压输出 2/3
OFF	ON	ON	不可能出现 LED IN 破裂

续表

LED IN(绿)	LED OUT1(绿)	LED OUT2(绿)	功　能
OFF	OFF	OFF	无输入电压 输入电压过低 输入电压过高

B. 串口板和并口板

一块串口板负责两个计轴点的输入,如图 2.4.25 所示。一块并口板负责一个区段状态的输出,如图 2.4.26 所示。

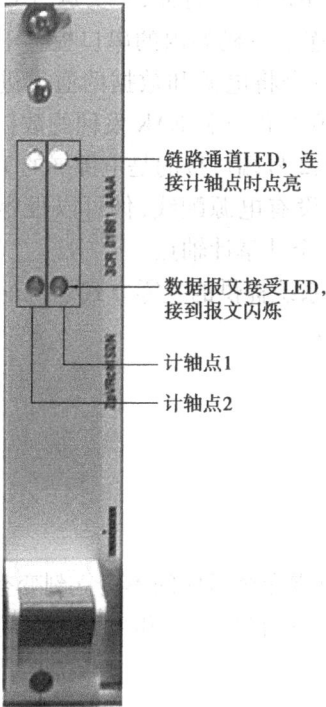

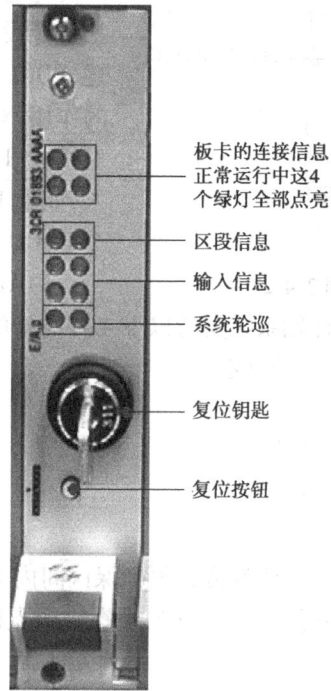

图 2.4.25　　　　　　　　　　　图 2.4.26

并口板有许多 LED 灯位,可以通过这些 LED 看出计轴区段的一些简单情况。上面一组 4 个 LED 显示板卡的连接信息,如果两个数据通道都完好,这 4 个绿灯都是点亮的。下面一组 8 个 LED 分为 3 部分,最上面两个绿色灯位在区段占用时点亮,空闲和受扰时熄灭。中间 4 个橙色 LED 是一些输入信息,根据配线的不同会有不同的显示状态。目前的 4 个灯位配置能显示空闲、占用、受扰、正在复位和待清扫 5 种状态。最下面两个绿色 LED 闪烁点亮,这表示 CPU 正在检查这块板卡运行状态,检查完这块板卡 CPU 会接着检查下一块,一直不停地循环。

区段受扰后如果确认故障已经排除,则需要复位并口板,操作要求按下复位按钮的同时转动复位钥匙,保持 2~6 s。复位成功可从 4 个橙色 LED 的变化看出来。

C. CPU 板

CPU 板是整个计轴系统的神经中枢,它的程序里烧录着计轴点和计轴区段之间的关系,它控制着系统并行 I/O 的输出,与联锁系统的安全密切相关,如图 2.4.27 所示。本着故障导

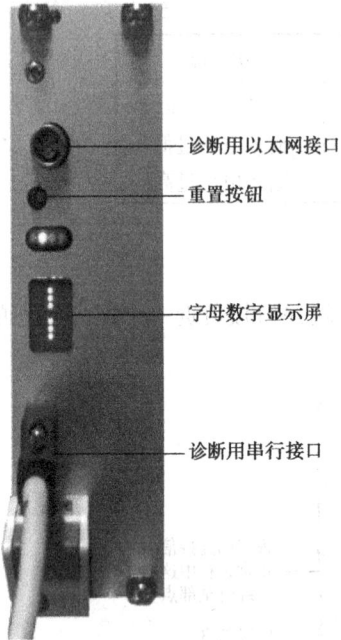

诊断用以太网接口

重置按钮

字母数字显示屏

诊断用串行接口

图 2.4.27

向安全的原则,如果 CPU 模块发生故障或者失电,与该 CPU 有关的所有计轴区段将全部受扰。

CPU 板上有两种用于诊断的接口,可以根据分析设备的不同自由选择。正常运行的 CPU 板的字母数字显示屏上是一条旋转的直线,CPU 板死机直线停止旋转,这时就要按重置按钮重启 CPU 模块。但是要注意的是,按下重置按钮会消除 CPU 记录的所有运营日志。

③PDCU 电源/数据调谐单元

PDCU 是电源/数据调谐单元(Power/Data Coupling Unit)的简称,安装在室内 ACE 机架背面,一头通过 CTF 分线盘连接轨旁设备,另一头连接着机架内的串口板。正如设备名所述,PDCU 就是起到一个将电源和数据的通道进行合理分配的作用,对室外的 120 V 供电和 EAK 发回的数据走的是同一对线。PDCU 的 1 号、2 号端口接的是电源屏的 120 V 电源输入,如果 1 号、2 号口没有电源配线,你可以很容易地确定这个 PDCU 对应的是一个共享计轴点。

3)AzLM 型计轴系统提供的复零方式

AzLM 型计轴系统支持以下 4 种类型的复零方式:

- 有条件直接复零。
- 预复零。
- 需要确认的预复零。
- 无条件直接复零。

①预复零

执行复零前,调度员必须确保区间内无车辆,预复零命令后区间不会立刻变空闲。

列车需要通过区间,ACE 检查检测点的正确运行,只有当进入和离开该区间的计数相同时,ACE 才会使区间空闲。

②需要确认的预复零

执行复零前,调度员必须确保区间内无车辆。

与预复零不同的是,列车通过区间后,还需要值班员进行人工确认,区间才会空闲。

③有条件直接复零

执行复零前,调度员必须确保区间内无车辆。

当区间确实处于被占用状态时,只有在最后一个计数动作为离开区间的计数时,才能执行复零(有条件复零)。

当区间处于"受干扰"状态,不用考虑最后一个计数动作就可执行复零。有条件复零生效后使区间立刻空闲。

④无条件直接复零

执行复零前,调度员必须确保区间内无车辆。无条件复零后使区间立刻空闲。

根据用户的需求,一般提供预复零和直接复零两种方式就可满足现场需求。

4)计轴设备与联锁设备的接口

计轴设备与联锁设备接口采用继电器接口方式。每个区段设有一个区段轨道继电器。

计轴设备与联锁设备结合原理图如图2.4.28所示。

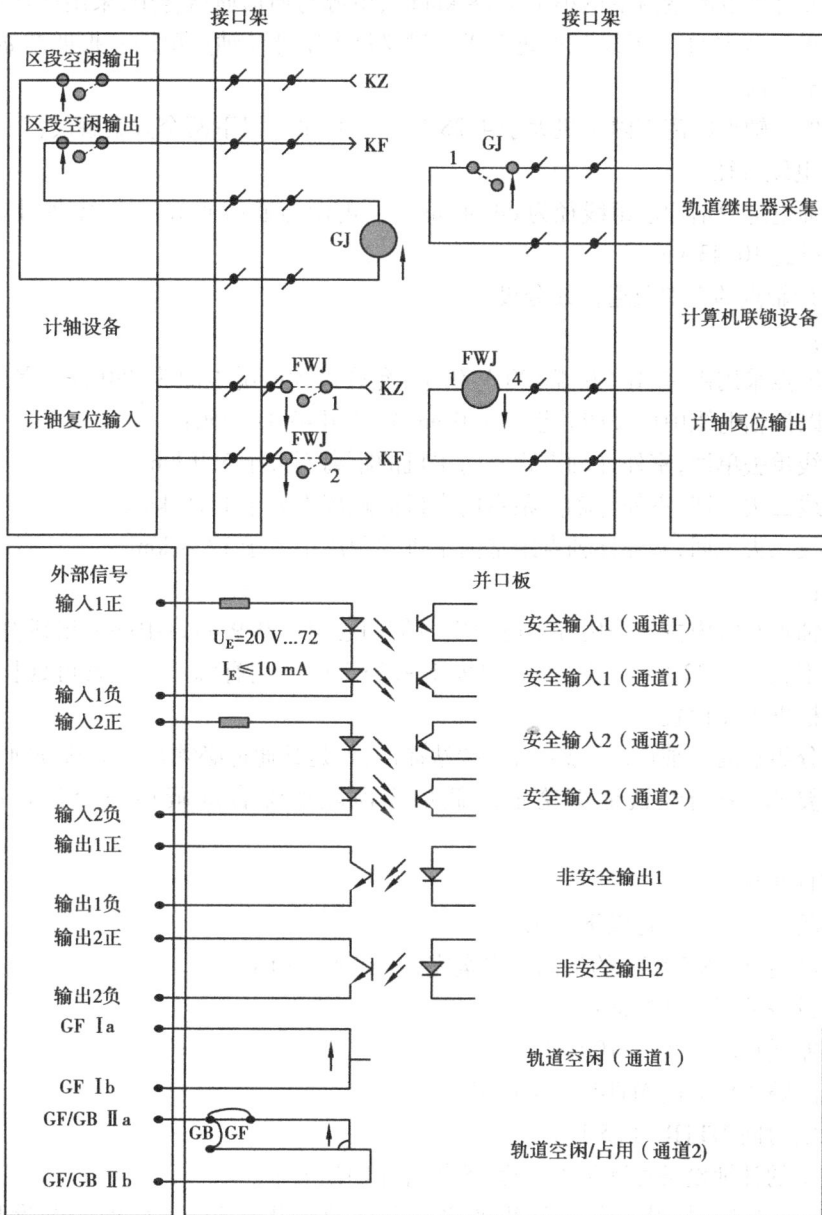

图2.4.28

5)计轴参考方向

计轴参考方向(ABR)必须根据整体布局情况确定,与线路上的列车运行方向、道岔和渡线等无关。ABR确保在一系列的检测点中计入和计出区段的正确顺序。如果没有ABR,就无法正确配置系统。

建议选择里程的增长方向作为计轴参考方向（ABR）。

6）关于电缆配置说明

①室内主机至室外各计轴点采用星形连接。

②当室外计轴点距室内主机小于 4.28 km 时，电源与通信通道合用，采用计轴电缆中通信四芯组（ϕ0.9 mm）中的一组线对直线沟通。建议每个室外计轴点单用一根四芯 ϕ0.9 mm 通信计轴电缆至室内。

③当室外计轴点距离室内主机大于 4.28 km 时，可采用以下两个方案解决：

A. 改变电缆线径

采用计轴电缆通信四芯组线径为 ϕ1.4 mm 时，电源与通信通道合用，室外计轴点至室内主机的距离可达 10.43 km。

B. 室外计轴点的电源及通信线分设

电源线：

室外计轴点采用由室内的直流 120 V 供电，允许最大电缆电阻为 280 Ω。室外电子盒功耗为 9 W。以计轴电缆中信号四芯组（ϕ1.0 mm）、环阻 47 Ω 为例：

供电芯线单去单回，室外计轴点距室内主机的距离不大于 5.9 km。

供电芯线二去二回，室外计轴点距室内主机的距离不大于 11.9 km。

供电芯线三去三回，室外计轴点距室内主机的距离不大于 17.8 km。

通信线：

室外计轴点至室内主机采用计轴电缆中通信四芯组（ϕ0.9 mm）中的一组线对直接沟通，其传输距离不大于 9.23 km。当传输距离大于 9.23 km，采用有源增音设备可延长一倍距离。中继处所可根据需要设置。

④站间分界点处计轴点，电源可由一端站提供，但是其通道必须与二端站分别连接。

⑤电缆要求：采用经铁道部鉴定的低烟无卤阻燃综合屏蔽铝护套计轴电缆 WDZ-GJZL23 型。

7）可靠性指标

所提供的计轴设备满足以下要求：

①设备已达到 EN 50129 的最高的安全完整性水平（SIL4）。

②计轴设备的可靠性指标：

平均无差错计轴数 $\geq 1 \times 109$ 轴。

平均无故障工作时间 MTBF ＝14.6 年。

平均修复时间 MTTR ＝0.5 h。

③所提供的计轴设备可满足本工程 25 年寿命周期要求。

④列车进入区间时，设备表示占用，设备在任何故障状态下，均表示占用，满足"故障-安全"的原则。

⑤设备能区分列车运行方向，适用列车各种正常作业。

⑥设备能向维修子系统提供工作状态、故障信息等信息。

8）电源要求

AzLM 系统需要以下 3 种电源，由电源屏直接供出：

①直流 120 V 电源 10 A 给室外电子单元 EAK 供电。

②直流 60 V 电源 10 A 给室内主机 ACE 供电。

③直流 24 V 电源 5 A 给复零继电器、区间轨道继电器供电。

9）系统反应时间

①占用反应时间:最小为 220 ms,最大为 1 000 ms,平均为 400 ms。

②出清反应时间:最小为 420 ms,最大为 1 200 ms,平均为 600 ms。

10）系统接地要求

①室外每个计轴点的设备屏蔽地和防雷地可合用,接地电阻要求小于 1 Ω。

②室内设备地与防雷地的接地电阻要求小于 1 Ω。

11）AzLM 计轴维护测试设备

室外维护测试设备如图 2.4.29 所示为计轴测试箱,建议配备扭力扳手一把。

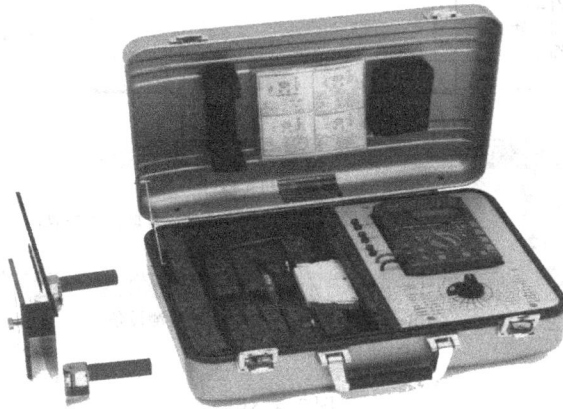

图 2.4.29

测试箱内面板如图 2.4.30 所示。

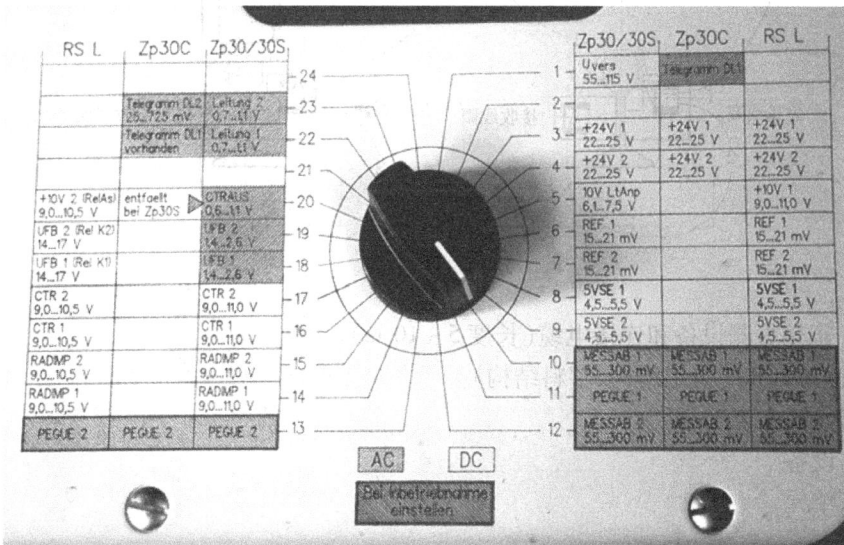

图 2.4.30

(4) AzS(M)350U **计轴系统**

1) AzS(M)350U 计轴系统的功能

用于自动监控区间线路和车站线路,给出线路、道岔、股道区段的"空闲"/"占用"指示。

2) AzS(M)350U 计轴系统的原理

计轴系统基于统计车轴数的原理。在需要检测的区段两端分别设置计轴点,该计轴点被连接到室内的计轴主机,计轴主机处理来自磁头点的信息,如果进入区间的轴数和离开区间的轴数相匹配,计轴主机给出该区段空闲指示。原理如图 2.4.31、图 2.4.32 所示。

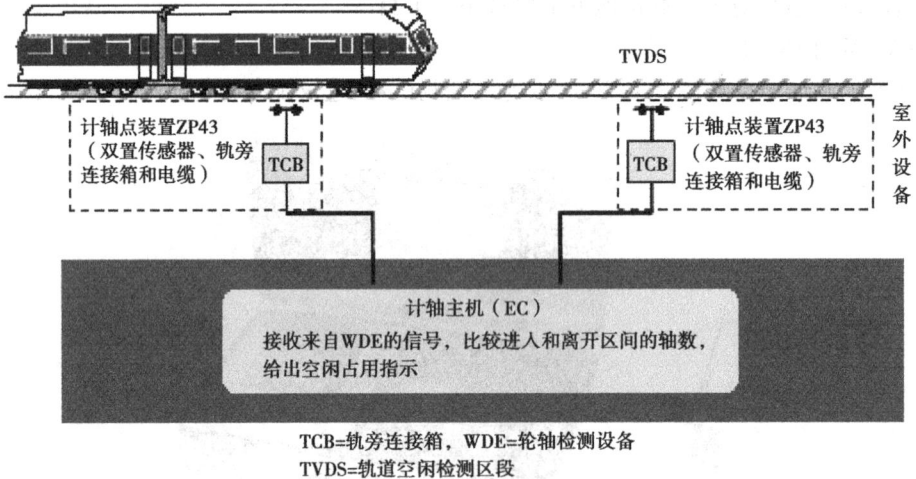

图 2.4.31

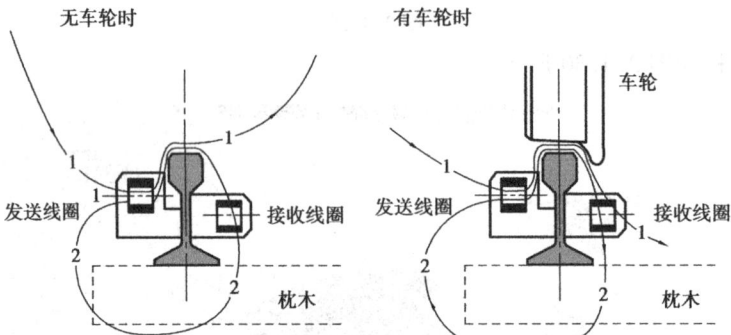

图 2.4.32

DEK43 车轮检测设备和连接电缆(长度 5 ~ 10 m)。

①轨道箱(TCB)(铸铝结构、塑料结构)

轨道箱如图 2.4.33 所示。

②室内设备

● 运算单元。

● 机柜。

● 计轴主机。

● UPS 电源。

图 2.4.33

● 调制解调器。

运算单元组成如图 2.4.34 所示。

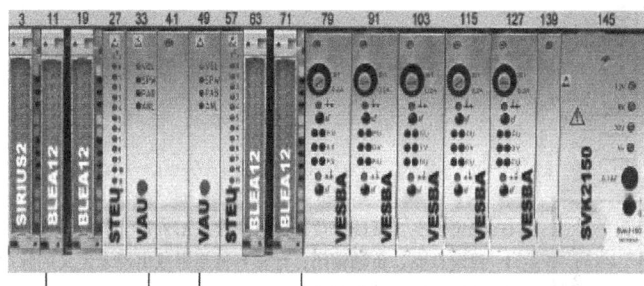

图 2.4.34

3）系统的功能

SIRIUS2 板（串行数据输入输出板）：用于计轴主机之间的连接以及系统的状态监测,每块 SIRIUS2 板提供两个双向串行接口来传输数据。

BLEA12（闭塞信息输入输出板）：计轴系统和联锁之间的数据接口板,所有进出联锁的信息都要经过该电路板。

STEU 板（控制诊断板）：主要用于分析所接收到的车轮传感器的信号。缓存来自磁头点的信息。

VAU 板（数据处理和监视板）：是中央处理单元,它以 SIMIS-C 计算机为核心构成了"故障-安全"型微机系统。提供双通道的监控和比较功能。

每一个直接连接的车轮传感器都需要一个与之相对应的 VESBA 板（放大触发和带通滤波板）,它将室内和室外设备从电气上进行隔离。VESBA 板将信号 f1 和 f2 分离并传送到两个独立的通道中进行带通滤波、放大、整形和触发。

SVK2150 电源板为计轴主机(5 V)和车轴检测器(70 V)供电。

①数据处理板

数据处理板面板如图 2.4.35 所示。

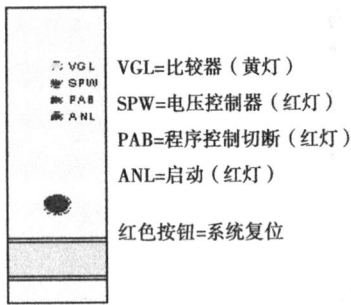

VGL=比较器（黄灯）

SPW=电压控制器（红灯）

PAB=程序控制切断（红灯）

ANL=启动（红灯）

红色按钮=系统复位

图 2.4.35

两个 VAU 板上的 LED"VGL"都稳定点亮,计轴主机正处于运行状态。

LED"SPW"点亮,则说明供电电压过高或低于 5 V DC,系统必须复位。

LED"PAB"点亮,则表明程序控制紧急切断。比如,如果比较器检测到两个通道不同步或者在连续检测过程中检查到一个涉及安全的错误,则系统由硬件或由软件控制切断输出,计轴主机转换到占用状态。此时,系统必须复位。导致系统故障的原因可以通过 STEU 板上的 LED 灯的点亮组合来判断（LED 0 闪烁）。

计轴主机启动的过程中,LED"ANL"点亮约 3 s。系统故障后,为使计轴主机同步启动,则必须同时按下两个 VAU 板上的红色复位按钮并持续 1 s。

②控制诊断板

控制诊断板如图 2.4.36 所示。

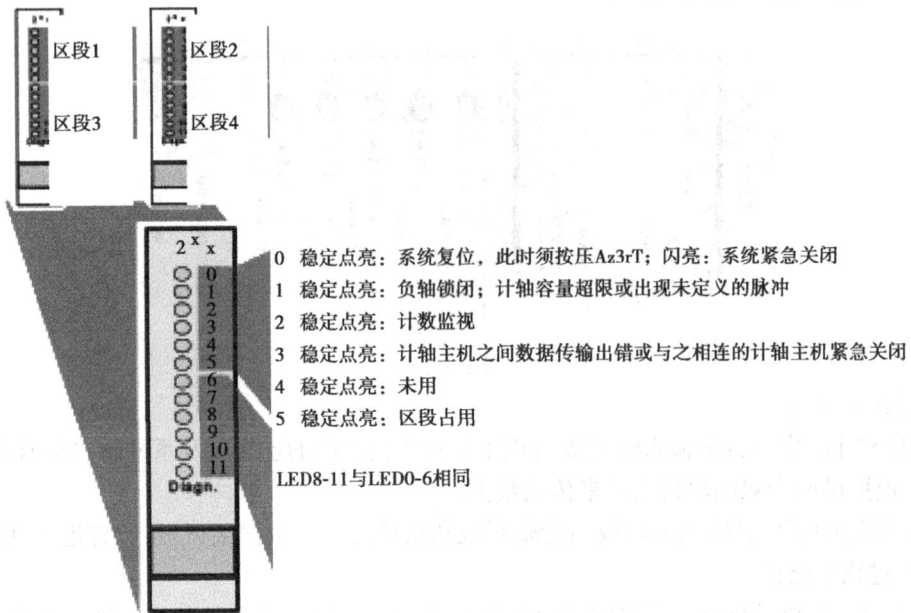

区段1　区段2

区段3　区段4

$2^x x$

0　稳定点亮:系统复位,此时须按压Az3rT;闪亮:系统紧急关闭

1　稳定点亮:负轴锁闭;计轴容量超限或出现未定义的脉冲

2　稳定点亮:计数监视

3　稳定点亮:计轴主机之间数据传输出错或与之相连的计轴主机紧急关闭

4　稳定点亮:未用

5　稳定点亮:区段占用

LED8-11与LED0-6相同

图 2.4.36

正常显示:显示 4 个轨道空闲检测区段的工作状态。

第一区段:

"0""5"灯点亮:系统处于"开机状态",区段"占用",必须操作复零按钮,才可给出区段"空闲"指示。

"4"灯点亮:区段"空闲"。

"4""5"灯点亮:有车正在进入区段或者已经进入区段。

"5"灯点亮:区段占用。

"1""5"灯点亮:负轴或干扰导致区段"占用"。

"2""5"灯点亮:计数监视导致区段"占用"。

"3""5"灯点亮:通信故障导致区段占用。

紧急关闭后的显示:显示紧急关闭状态,两个控制诊断板面板指示灯"0"闪烁,通过指示灯"1"到"7"的不同组合,根据故障代码表判断故障。

③闭塞信息输入输出板

闭塞信息输入输出板如图 2.4.37 所示。

BLEA12 组件由从联锁电路中输入信息或向联锁电路输出信息的功能单元组成。该组件具有一个 MES80 总线接口,通过它,该组件可以与 VAU 板交换数据。

BLEA12 板完成以下功能:

所检测区段的空闲/占用表示输出(CI 和 – CI)。

所检测区段的复位输入。

辅助复位(AzGrH)输入。

复位确认(RA)的输出。

④放大、触发、带通滤波板

VESBA 放大、触发、带通滤波板的功能如下:

为 WDE 供电(从 SVK2150),VESBA 组件实现了室内设备和室外设备(车轮传感器)之间的电气隔离。它把从车轮传感器传来的信号 f1 和 f2 分离并送入两个独立的通道,然后通过带通滤波、放大、整形,最后计数(触发)。

VESBA 组件面板如图 2.4.38 所示。面板上安装了用于故障诊断的测量孔及 LED 灯,LED 灯用于显示列车通过时的状态。如果两个 LED 中的一个常亮,则有可能是一个车轮停在了车轮传感器上。如果不是这样,则有可能是故障。未连接车轮传感器或供给车轮传感器的电源电压不准确、失调(<1.3 V;车轮传感器连接错误)的情况下,LED 灯也会点亮。进入计轴点的电压必须在 60 V/70 V DC 左右。如果没有电压,则检查保险。

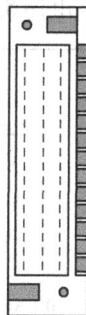

图 2.4.37

BLEA12板面板

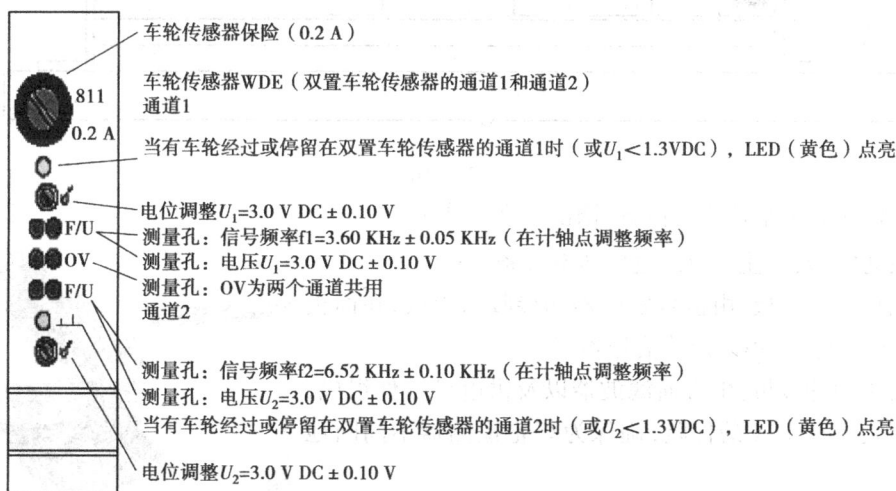

图 2.4.38

117

⑤电源板功能

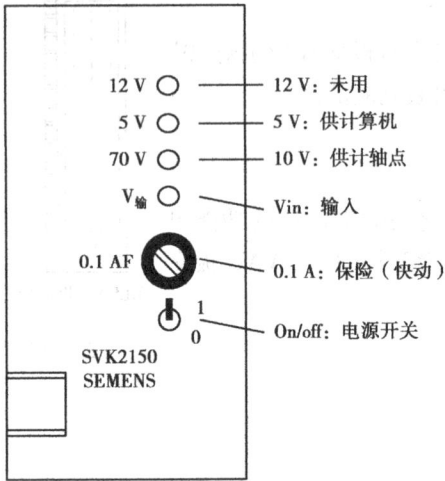

```
12 V ○ ———— 12 V：未用
5 V ○ ———— 5 V：供计算机
70 V ○ ———— 10 V：供计轴点
V_输 ○ ———— Vin：输入

0.1 AF ⊘ ———— 0.1 A：保险（快动）

  1
  ⊙ ———— On/off：电源开关
  0

SVK2150
SEMENS
```

图 2.4.39

SVK2150 板将联锁系统来的电源电压转换成所需的电压(5 V DC 供给计轴主机,70 V DC 供给车轴检测器)。所有的电压均由电压控制器监控。输入/输出电压进行电气隔离。面板如图 2.4.39 所示。

如果在连接的输入端上有电压时,则 SVK2150 处于运行准备状态,用黄色 LED（Vin）指示。当面板上开关位于"1"时,"5 V""12 V"（未用）"70 V"的黄色 LED 点亮,指示已有电压输出。

欠压时,输出电压被切断;过压时,0.1 A 保险丝(快动)熔断,切断输出。只有在更换保险丝后才能继续投入使用。

如果根本没有电压,则检查印刷电路板上的保险(8A;慢动)。

⑥车轴电子检测器(见图 2.4.40)

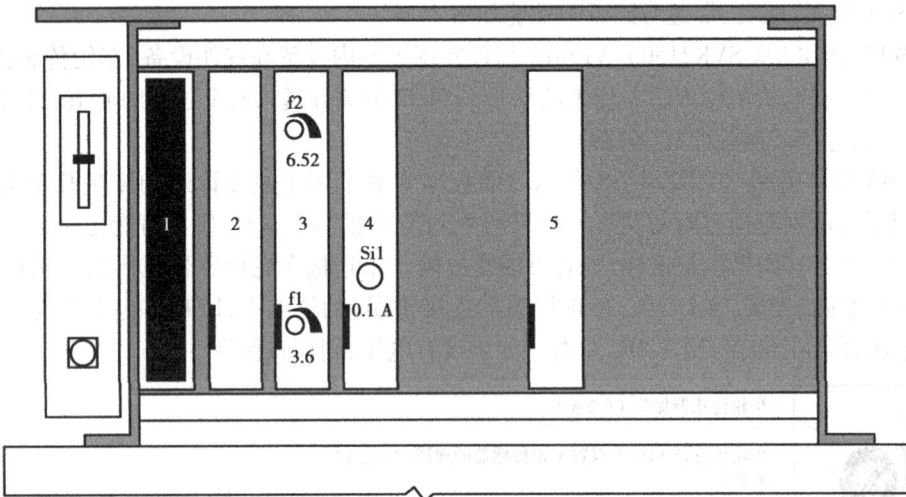

图 2.4.40

"1":测试仪适配器安装位置;调试或维护使用。

"2":防雷板:防止雷电或过电压对设备的损坏。

"3":信号发生板:由信号发生器和接收器组成,在面板上有两个调节标记,用以调整信号频率。

"4":带通滤波板:由带通滤波器以及供电等器件组成,在面板上装有 0.1 A 的保险,确保为车轮检测器不间断地供电。

"5":预留复用板插槽。

⑦车轴传感器

车轴传感器如图 2.4.41 所示。每套传感器包含两个发

图 2.4.41

送器和两个接收器。

发送器位于钢轨外侧、接收器位于钢轨内侧。

当一个车轮通过双置传感器时,接收器的接收电压改变,由传感器接收电压的幅度改变和改变的时间顺序即能检测轮轴数和列车运行的方向。

⑧调制解调器

调制解调器用于站间信息传输,调制解调器面板指示灯含义如表2.4.3所示。

表2.4.3　调制解调器面板指示灯含义

PWR	电源指示灯	TXD	调制解调器发讯指示灯
OH	OFF HOOK 指示灯	RXD	调制解调器收讯指示灯
AA	自动应答指示灯	CD	载波侦测指示灯
DTR	数据终端机备妥指示灯	CTS	备妥可供发讯指示灯
DSR	调制解调器备妥指示灯	RTS	请求发讯指示灯

⑨轨道箱

轨道箱如图2.4.42所示。

4)AzS(M)350U 计轴系统的特点

①检测区间长度可达 42 km。

②不受枕木类型和道床电阻的影响。

③适用所有类型的机车和车辆。

④通过采用模块化设计和免维修的双置轮对传感器运算单元使其具有较高的可用性。

⑤通过在运算单元中采用标准化的电路板以达到低成本的库存。

⑥在计轴柜中可采用 OEM 产品或独立安装于一框架上。

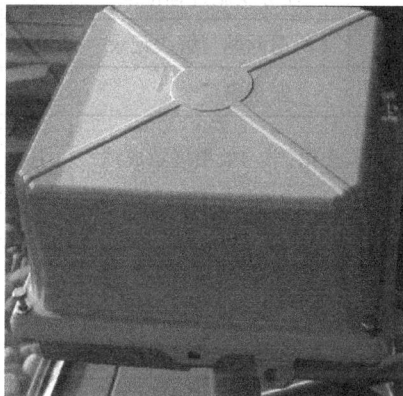

图 2.4.42

【任务考评】

以学生自评互评为主,教师综合评定。

任务实施过程考核评价表

	考评项目	配分	要　求	学生自评	小组互评	教师评定
知识准备	轨道电路的定义、作用及分类	5	概念名词叙述的正确性			
	轨道电路的工作原理	5	电路分析理解的正确性			
	轨道电路的工作状态	5	参数理解的准确性			
	计轴设备的特点	5	叙述的正确性			
	计轴设备工作原理	10	理解叙述的正确性			

续表

	考评项目	配分	要　求	学生自评	小组互评	教师评定
任务完成	WXJ50 型微电子相敏轨道电路的组成	5	叙述的正确性			
	WXJ50 型微电子轨道电路的工作原理	10	理解分析的正确性			
	WXJ50 型微电子相敏接收器的工作原理	10	理解的正确性			
	AzLM 型计轴系统组成	5	叙述的正确性			
	AzS(M)350U 计轴系统的组成	5	各部件功能结构理解的正确性			
	AzS(M)350U 计轴系统的原理	10	理解的正确性			
	任务实施过程记录	5	详细性			
	所遇问题与解决记录	5	成功性			
安全事项		5	违章不得分			
协调合作,学习效果展示成绩		10	小组成员的参与积极性、学习的效果			
成　绩						

任务5　应答器

【场景设计】

1. 现场参观城市轨道交通系统中的应答器进行教学,或利用多媒体展示城轨系统中应答器的实际应用。

2. 将学生每 6~8 人分为 1 组,确定每小组的组长。

3. 考评所需的记录、评价表。

【知识准备】

(1)应答器的概述

应答器也称信标。应答器是欧洲标准的称谓,而信标则是北美标准的称谓。目前在城市轨道交通信号控制系统中的应答器主要应用的是欧洲标准的 Eurobalise 产品和 Amtech 公司的美国标准 TAG 产品两种。

应答器系统是一种采用电磁感应原理构成的高速点式数据传输设备,用于在特定地点实现地面与机车间的相互通信。本书主要以欧式阿尔斯通应答器为例进行讲解。

（2）**应答器的功能**

①接收电能信号：探测、解调远程能量信号。

②上行链路信号产生，该功能是应答器通过接口向车传载传送报文。

③启动时的方式选择，是发送自身存储的报文还是发送接口来的报文。

④串音防护：对上行链路的限制。

⑤操作/编程模式的管理。

⑥接收来自接口的数据。

⑦I/O 接口特性的控制。

⑧产生"列车通过"信号。

（3）**应答器的分类**

根据应答器传输信息可分为固定信息（无源）应答器和可变信息（有源）应答器两种。

1）固定信息（无源）应答器

如图 2.5.1 所示为美式信标，如图 2.5.2 所示为欧式应答器。

图 2.5.1

图 2.5.2

特点：密封元件，免维护，便于安装，可重复编程（无接触）。

无源应答器（组），用于发送固定不变的数据，用于提供线路固定参数，如线路坡度、线路允许速度、轨道电路参数、链接信息、列控等级切换等。当列车经过无源应答器上方时，无源应答器接收到车载天线发射的电磁能量后，将其转换成电能，使地面应答器中的电子电路工作，把存储在地面应答器中的数据循环发送出去，直至电能消失（即车载天线已经离去），平常处于休眠状态。通过报文读写工具 BEPT 可改写无源应答器的数据报文。通过 BEPT 可以对无源应答器存储的数据报文进行读出、校核。

2）可变信息（有源）应答器

如图 2.5.3 所示为美式信标，如图 2.5.4 所示为欧式应答器。

图 2.5.3

图 2.5.4

其特点是:到 LEU 的标准化接口相同的外形加电缆。

有源应答器:传输可变信息。必须通过专用的应答器电缆与 LEU 设备连接,可以根据 LEU 设备所发送的报文,变化地向列车传送应答器报文信息。与 LEU(地面电子单元)连接,用于发送来自于 LEU 的报文,在既有线提速区段,有源应答器设置在车站进站端和出站段,主要发送进路信息和临时限速信息。有源应答器通过电缆与地面电子单元(LEU)连接,可实时发送 LEU 传送的数据报文。当列车经过有源应答器上方时,有源应答器接收到车载天线发射的电磁能量后,将其转换成电能,使地面应答器中发射电路工作,将 LEU 传输给有源应答器的数据循环实时发送出去,直至电能消失(即车载天线已经离去)。平常处于休眠状态。当与 LEU 通信故障时,有源应答器变为无源应答器工作模式,发送存储固定信息(缺省报文)。

【任务实施】

任务提出:

本任务的实施以应答器的组成以及工作原理为准备,介绍了应答器在城市轨道交通中的应用。

(1)应答器系统的组成

应答器系统设备主要由两部分组成(见图 2.5.5)。

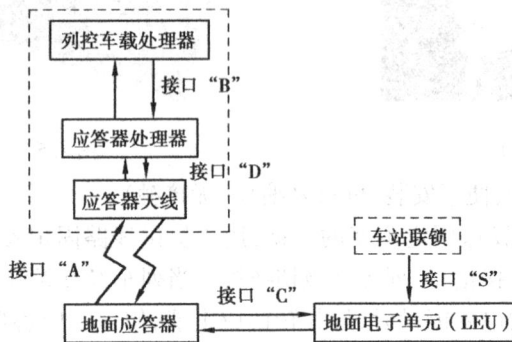

图 2.5.5

1)地面设备

①地面应答器

安装于两根钢轨中心枕木上的地面应答器不要求外加电源,平时处于休眠状态,仅靠瞬时接收车载天线的功率而工作,并能在接收到车载天线功率的同时向车载天线发送大量的编码信息。安装于机车底部的车载天线不断向地面发送功率并在机车通过地面应答器时接收来自应答器的编码信息。由壳体(黄盒子)、电路板、灌封材料构成。壳体是玻璃纤维类材料热压而成;电路板厚度为 3.2 mm,安装在壳体内,它包含了用于发送和接收的电磁感应耦合线圈。

②轨旁电子单元 LEU

有源应答器通过与 LEU 的连接,可实时改变传送的数据报文。当与 LEU 通信故障时(接口故障),有源应答器可以自动切换到无源应答器工作模式,发送缺省报文。

阿尔斯通的有源应答器和无源应答器完全相同,通过电缆及插接件与 LEU 连接,就作为有源应答器使用。

2）车载设备

①查询主机。车载查询主机主要用于传送、检查、校验和解码接收到的报文,使位于列车两端的天线开始工作,与系统进行数据通信,并具有自诊断功能。具体车载查询主机主要完成以下功能:

- 提供列车前方一定距离内的线路参数信息。
- 提供电子里程标信息。
- 提供地面信号状态信息。
- 提供车次号信息发送至地面有源应答器。

②车载天线。车载天线安装于距轨道 180~300 mm 的列车底部,一方面接收来自地面应答器发送的数据信息;另一方面连续向地面发送电磁能量,使地面应答器开始工作。为防止异物的撞击损坏,车载天线的外部由硬塑料壳进行保护,如图 2.5.6 所示。

③天线电缆。

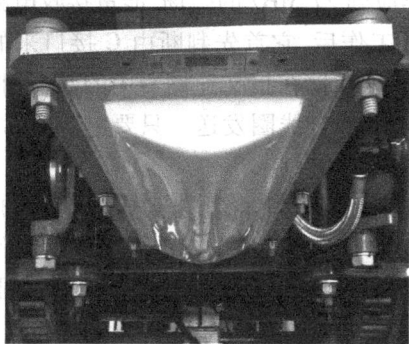

图 2.5.6

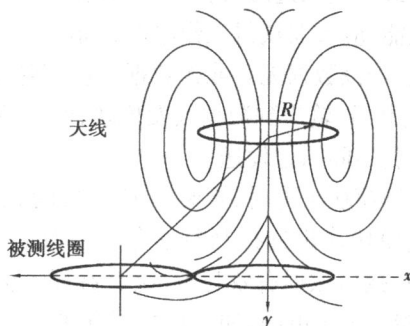

图 2.5.7

（2）**应答器的工作原理**

电磁感应的基本原理:车载天线与应答器之间是按电感耦合的原理进行工作的,天线与应答器之间的作用原理图如图 2.5.7 所示,当能量频率≤30 MHz 时,磁场起着主导作用,电场起着次要作用。

如果被测线圈沿 x 轴方向运动,那么场强 H 随着距离 x 的增加不断减弱。当被测线圈沿线圈 x 轴方向移动距离超过圆半径 R 时,场强急剧下降,为60 dB/10倍距离;当移动距离超过圆半径 $3R$ 时,场强的衰减变得比较平缓约为 20 dB/10 倍距离。

（3）**无线编程**

此功能允许对应答器进行无线编程和维护。执行这个过程不需要任何电缆的插拔,这就保证了安全等级。

1）无线编程具有的功能

①应答器报文的读写

编写的报文长度可以是 1 023 或 341 位,报文可以改写。

②应答器制造商数据的读出

包括制造日期、制造商认证、序列号等数据,电路板原理框图如图 2.5.8 所示。

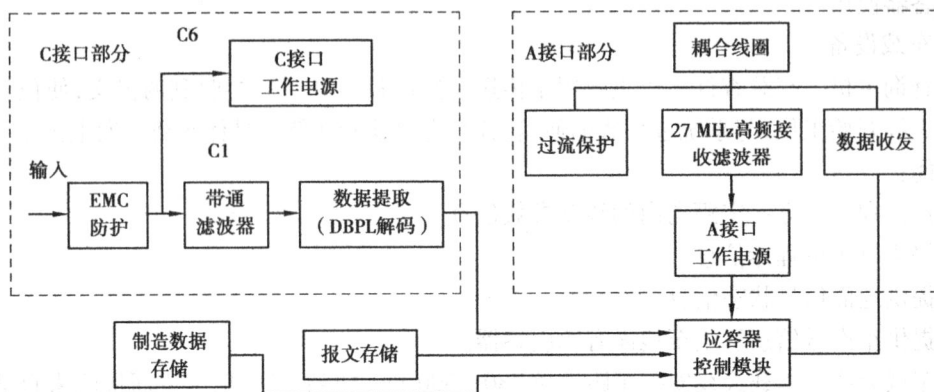

图 2.5.8

2）无线编程的工作过程

当车载天线靠近应答器时,应答器的耦合线圈感应到 27 MHz 的磁场,能量接收电路将其转化为电能,应答器获得工作电源开始工作。当电源工作后,它首先判断由 C 接口来的数据是否有效,若该数据无效或无数据,应答器控制模块使用存储在报文存储器中的数据,将其进行 FSK 调制后,输出到数据收发模块,经功率放大后,由耦合线圈发送。只要电源正常工作,控制模块就不间断地发送。

当控制模块上电时,判断出 C 接口的数据有效,则控制模块将发送 C 接口传来的数据。一旦控制模块作出选择判断是存储的数据还是 C 接口传来的数据,在这次上电的工作周期内,无论 C 接口数据有效与否,应答器都不会改变发送的数据。当车载天线离开应答器上方后,应答器失去了电源,便停止数据发送。

C 接口工作电源仅用于该接口电路部分,不给控制模块和数据收发供电。因此,有源应答器也只有在车载天线出现时才发送数据。

（4）应答器在城市轨道交通中的应用

应答器在不同的信号系统制式中,所起的作用并不完全相同,下面仅列举两个通用的应用实例。

1）在点式 ATC 系统中的应用

在点式 ATC 系统中应答器作为车地通信的主要通道,当列车驶过地面应答器,且车载查询应答器与地面应答器对准时,车载查询应答器以一定的频率,通过电磁感应的方式将能量传递给地面应答器,地面应答器的内部电路在接收到来自车上的能量后开始工作,将所存数据以某种调制方式传送到车上。

2）在车站定位停车中的应用

对于车站定位停车,是依靠一组地面应答器（也称信标）提供至停车点的距离信息,以实现精确停车。地面应答器设置于离站台的确定距离内,当列车查询应答器天线置于地面应答器作用范围时,使列车接受地面应答器传来的信息,每个应答器距站台的距离不同,接收到的位置信息不同。

【任务考评】

以学生自评互评为主,教师综合评定。

任务实施过程考核评价表

	考评项目	配分	要 求	学生自评	小组互评	教师评定
知识准备	应答器的概念	5	叙述的正确性			
	应答器的功能	5	理解叙述的正确性			
	应答器的分类	10	叙述的准确性			
任务完成	应答器系统的组成	15	识图的熟练性考评			
	应答器的工作原理	15	理解分析的正确性			
	无线编程具有的功能	10	理解的正确性			
	应答器在城市轨道交通中的应用	10	理解的正确性			
	任务实施过程记录	5	详细性			
	所遇问题与解决记录	5	成功性			
安全事项		5	违章不得分			
协调合作,学习效果展示成绩		15	小组成员的参与积极性、学习的效果			
成　绩						

任务6 信号电源屏与UPS

【场景设计】

1. 在城市轨道交通通号车间或现场教学,或用多媒体展示信号电源屏照片及文字说明,体现信号电源屏与 UPS 的作用与功能。

2. 考评所需的记录、评价表。

【知识准备】

(1)信号电源屏介绍

信号设备对电源的基本要求是可靠、稳定和安全。可靠的电源是能保证昼夜不间断供电的独立电源。稳定的电源其供电电压和频率的波动都在允许范围内。供电安全是指电源设备采取保证设备和人身安全的措施。

信号电源屏是信号系统设备的供电装置,它将变压器、稳压器、整流器等组合起来,由工厂生产,以简化施工和维修。它要满足可靠、稳定、安全 3 大基本要求,供给信号设备所需的各种电源。电源屏必须保证不间断供电,并且不受电网电压波动和负载变化的影响,保证安全供电。城市轨道交通系统为了保证电源不间断供电,一般和 UPS 配套使用。

（2）信号电源屏的分类

1）电源屏按照用途分类

电源屏按照用途可分为继电联锁电源屏、计算机联锁电源屏、驼峰电源屏、区间电源屏、三相交流电动转辙机电源屏等。

①继电联锁电源屏是最早出现的电源屏，是电气集中联锁的供电装置，按容量分为小站电源屏、中站电源屏和大站电源屏。小站电源屏引入两路单相电源，采用稳压变压器稳压，屏内两套设备自动转换。中站电源屏引入两路单相电源，主要采用单相感应调压器稳压，主备用屏之间手动转换。大站电源屏引入两路三相电源，主要采用三相感应调压器稳压，主备用屏之间手动转换。

②计算机联锁电源屏有小站用、中站用和大站用不同的容量，分为感应调压器和自动补偿交流稳压器两类。稳压性能与继电联锁电源屏基本相同，在原供电电压的基础上增加了计算机所用的电压。

③驼峰电源屏是根据驼峰信号设备的供电要求而设计的，有电动、电空两种类型，分别适用于使用电动转辙机和电空转辙机的驼峰调车场。其主要特点是设置直流备用电源，且能浮充供电，在两路引入电源转接时不断电，保证转辙机正常转换。

④区间电源屏是为城市轨道线路正线区间设计的，可分别提供信号点灯、站间联系、灯丝报警、区间轨道、电码化检测、电友化和继电器等电源。

⑤三相交流电动转辙机电源屏。在城市轨道线路上 S700K,ZYJ7 型转辙机均采用交流供电，为此设计了专供交流转辙机用的三相交流转辙机电源屏，屏内可进行两路三相电源的自动、手动转换。设相序报警器监督三相电源的相序，反相序时报警，并自动转换至另一路电源供电。

2）电源屏按照制造原理分类

电源屏按照制造原理可分为机械电源屏和智能电源屏两类。

进入 20 世纪 90 年代后，出现了众多现代先进信号技术，而作为现代信号系统的供电设备，智能电源屏应运而生，智能电源屏系统采用全高频电力电子技术，对输入电源集中进行 AC/DC,DC/DC 变换，满足交流直流负荷的用电要求。智能电源屏有多种制式，最主要的技术特征是有监测模块，具有自动检测功能，实现了电源系统的实时状态和故障监测及远程监控管理，在城轨交通系统中，信号电源屏一般采用智能电源屏，所以后边的讲解均以智能电源屏为例。

（3）智能电源屏

智能电源屏是指采用模块化电力电子技术，具有实时监测、报警、记录和故障定位功能。其主要特点就是设有监测单元，具有检测功能，实现了电源系统的实时状态和故障监测及远程监控和管理。

1）智能信号电源屏的作用

智能信号电源屏是专门为信号设备供电的装置，信号负载电源类型主要有信号点灯电源、道岔表示电源、轨道电路电源、局部电源、直流转辙机电源、继电器电源、微机监测电源、交流转辙机电源、计算机联锁电源、闭塞电源/半自动闭塞电源、熔丝报警电源、灯丝报警电源、CBTC电源、表示灯电源、闪光灯电源、电码化电源等。

智能信号电源的常见功耗及供电负载如表 2.6.1 所示。

表 2.6.1

电源类型	常见功耗	供电负载
信号点灯电源	AC220 V，3 ~ 20 A	信号机等
道岔表示电源	AC220 V，3 ~ 5 A	道岔表示器等
轨道电源	AC220 V/25 Hz，1.2 kVA	轨道电路
局部电源	AC110 V/25 Hz，0.8 kVA	轨道电路
直流转辙机电源	DC220 V，16 A	直流转辙机
继电器电源	DC24 V，16 A，20 A 等	站内或区间继电器
微机监测电源	AC220 V，5 A	监测计算机
交流转辙机电源	AC380 V，15 A，23 A，45 A	交流转辙机
计算机联锁电源	AC220 V，10 ~ 15 A	联锁计算机
闭塞/半自动闭塞电源	DC24 V，2 A/每路	区间闭塞用
熔丝报警电源	AC220 V，1 A/DC24 V，5 A	报警熔丝
灯丝报警电源	AC220 V，1 A/DC24 V，5 A	报警灯丝
表示灯电源	AC220 V/AC24 V，1 ~ 5 A	表示灯
闪光灯电源	AC220 V/AC24 V，1 ~ 5 A	闪光灯
电码化电源	AC220 V/DC24 V，100 ~ 150 A	电码化发送盒等

2）举例说明

下面以北京鼎汉 PZG 系列智能电源屏为例进行介绍，如图 2.6.1、图 2.6.2 所示。

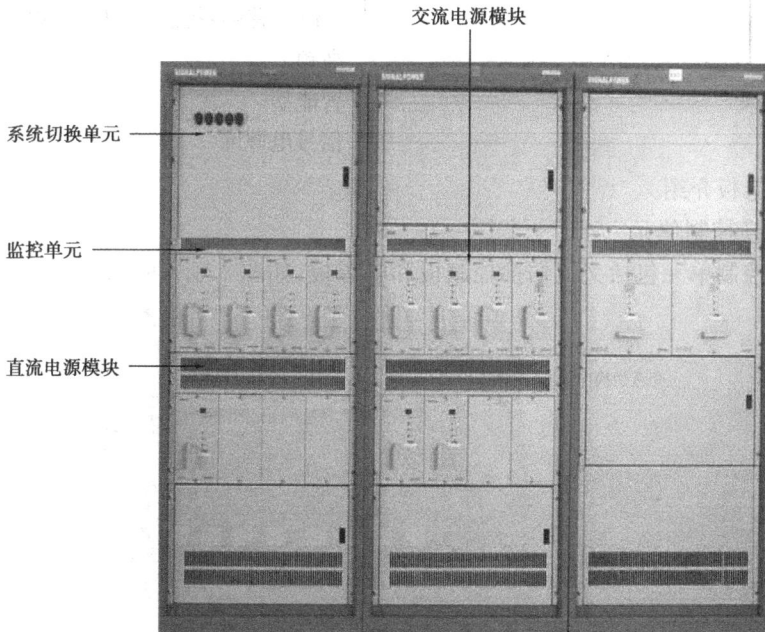

图 2.6.1

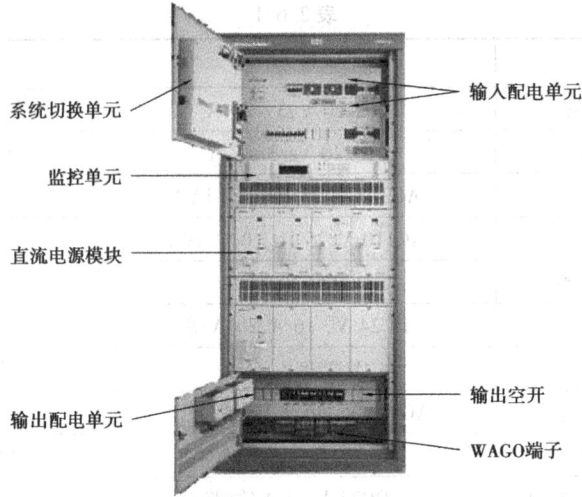

图 2.6.2

①PZG 系列信号电源屏命名规则

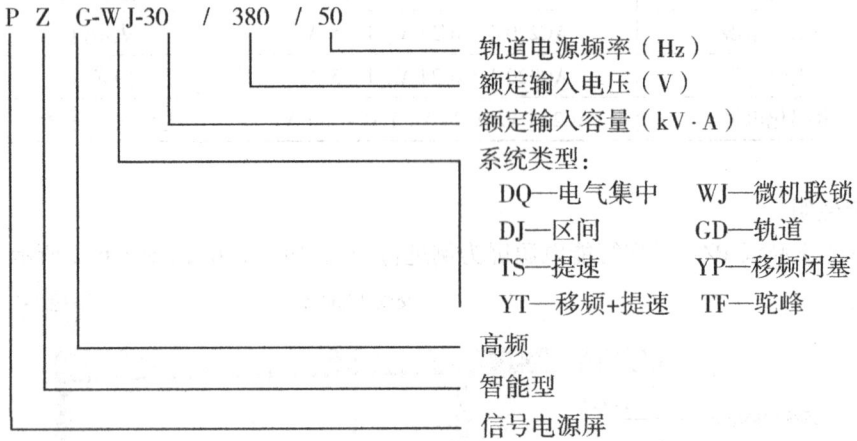

②电源屏单板介绍

A. 交流切换控制单元

交流切换控制单元包括交流切换控制板和电源板,如图 2.6.3 所示。

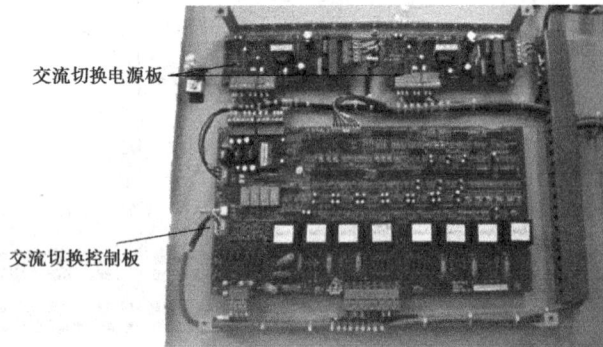

图 2.6.3

a. 交流切换电源板主要功能:给交流切换控制板提供 12,16 V DC 电源。

b. 交流切换控制板主要功能:通过对两路外电网电压、相序的检测,实现交流接触器的自动切换。

c. 注意:出厂默认设置为无优先,相序检测!

电源屏输入电源相序错,对应交流接触器不能吸合!

B. 24 V 辅助电源组件

24 V 辅助电源组件主要功能:为监控系统提供 24 V DC 工作电源,可提供三路,如图 2.6.4 所示。

③配电监控板

配电监控板主要功能:对空开检测板、空开告警节点、C 级和 D 级防雷告警节点等提供的开关量,系统输入的电压电流等模拟量进行处理,将信号送给监控单元,如图 2.6.5 所示。

图 2.6.4

图 2.6.5

④电流采样板

电流采样板主要功能:实现对输入电源的电流采样,如图 2.6.6 所示。

图 2.6.6

⑤空开检测板

空开检测板主要功能:对电源屏输出空开进行采样,如图 2.6.7、图 2.6.8 所示。

空开检测板

图 2.6.7

图 2.6.8

⑥同步时钟板

同步时钟板主要功能:给电源模块(如 SC₁,SC₂,SH1 等)提供 25 Hz 或 50 Hz 同步时钟信号,如图 2.6.9 所示。

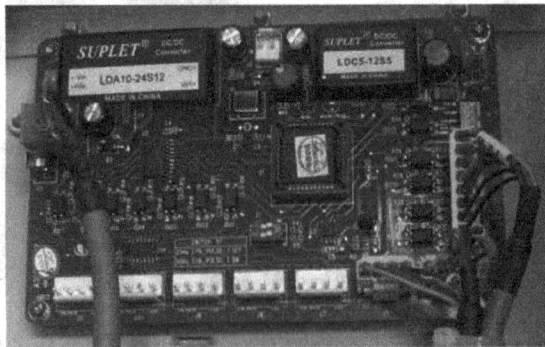

图 2.6.9

⑦短路切除板

短路切除板主要功能:对 SC₁\SC₂ 模块提供的 25 Hz 轨道电源进行分束,实现一路电源短路切除一路,保证其他的轨道电源不受影响,如图 2.6.10 所示。

图 2.6.10

(4)UPS 不间断电源

UPS(Uninterruptible Power System),即不间断电源,如图 2.6.11 所示为一种含有储能装置,以逆变器为主要组成部分的恒压恒频的不间断电源。主要用于给单台计算机、计算机网络系统或其他电力电子设备提供不间断的电力供应。当市电输入正常时,UPS 将市电稳压后供应给负载使用,此时的 UPS 就是一台交流市电稳压器,同时它还向机内电池充电;当市电中断(事故停电)时,UPS 立即将机内电池的电能,通过逆变转换的方法向负载继续供应 220 V 交流电,使负载维持正常工作并保护负载软、硬件不受损坏。UPS 设备通常对电压过大和电压低都提供保护。

图 2.6.11

1）UPS 电源系组成

UPS 电源系统由 4 部分组成：整流、储能、逆变和开关控制。其系统的稳压功能通常是由整流器完成的，整流器件采用可控硅或高频开关整流器，本身具有可根据外电的变化控制输出幅度的功能，从而当外电发生变化时（该变化应满足系统要求），输出幅度基本不变的整流电压。净化功能由储能电池来完成，由于整流器对瞬时脉冲干扰不能消除，整流后的电压仍存在干扰脉冲。储能电池除可存储直流电能的功能外，对整流器来说就像接了一只大容量电容器，其等效电容量的大小，与储能电池容量大小成正比。由于电容两端的电压是不能突变的，即利用了电容器对脉冲的平滑特性消除了脉冲干扰，起到了净化功能，也称对干扰的屏蔽。频率的稳定则由变换器来完成，频率稳定度取决于变换器的振荡频率的稳定程度。为方便 UPS 电源系统的日常操作与维护，设计了系统工作开关。主机自检故障后的自动旁路开关，检修旁路开关等开关控制。

2）UPS 电源系种类

UPS 按工作原理分为后备式、在线式与在线互动式 3 大类。

在线式 UPS 结构较复杂，但性能完善，能够持续零中断地输出纯净正弦波交流电，能够解决尖峰、浪涌、频率漂移等全部的电源问题，所以广泛用于城市轨道交通系统。

3）蓄电池（见图 2.6.12）

图 2.6.12

UPS 一般都用全密封的免维护铅酸蓄电池作为储能装置，电池容量的大小由"安时数（AH）"这个指标反映，其含义是按规定的电流进行放电的时间。相同电压的电池，安时数大的容量大；相同安时数的电池，电压高的容量大，通常以电压和安时数共同表示电池的容量，如

12 V/17 AH,12 V/24 AH,12 V/65 AH,12 V/100 AH。

蓄电池是 UPS 的重要组成部分,占有很大的价值比重,并且其质量的好坏直接关系到 UPS 的正常使用,应慎重选择有质量保证的正牌蓄电池。

4)UPS 使用注意事项

①UPS 的使用环境应注意通风良好,利于散热,并保持环境的清洁。

②切勿带感性负载,如点钞机、日光灯、空调等,以免造成损坏。

③UPS 的输出负载控制在 60% 左右为最佳,可靠性最高。

④UPS 带载过轻(如 1 000 VA 的 UPS 带 100 VA 负载)有可能造成电池的深度放电,会降低电池的使用寿命,应尽量避免。

⑤适当的放电,有助于电池的激活,如长期不停市电,每隔 3 个月应人为断掉市电用 UPS 带负载放电一次,这样可以延长电池的使用寿命。

⑥UPS 放电后应及时充电,避免电池因过度自放电而损坏。

5)艾默生 UL33 UPS 系列产品

下面主要以艾默生 UPS 电源为例作一简单介绍。

①UL33 UPS 系列产品产品特性

a. 模块归一化技术。

b. 简洁高效的并机技术。

c. 双 DSP 控制的全数字解决方案。

d. 简洁友好的人机界面。

②UL33 UPS 原理框图(见图 2.6.13)

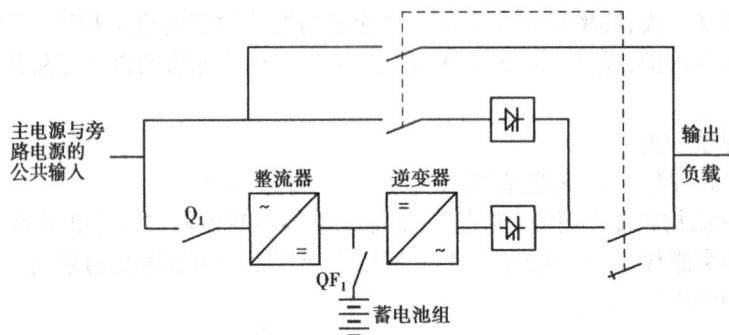

图 2.6.13

各开关的状态如下:

a. 主路输入开关 Q_1:给整流器提供电源。工作时一直闭合。

b. 旁路输入开关 Q_2:控制旁路电源。工作时也一直闭合。通常先合 Q_2。

c. 维修旁路开关 Q_3BP:只有在维修 UPS 时,或逆变器停止工作时,才能合。

d. 输出开关 Q_5:控制 UPS 的输出,但在维修旁路方式不起作用。

③UL33 UPS 工作状态

a. 在线:正常工作,市电经过整流变成直流,再经过逆变,变成交流输出。

b. 旁路:市电故障或逆变器故障时,UPS 转旁路,逆变器不工作。

c. 电池:直接连接到直流母线,主路停电或整流器故障时,电池向逆变器提供能量。

d. 维修旁路:维修 UPS 时使用。

e. ECO 模式:正常时旁路供电,异常时逆变供电。

f. 同步:在旁路正常情况下,逆变器输出始终跟踪旁路;在旁路异常时,逆变器不跟踪旁路,自振工作。

(5)城市轨道交通信号电源系统组成(见图 2.6.14)

从功能上划分,城市轨道交通信号电源系统可分为配电、模块、防雷及监控 4 部分。配电又分为输入配电单元、输出配电单元两部分。输入配电将外电网电能引入电源屏并进行监测和切换控制;输出配电主要用途是将接触器直接输送来的电能输送级下一级电源柜或是将经模块变换后的电能输送给负载;输入输出都采用了比较完善的防雷系统,同时考虑信号设备复杂的工作环境,系统给室外设备供电的输出也设有一级输出防雷,保证系统在恶劣的环境下可靠工作;监控系统采用多级集散式监控体系,下级监控保证在上级监控故障或不存在时能独立工作,产生告警信息;上级监控可对下级监控的工作状态和数据进行汇总处理。最后一级监控为远程监控,是对全线电源的信息汇总。控制中心集中监测系统工作站对全线智能电源屏的工作情况进行远程实时动态监测和管理。

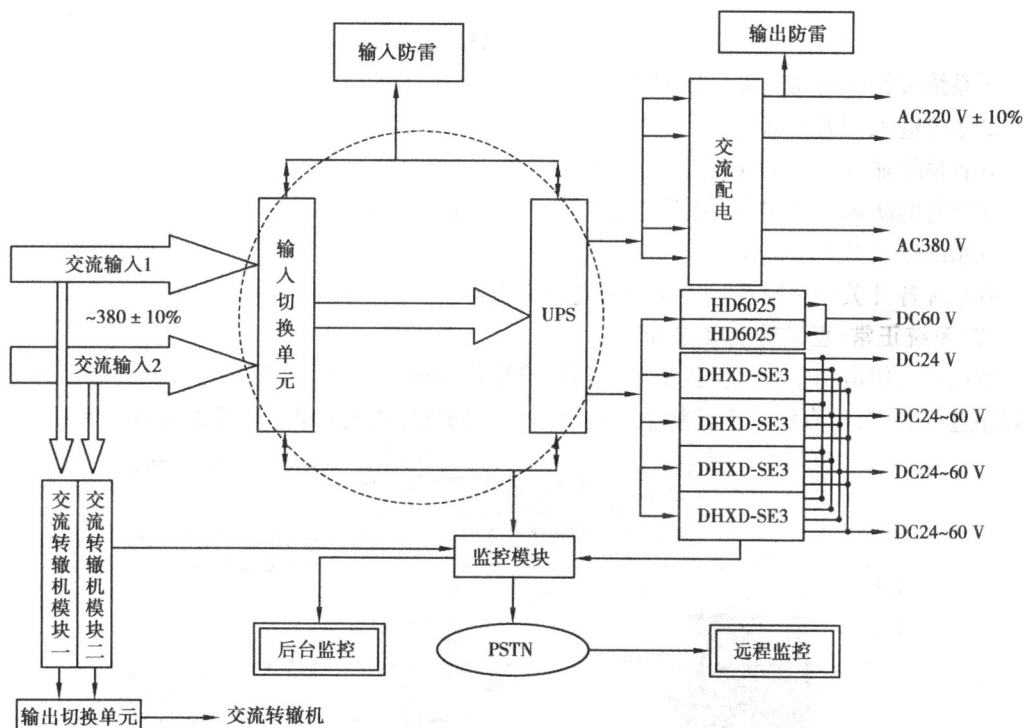

图 2.6.14

【任务实施】

任务提出:

完成 PZG 系列智能信号电源的使用与操作。

(1)正常工作时系统各部件状态

正常工作时系统各部体状态如图 2.6.15 所示。具体说明如下:

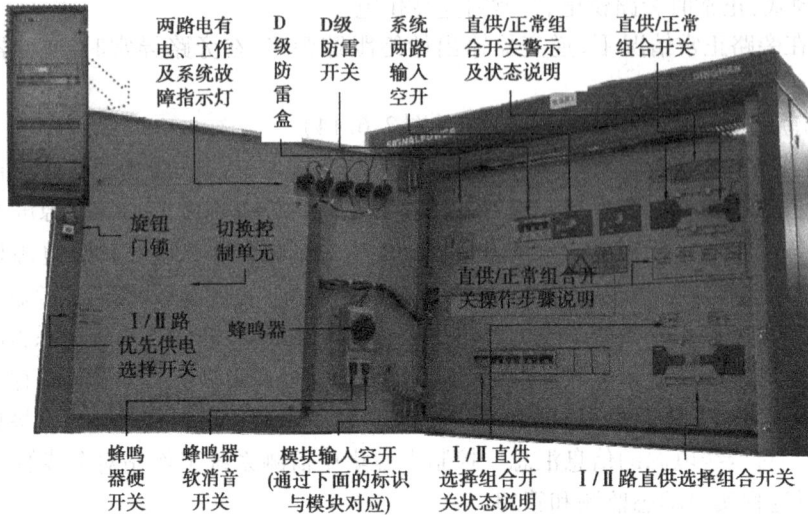

图 2.6.15

①系统报警蜂鸣器开关及软消音开关闭合。

②系统输入开关全部闭合。

③各模块输入开关全部闭合。

④所有的防雷开关闭合,包括输入防雷开关、输出防雷开关。

⑤系统输出开关全部闭合。

⑥系统各开关只对应系统中相应的电路及电器元件,开、断开关无绝对关系。

(2)**系统正常/直供转换操作方法**

系统正常供电和紧急直供供电状态间切换操作步骤指示图示,正常转直供时按由左向右的顺序进行操作,由直供转正常状态时按由右向左的顺序进行操作(见图2.6.16)。

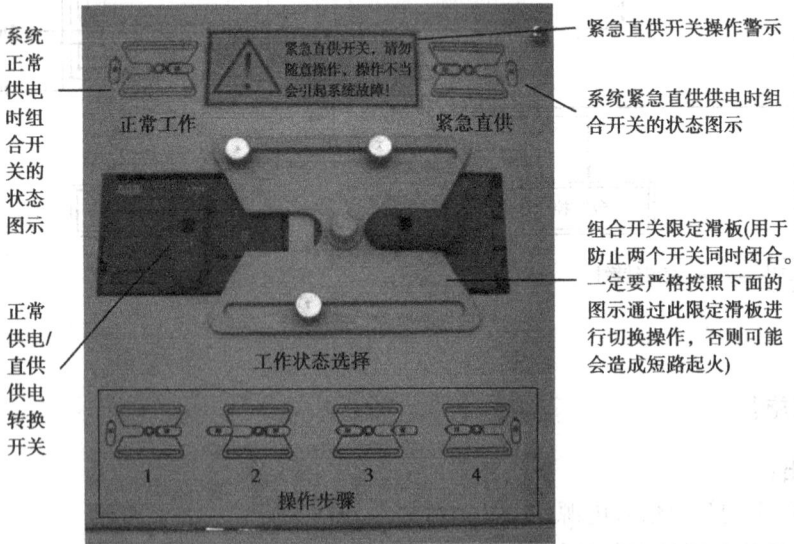

图 2.6.16

（3）**系统直供时外电网Ⅰ/Ⅱ路供电选择操作方法**

外电网Ⅰ/Ⅱ路供电状态间切换操作步骤参照上方的正常工作/紧急直供切换步骤，Ⅰ路转Ⅱ路直供供电时按由左向右的顺序进行操作，由Ⅱ路转Ⅰ路直供供电时按由右向左的顺序进行操作（见图2.6.17）。

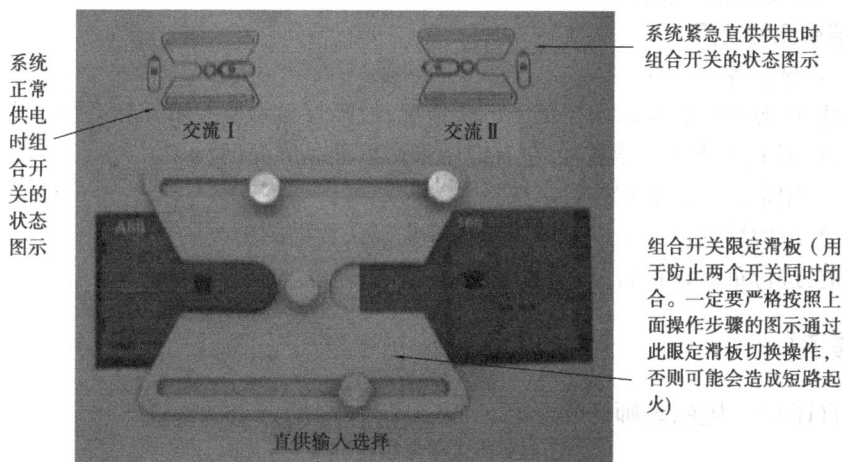

图2.6.17

（4）**系统正常工作时各监控显示状态**（见图2.6.18）

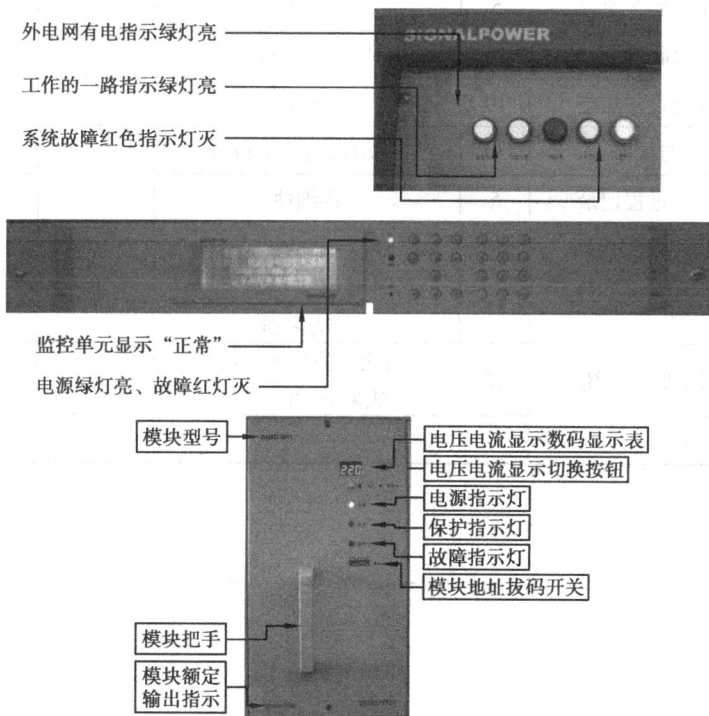

图2.6.18

模块数码表头正确显示。

模块绿色电源指示灯亮。

黄色保护指示灯灭。

红色故障指示灯灭。

报警蜂鸣器没有发出报警音。

（5）监控单元的使用

①液晶屏：显示各种信息。

②指示灯：电源指示灯显示监控单元电源情况；故障灯显示监控单元和系统工作状态。

③方向键：用来选择在主屏幕时，左右键用来调整液晶屏亮度。

④数字键：用来设置数据和按数字选择。

⑤确认键：单项数据设置完成后通过确认键来确认数据的更改。

⑥复位键：进行重新设置后，按复位键执行新设置。

【任务考评】

以学生自评互评为主，教师综合评定。

任务实施过程考核评价表

	考评项目	配分	要　求	学生自评	小组互评	教师评定
知识准备	信号电源屏相关概念理解	5	正确性			
	UPS 相关概念理解	5	正确性			
任务完成	资料收集	10	资料完整性,详细性			
	正确识别设备状态	10	正确性			
	使用与操作	30	成功性,违章不得分			
	任务实施过程记录	5	详细性			
	所遇问题与解决记录	5	成功性			
职业素养		15	职业道德、职业意识、行为习惯			
协调合作,成果展示成绩		15	小组成员的参与积极性、成果展示的效果			
成绩						

任务7　发车指示器

【场景设计】

1.在城市轨道交通正线站台层现场教学,或用多媒体展示发车表示器照片,视频及文字说明,体现发车表示器的作用与功能。

2.考评所需的记录、评价表。

【知识准备】

在正线车站站台的相应位置设置正向发车指示器(PDI),该设备用于指示列车在车站的发车时刻和进入正线的时刻。由于系统不同,发车指示器结构等也不尽相同,本书以 USSI 的 CBTC 系统为例介绍。

(1)**发车指示器命名规则**

发车计时器命名规则:以站为单位,分上下行站台进行编号,上行站台为双号,下行站台为单号。

发车计时器命名举例:PDI0402,"PDI"代表该设备为发车计时器,"04"代表其所在车站的编号,"02"代表其所在车站内的序号,表明该发车计时器位于上行站台。

(2)**设备组成**

发车指示器系统由车站引导控制计算机(SCC)和站台发车指示器组成。

1)车站引导控制计算机

车站引导控制计算机有两种显示控制模式:自动生成显示内容控制和人工置入显示内容控制;软件平常工作在自动生成显示内容控制模式,在此工作模式下,车站引导控制计算机通过串口从 ATS 系统接收列车运行信息和调度信息,并根据列车的运行时间和进出站控制信息,自动生成显示地址和显示内容,再根据显示地址选择显示对象;同时接收显示对象送出的应答信息,应答信息包括显示屏的工作状态、故障信息等内容。

人工置入显示内容控制通过车站引导控制计算机完成,通过子屏选择显示对象,通过下拉菜单选择预置的显示内容,也可编制新的显示内容,并将新编制的内容纳入预置显示菜单,预置显示菜单可存储30条以上的显示信息。

SCC 从 ATS 系统接收有关发车显示器显示的内容信息,经处理后将数据在相应的发车显示器上显示,同时将相应的发车显示器的故障报警信息通过网络发送给维修子系统。

2)站台发车指示器

发车指示器采用像素点间距为 6 mm 的 1R + 1G + 1B 表贴三合一 LED 矩阵来制作,设计为单面显示,显示部分像素为 48 ×32;显示尺寸及结构外形尺寸如图 2.7.1 所示。

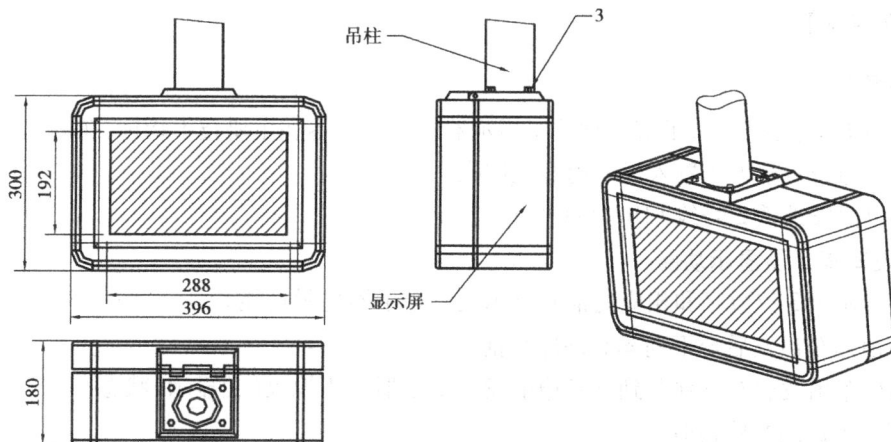

图 2.7.1

（3）系统结构

在各站，车站引导控制计算机通过串口经过终端服务器（TS）与 ATS 系统接口，实现与 ATS 系统的信息交换。车站引导控制计算机通过 RS485 串口与发车指示器接口，可对该控制区域内最多 16 套发车指示器进行控制。系统配置如图 2.7.2 所示。

车站引导控制计算机（SCC）与 ATS 为双冗余串行接口，这样在一条链路故障时，另外一条链路可以无扰切换工作。如图 2.7.2 所示，A，B 为双冗余串行接口。

同一时间段里，如果 A，B 通道收到的数据不一样，且两个通道启停位及和校验不正确时，说明两个通道都出现故障，需人工排除。

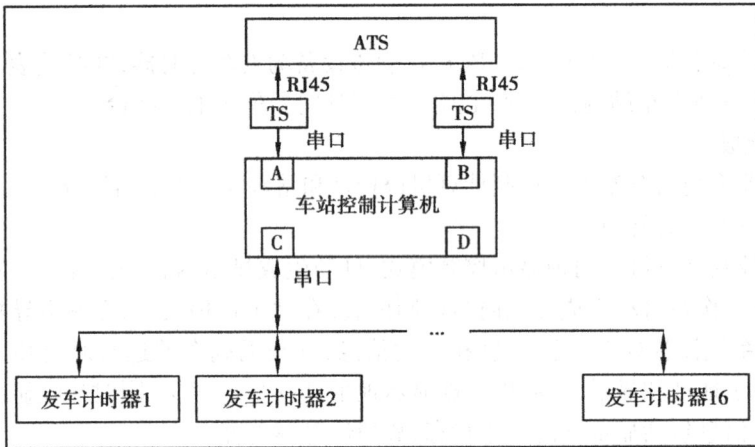

图 2.7.2

（4）PDI 系统功能

PDI 系统中 SCC 从 ATS 系统接收相关发车指示器显示的内容信息，经 PDI 专用控制软件处理后将数据在相应的发车指示器显示。

其中，发车指示器分为两大功能显示区：站停计时区和发车指示区，即列车停站时间显示和发车信号显示，这两大功能显示区可单独显示或组合显示。

【任务实施】

任务提出：

或在图书馆查阅资料，了解一种发车指示器的显示内容和主要技术指标，在城市轨道交通站台现场参与或观察人工置入显示内容控制操作。

下面以西安地铁 2 号线 PDI 为例讲解。

（1）发车指示器显示功能

最大可显示 3 位数字和相应的信号显示发车指示器显示功能。

1）在前列车出发后至下列车到站停稳前

在前列车出发后至下列车到站停稳前发车指示器处于熄灭（无显示）状态。

2）当列车进站并停稳时

当列车进站并停稳时，PDI 系统从 ATS（TS）系统接收到当前进站列车的站停时间

(0~999 s)并以红色于站停计时区显示该站停时间,同时以秒为单位开始倒计时。在倒计时期间,发车指示区无显示。

①在倒计时到"00"时,发车指示区以白色显示"发车"字符信息。

②在倒计时到"00"时,如果列车未出发,站停计时区开始以绿色显示正计时时间。同时发车指示区以白色显示"发车"字符信息。

③当正计时到"999"时,如果仍未接到"关闭显示/列车出发"信息,站停计时区继续以绿色显示从"0"开始正计时时间。同时发车指示区以白色显示"发车"字符信息。

④当列车出发即 PDI 系统接到"关闭显示/列车出发"信息,发车指示器全部关闭显示。

⑤发车指示器还可以对"扣车""提前发车""跳停"信息进行相应显示,具体如下:

a. PDI 系统接收到"扣车"信息,发车指示器站停计时区以白色显示"扣车"字符信息。

b. PDI 系统接收到"取消扣车"信息,发车指示器站停计时区显示"0",同时发车指示区以白色显示"发车"字符信息。

c. PDI 系统在任意时刻接收到"提前发车"信息,发车指示器站停计时区显示"0",同时发车指示区以白色显示"发车"字符信息。

d. PDI 系统接收到"跳停"信息,发车指示器站停计时区显示"0",同时发车指示区以白色显示"跳停"字符信息。

e. PDI 系统在任意时刻接收到"关闭显示/列车出发"信息,发车指示器全部关闭显示。

(2)发车表示器主要技术参数

供电:AC220 V ±15%   47~63 Hz。

功耗:≤45 W。

接地:接地电阻≤4 Ω。

像素点间距:6 mm。

显示颜色:红色、绿色(全彩色)。

亮度:≥100 cd/m²。

设备可靠性:MTBF≥10 000 h,引用标准 SJ/T11141—1997。

环境温度:−40~70 ℃。

湿度:≤95%(25 ℃)。

振动振频:≤100 Hz,加速度≤20 m/s²。

冲击:持续时间(ms)≤200 ms,加速度≤100 m/s²。

(3)人工置入显示内容控制操作

人工置入显示内容控制操作具体操作说明参考《城市轨道交通信号设备终端操作与行车》。

【任务考评】

以学生自评互评为主,教师综合评定。

任务实施过程考核评价表

考评项目		配分	要 求	学生自评	小组互评	教师评定
知识准备	命名规则	5	正确性			
	系统结构描述	5	正确性			
任务完成	技术参数资料收集	20	资料完整性,详细性			
	设备状态识别	20	正确性			
	操作或复述操作	30	正确性,详细性			
	任务实施过程记录	5	详细性			
	所遇问题与解决记录	5	成功性			
职业素养		10	职业道德、职业意识、行为习惯			
成绩						

任务8 无人自动折返按钮及紧急停车按钮

【场景设计】

1.在城市轨道交通现场教学,或用多媒体展示无人自动折返按钮及紧急停车按钮照片及文字说明,体现无人自动折返按钮及紧急停车按钮功能与使用。

2.考评所需的记录、评价表。

【知识准备】

(1)无人驾驶自动折返按钮

无人驾驶自动折返即在ATO驾驶模式下,列车可在无人驾驶的情况下以较高的速度(紧贴ATP最大允许速度),从到达站台自动驾驶进入和驶出折返线,最后进入发车股道。在整个折返过程中无须司机在车上对列车进行操作。

1)无人驾驶自动折返过程

①列车到达折返站,在规定的停站时间结束及旅客下车完毕后,使列车处于ATO折返状态。

②司机下车并按压设在站台上的"无人自动折返"按钮,列车以ATO自动驾驶方式启动进入折返线并停车。

③车载信号设备自动关闭本驾驶端信号设备,启动反向驾驶端信号设备,自动改变列车运行方向。

④自动反向启动列车,列车按ATO自动驾驶方式进入发车股道并停车,自动打开车门、屏蔽门。

2)无人自动折返按钮的设置及功能

在两端办理列车折返功能的车站设置自动折返按钮箱,一般设置在站台一端。当列车在折返站将进行无人自动折返时,由列车驾驶员下车按压无人自动折返按钮,通知系统。当系统检查到无人自动折返条件满足时,即开始进行无人自动折返。

3)无人自动折返按钮命名规则

以站为单位,分上下行站台进行编号,上行站台为双号,下行站台为单号。

命名举例:TB0401

"TB"代表该设备为无人自动折返按钮,"04"代表其所在车站的编号,"01"代表其所在车站内的序号,表明该无人自动折返按钮位于下行站台。

4)无人自动折返按钮箱组成

无人自动折返按钮箱由双自复式按钮、万可端子、箱锁、箱体组成,其箱体由不锈钢制成(至少2 mm)或其他被认可的材料制成,其外形及颜色应与所依附的建筑物相协调。

(2)紧急停车按钮

当有紧急情况发生需要紧急停车时,按下紧急停车按钮箱的箱体玻璃,按动按钮,或直接按压IBP上的紧急停车按钮。联锁系统采集各站紧急停车按钮状态,一旦按压紧急停车按钮,联锁子系统设备立即通知ATP子系统,由ATP子系统向接近站台、站台和离去站台区域的相关列车发送紧急停车ATP信息,并经人工确认后才能恢复,如有地面信号机,还应切断信号开放电路。

1)紧急停车按钮设置

①在车站站台适当位置设置紧急停车按钮,每侧站台设置两个(见图2.8.1)。

②在室内IBP上,对应每侧站台设置一个自复按钮(见图2.8.2),作为紧急停车按钮。

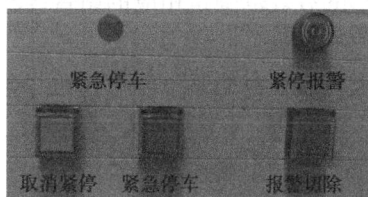

图2.8.1　　　　　　　　　　　　　图2.8.2

当按下室外或室内紧急停车按钮后,应防止列车进入站台或在站台内移动,并须经人工确认后才能恢复。

2)紧急停车按钮命名规则

以站为单位,分上下行站台进行编号,上行站台为双号,下行站台为单号。

命名举例:EB0403

"EB"代表该设备为紧急停车按钮,"04"代表其所在车站的编号,"03"代表其所在车站内的序号,表明该紧急停车按钮位于下行站台。

3)紧急停车按钮组成

紧急停车按钮箱的外罩须由不锈钢制成(至少厚2 mm)或其他被认可的材料制成,内部设有自复式按钮和接线端子。

【任务实施】

任务提出：

在城市轨道交通站台现场观察或在图书馆查阅资料,了解自动折返按钮和紧急停车按钮性能及具体要求,在实验室模拟操作。

（1）无人自动折返按钮的要求

①无人自动折返按钮采用双自复式按钮,当按钮被按下后,按钮指示灯点亮,提示司机按钮已被按下。

②无人自动折返按钮的工作电压为 24 V,工作电流 1 A,接点电气寿命为 10 万次,按钮机械寿命为 100 万次。

③自动折返按钮选用按钮的触点保证在长期不使用的情况下仍保持良好的电气性能。

（2）紧急停车按钮性能及具体要求

①紧急关闭按钮采用自复按钮,当按钮被按下后,按钮指示灯点亮,直至人工恢复。

②紧急停车按钮为自复式的,工作电压为 24 V,工作电流 1 A,接点电气寿命为 10 万次,按钮机械寿命为 100 万次。

③紧急停车按钮所选用按钮的触点保证在长期不使用的情况下仍保持良好的电气性能。

④紧急停车按钮的工作电路和检测电路应符合"故障-安全"原则,即正常状态下其工作电路和检测电路处于闭路状态。

⑤箱体宽度为 200 mm、高度为 200 mm、深度为 70 mm。

⑥紧急停车按钮箱易于识别,外形与所依附的建筑物相协调。

⑦紧急停车按钮本身有醒目的谨慎使用的提示标记。

（3）LCP 对紧急停车的操作

紧急停车的有效范围是相应的站台区段及其相邻的区段。

1）紧急停车的操作步骤及现象

①在盘上按压相应的紧急停车按钮。

②IBP 盘上相应的紧急停车指示灯亮红灯,并发出电铃报警声音,同时在车站级操作工作站上相应的站台区段出现提示。

③执行切除报警操作,按压相应的切除报警按钮,消除报警声音。

2）放行时的操作步骤及现象

①在 LCP 盘上按压相应的取消紧停按钮。

②LCP 盘上相应的紧急停车指示灯灭,并发出电铃报警声音,同时在 LOW 上相应的站台区段的红色蘑菇消失。

③此时应执行切除报警操作,按压相应的切除报警按钮。

【任务考评】

以学生自评互评为主,教师综合评定。

任务实施过程考核评价表

	考评项目	配分	要　求	学生自评	小组互评	教师评定
知识准备	无人驾驶自动折返过程	5	正确性			
	命名规则	5	正确性			
	紧急停车按钮设置	5	正确性			
任务完成	资料收集	10	资料完整性,详细性			
	正确识别按钮状态	20	正确性			
	使用与操作	20	成功性,违章不得分			
	任务实施过程记录	5	详细性			
	所遇问题与解决记录	5	成功性			
职业素养		15	职业道德、职业意识、行为习惯			
协调合作		10	小组成员的参与积极性			
成绩						

任务9　IBP信号控制盘

【场景设计】

1. 在城市轨道交通现场教学,或用多媒体展示IBP信号控制盘照片及文字说明,体现无人自动折返按钮及紧急停车按钮功能与操作流程。

2. 考评所需的记录、评价表。

【知识准备】

(1)IBP简介

在城市轨道交通监控系统中,车站监控室内的综合后备控制盘(Integrated Backup Panel,IBP)在越来越多线路中得到了应用,它集中显示火灾自动报警系统(FAS)、环境与设备监控系统(BAS)、供电系统(PSCADA)、安全门系统(PSD)、自动售检票系统(AFC)、信号系统(ATS)、广播系统(PA)、闭路电视监控系统(CCTV)等主要设备运行状态,并在紧急状态下对车站内相应的系统设备进行紧急操作。IBP盘上涉及安全的操作按钮带有铅封。

(2)IBP盘的构成

IBP盘一般由上下两部分组成,上层部分为IBP盘面,主要设置指示灯和按钮,用于显示设备运行状态和控制操作,下层部分为设备操作台,主要放置各专业系统的设备,如显示器、调度电话、监视器等以及相关的辅助设备。车站监控室IBP盘与各专业系统通过电缆采用硬节点方式进行连接,其构成主要有工作电源、盘面布置的各专业操作。

IBP盘面上设置按钮有紧急停车按钮,取消紧停按钮,扣车按钮,终止扣车按钮,紧停报警(蜂鸣器),报警切除按钮,这些在所有车站车控室都设置。计轴复位按钮,计轴总预复零按钮以及ATS/LCW切换开关只在集中站设置。基本设置如图2.9.1所示。

143

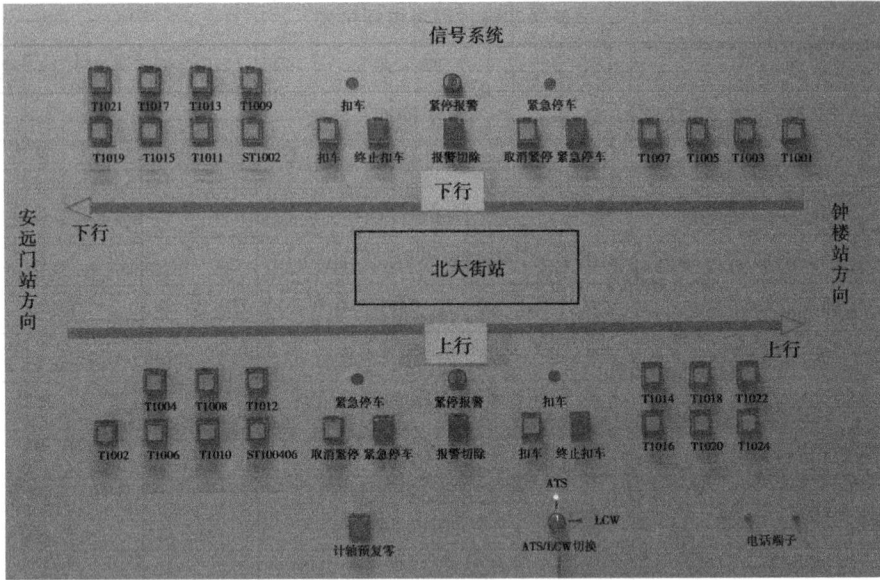

图 2.9.1

1）IBP 盘面板及按钮设置

①非集中站 IBP 盘面板及按钮设置

非集中站 IBP 盘面板及按钮设置如图 2.9.2 所示。

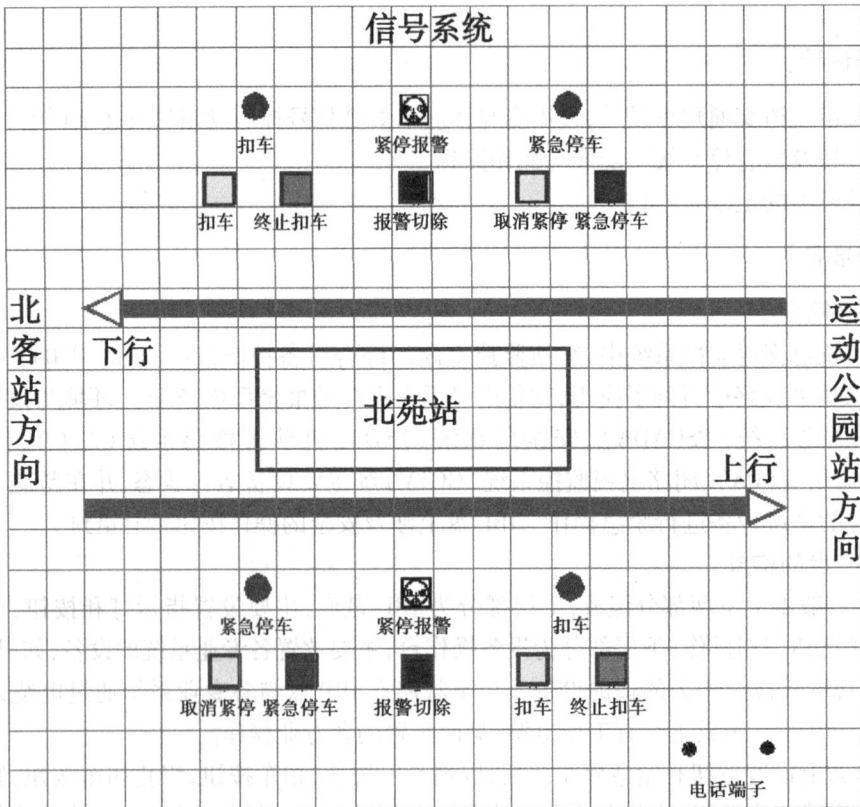

图 2.9.2

IBP 盘上设置站台扣车、站台终止扣车、紧急停车、取消紧停采用带铅封的自复式按钮,声音报警切除采用非自复式按钮。

②集中站 IBP 盘面板及按钮设置

集中站 IBP 盘面板及按钮设置如图 2.9.3 所示。

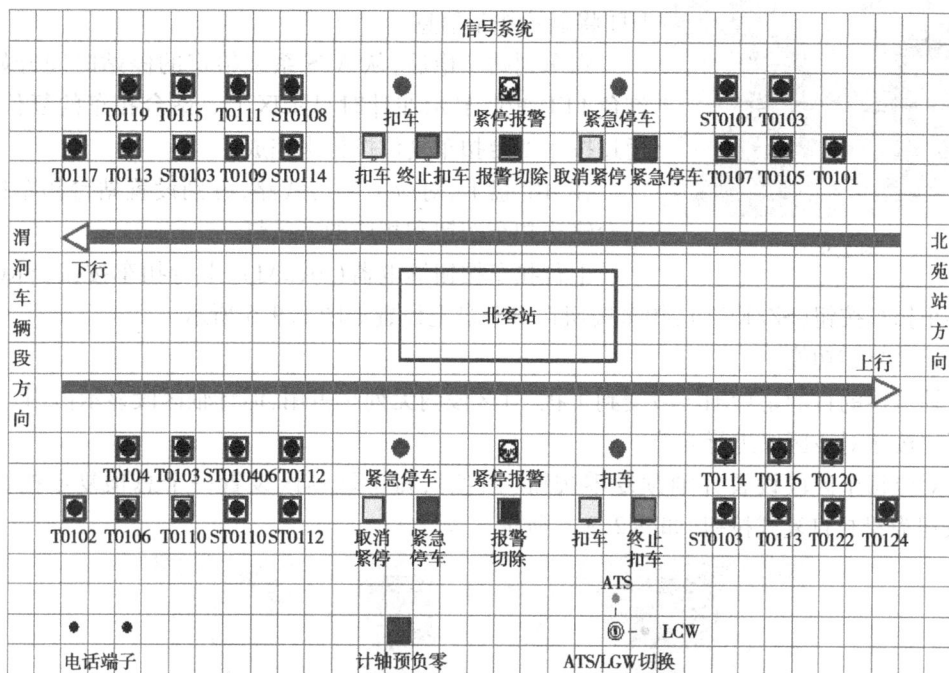

图 2.9.3

设备集中站的 IBP 盘,除了具备非集中站的按钮布置,还设有每个区段的计轴复位按钮、计轴总预复零带铅封按钮及 ATS/LCW 切换开关,如图 2.9.4 所示。

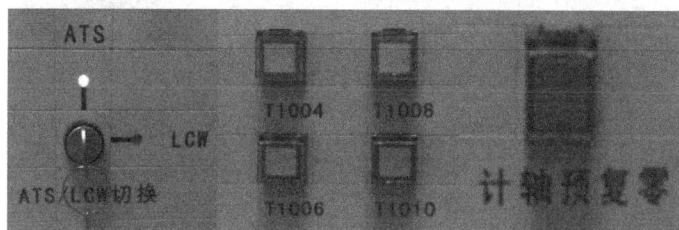

图 2.9.4

2)IBP 盘设备操作台功能介绍

正常情况下,由控制中心调度人员指挥全线路的运行,在特殊情况下,如控制中心失去功能时,则整个地铁线路可降级运行,由各车站直接完成运行管理,此时 IBP 盘就起到了一定的作用。

①紧急停车功能

所有车站的站台和车站控制室都设有紧急停车按钮。这些按钮一经按下,本站和这个区域内的上下行轨道的信号将立刻被关闭,并且这些区域内的移动授权也应该被取消。

当紧急停车按钮按下时,如果 CBTC 列车已经进入站台区域,则列车将立即紧急制动并停车;如果 CBTC 列车正在接近站台,ZC 会将 MAL 更新到站台的前沿为了防止列车进入站台区域,列车将会根据与站台的距离来决定施加全常用制动或紧急制动。

②站台扣车功能

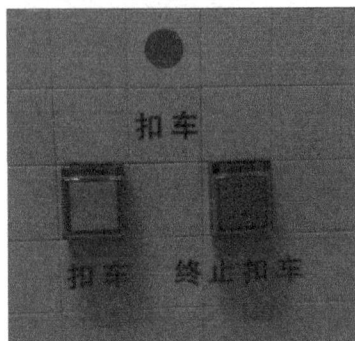

图 2.9.5

车站值班人员通过 IBP 盘设置了站台扣车,出站信号机关闭(点红灯),对于 CBTC 列车信号机依旧保持灭灯,移动授权收回,列车施加常用制动,如果此时 ATS 系统工作正常,DTI 将显示扣车信息。

列车到站停稳后,从 ATS 系统给定的停站时间开始,用红色 LED 矩阵显示在计时显示区上。站台扣车的复位只能通过按压站台扣车复位按钮来完成。

在 IBP 盘上,对应上下行线路,分别设置站台扣车按钮、站台终止扣车按钮和相应的表示灯。

上行扣车按钮继电器(SKCAJ)、上行扣车按钮(SKCA)、上行终止扣车按钮(SZZKCA),扣车按钮在 IBP 盘上设置如图 2.9.5 所示。

③计轴复零功能

计轴复零的目的是计轴区段受到干扰,且区段内无列车占用,但计轴区段显示占用。使用计轴复位按钮对该区段进行复位。

在对应每个区段设置计轴预复零按钮(白色),每个联锁区设置一个总预复零按钮(红色),按钮为铅封自复式按钮,如图 2.9.6 所示。

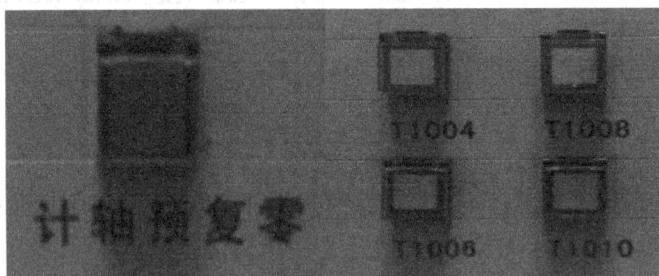

图 2.9.6

【任务实施】

任务提出:

在实训室模拟操作 IBP 盘。

(1)**紧急停车功能操作**

当发生紧急情况,车站值班员破除铅封后按压紧急停车按钮,同时紧急停车表示灯点亮,显示红色的灯光,紧急停车报警(蜂鸣器)响起。

当车站值班员确认紧急情况解除后,按压取消紧急停车按钮,使紧急停车按钮继电器复原吸起,报警蜂鸣器停止报警,紧急停车表示灯熄灭。

当按下紧急停车按钮后,在蜂鸣器报警时,值班员确认紧急停车按钮按下后,可通过按压报警切除按钮停止蜂鸣器报警。在这种情况下,当按压取消紧急停车按钮后,会使报警蜂鸣器再次响起,需要值班员拉出按压过的报警切除按钮,使蜂鸣器停止鸣响。

(2)**扣车功能操作**

当车站值班员确认站台扣车命令后,按压站台扣车按钮,同时站台扣车表示灯点亮,显示红色的灯光。发车信号机此时显示红色。

当车站值班员需要解除站台扣车命令时,按压终止站台扣车按钮,使扣车按钮继电器复原吸起,站台扣车表示灯熄灭。

(3)计轴复零操作方式

IBP盘上提供预复零操作方式。执行复零前,调度员必须确保区间内无车辆。

车站值班员操作时须破铅封将计轴总预复零按钮按下,同时按下相应区段的计轴预复零按钮。

注意:

①操作员按压计轴复位按钮时,需要保持按压时间在0.5~5 s。

②如有受到干扰的区段,在完成计轴预复零操作后,区段空闲但继电器(GJ)不会马上吸起,随后须完整通过列车后,室内计轴主机才完成复零,红光带消失。

IBP信号操作盘在各个地铁或者不同制式的信号系统下不完全一样,这里仅做基本的介绍,供大家参考学习。

【任务考评】

以学生自评互评为主,教师综合评定。

任务实施过程考核评价表

考评项目		配分	要 求	学生自评	小组互评	教师评定
知识准备	集中站与非集中站IBP面板按钮设置	5	正确性			
	紧急停车、扣车区别	5	正确性			
任务完成	资料收集	10	资料完整性,详细性			
	正确识别按钮状态	20	正确性			
	使用与操作	20	成功性,违章不得分			
	任务实施过程记录	5	详细性			
	所遇问题与解决记录	5	成功性			
职业素养		15	职业道德、职业意识、行为习惯			
协调合作		15	小组成员的参与积极性			
成绩						

任务 10　车站级信号操作工作站

【场景设计】

1.在城市轨道交通现场教学,或用多媒体展示车站级信号操作工作站照片及文字说明,体现功能与操作流程。

2.考评所需的记录、评价表。

【知识准备】

(1)车站现地控制方式

在车站现地控制方式下，OCC行调人员应通过无线电通信系统与列车驾驶员保持联系，并通过调度电话与车站值班员通信以了解列车运营情况及设备状况。

在车站现地控制方式下,车站值班员可以直接对其控制区域内的联锁设备进行控制。车站值班员在车站现地工作站上选用人工进路模式,通过鼠标、键盘等设备进行进路设置,并可对联锁设备控制范围内的信号机、道岔和轨道区段作特殊的设置或操纵。

在人工控制的模式下,车站值班员可对常用的正向进路设定为自动追踪状态,当列车进入防护该进路的信号机所定义的接近区段时,将会自动排出一条固定的列车进路。

(2)车站级信号操作工作站

车站级信号操作工作站主要是指联锁集中站的操作和显示终端,在权限问题上,车站级操作要优先于中央级操作。我们下面以 USSI 信号系统为例介绍车站级工作站。

1)车站级信号操作工作站的设置

远程 ATS 车站工作站和打印机放置于车站。这些工作站提供列车运行的本地显示,对于设备集中站的 ATS 车站工作站,取得授权后,实现对本地联锁区域的控制功能。设备集中站的 ATS 工作站与联锁设备的操作工作站合用,在显示和操作界面上联锁和 ATS 分开设置,由两个显示屏组成。显示界面如图 2.10.1 所示。

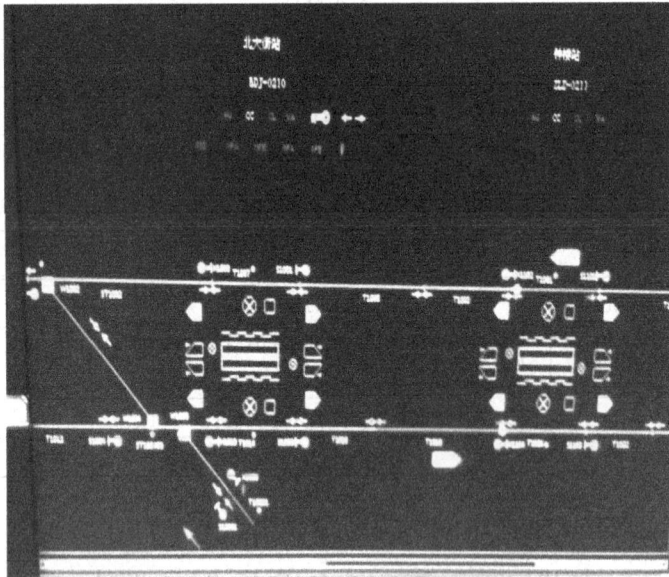

图 2.10.1　车站级信号操作工作站

2)车站级操作站的显示意义

①车站状态图例及其意义(见图 2.10.2)

车站状态各种符号的显示意义如表 2.10.1 所示。

图 2.10.2

表 2.10.1 车站状态符号的显示意义

信息项		图 例	稳定显示 左图所示颜色图例	闪烁显示 左图所示颜色图例
PF	红	PF	收到电源故障报警	—
	灰	PF	未收到电源故障报警	—
MF	红	MF	收到联锁故障报警	—
	灰	MF	未收到联锁故障报警	—
☼	黄	☼	收到信号灯灯丝熔断报警	
	灰	☼	未收到信号灯灯丝熔断报警	
⬌	黄	⬌	计轴复位	—
	灰	⬌	计轴未复位	—
AU	绿	AU	自动	—
MN	红	MN	手动	—
CC	白	CC	中心控制	请求中央控制
LC	黄	LC	本地控制	请求车站控制
EL	红	EL	紧急本地控制	请求紧急本地控制
CL	绿	CL	通信正常	请求重联接
DL	红	DL	通信中断	请求断开联接
VA	绿	VA	启用 CTC 确认	请求启用 CTC 确认
BV	红	BV	未启用 CTC 确认	请求取消 CTC 确认
⬤	灰	⬤	人工驾驶折返	—
	白	⬤	无人自动驾驶折返	—

续表

信息项		图例	稳定显示 左图所示颜色图例	闪烁显示 左图所示颜色图例
	红		LCW 与 ATS 的切换开关故障	—
	白		ATS 控制	—
	黄		LCW 控制	—
	灰		未启用:自动折返—直进弯出	—
	白		已启用:自动折返—直进弯出	请求启用:自动折返—直进弯出
	灰		未启用:自动折返—弯进直出	—
	白		已启用:自动折返—弯进直出	请求启用:自动折返—弯进直出
	灰		未启用:自动折返(自动,侧线优先)	—
	白		已启用:自动折返(自动,侧线优先)	请求启用:自动折返(自动,侧线优先)

②站台及屏蔽门状态图例及其意义(见图2.10.3)

图 2.10.3

站台及屏蔽门符号的显示意义如表2.10.2所示。

表 2.10.2　站台及屏蔽门符号的显示意义

信息项		图例	稳定显示 左图所示颜色图例	闪烁显示 左图所示颜色图例
站台	灰		站台上无车,或者站台上有车 但车门未打开	—
	绿		有车,且车门打开	—
	黄		下一站跳停	—

信息项		图 例	稳定显示 左图所示颜色图例	闪烁显示 左图所示颜色图例
屏蔽门	灰		正常,关闭	—
	绿		正常,打开	—
	黄		屏蔽门旁路按钮激活	—
紧急停车按钮	红		本地设置紧急停车	—
	灰		本地未设置紧急停车	—
	加红框		已经添加了一个设备标签	正在请求添加一个设备标签

③轨道区段的显示意义

a.稳定灰色▬▬▬▬:默认状态(即区段未被占用,未被封锁,也同时不是进路的一部分)。

b.稳定黄色▬▬▬▬:轨道在进路中,并且始端信号未开放。

c.稳定绿色▬▬▬▬:轨道处于有效进路或移动授权(MAL)范围中,并且始端信号开放或 CBTC 下获得授权。

d.稳定青色▬▬▬▬:轨道被封锁。

e.稳定红色▬▬▬▬:有车占用。

f.闪烁青色(颜色同 d):请求轨道被封锁或解封。

g.围有红色的方框▬▬▬▬:轨道有一个附加的设备标签。

h.围有闪烁的红色方框(颜色同 5):正请求添加一个设备标签。

④信号机的显示意义

A.信号机柱的显示意义

a.稳定的白色▬:默认状态。

b.稳定的绿色▬:自动开放信号启动。

c.闪烁的绿色(颜色同 b):请求启动或关闭自动开放信号。

d.闪烁的粉红色三角形▶:信号机为可选终端信号,信号机柱的形状变为三角形。

B.非 CBTC 下,信号机灯位的显示

a.稳定的红色▬:信号关闭。

b.稳定的绿色●:信号开放。

c.稳定的黄色○:信号开放,并且进路中有道岔为反位。

d.红圈中间带稳定的黄色◉:信号开放引导。

e.红圈中间带闪烁的黄色(图例类似于 c):信号机正在请求引导。

f.闪烁红色(图例类似于 a):信号机正在请求关闭。

g. 闪烁绿色(图例类似于 b)：信号机正在请求开放。

C. CBTC 下,信号机灯位的显示

CBTC 下,信号机灯位的图标是一个稳定灰色中含有一个三角,根据三角颜色和是否闪烁的不同分为以下 7 种情况：

a. 稳定绿色三角框 ▶ :信号机获得授权。

b. 稳定绿色三角块 ▶ :信号开放。

c. 稳定红色三角块 ▶ :信号关闭。

d. 闪烁绿色三角块(图例类似于 b)：信号机正在开放。

e. 闪烁红色三角块(图例类似于 c)：信号机正在关闭。

f. 稳定的红色信号机灯位及其下面稳定的黄色停止标识 █ :要求停车,站台扣车有效。

g. 稳定的红色信号机灯位和稳定的黑色"T" ▮ :信号关闭并开始计时。

在城市轨道交通信号系统中,各种制式的工作站都不完全一样,功能实现的方式、界面显示的意义等均不相同。本书仅以 USSI 系统界面为例简要介绍了工作站实现的基本操作功能以及界面常用符号的含义,还有很多具体操作功能在这里不作深述,可参见终端操作的另一本书。

【任务实施】

任务提出：

在实训室模拟操作车站级信号操作工作站完成相关操作。

在车站级操作站可完成以下操作功能。在联锁界面和 ATS 界面操作一致。具体操作说明参考我社另行出版的《城市轨道交通信号设备终端操作与行车》。

(1)**道岔功能操作**

①道岔定、反位转换单操功能。

②道岔单锁、单解功能操作。

(2)**信号机的功能操作**

①排列进路的始端/终端操作选择。

②关闭信号操作。

③自动通过信号设置及自动通过信号取消功能操作。

④终端信号封锁/解封功能操作。

⑤引导信号操作。

(3)**轨道区段的功能操作**

①轨道封锁功能操作。

②轨道封锁解除功能操作。

(4)**监控联锁区车站显示**

【任务考评】

以学生自评互评为主,教师综合评定。

任务实施过程考核评价表

考评项目		配分	要 求	学生自评	小组互评	教师评定
知识准备	车站现地控制方式	10	详细性,正确性			
	车站级操作站的显示意义	10	正确性			
任务完成	界面了解	10	熟悉程度,详细性			
	正确识别现实状态	10	正确性			
	使用与操作	20	成功性,违章不得分			
	任务实施过程记录	5	详细性			
	所遇问题与解决记录	5	成功性			
职业素养		15	职业道德、职业意识、行为习惯			
协调合作		15	小组成员的参与积极性			
成绩						

【项目小结】

本项目主要介绍了城市轨道交通车站及轨道的基础设备,包括基本控制元件继电器、信号设备的三大件以及传输设备应答器,还介绍了一些其他信号设备,有供电的信号电源屏与UPS、发车指示器、无人自动折返按钮及紧急停车按钮、IBP信号控制盘及车站级信号操作工作站。

通过本项目的学习,重点应对继电器的开关特性深入理解,并能够正确分析继电器的电路。通过对转辙机控制电路的分析,应加强对转辙机4方面的作用(转换、锁闭、表示、防护)的理解。转辙机类型较多,但对ZD6系列电动转辙机的结构应作为基础,对S700K型电动转辙机及外锁闭装置拓展学习。对轨道电路和计轴设备、应答器的内容,重点掌握各自的作用、结构和工作原理。此外,对无人自动折返按钮及紧急停车按钮的使用应有所了解,熟悉车站级信号操作工作站的图例显示含义。

【思考与练习】

1.简述继电器的基本原理。何谓继电特性?

2.信号继电器如何分类?

3.简述常见AX系列安全型继电器型号。

4.简述无极继电器的结构和工作原理。它由哪些主要部件组成?各起什么作用?

5.偏极继电器的磁路结构有何特点?简述其工作原理。

6.有极继电器的磁路结构有何特点?简述其工作原理。

7.AX系列安全型继电器的电气特性主要包括哪些?各有什么含义?

8.电路中选择继电器有哪些原则?

9.继电器线圈有哪些使用方法?各用于何种场合?

10.何谓自闭电路?有何作用?

11. 分析继电器电路应采用哪些方法?

12. 对转辙机有何基本要求? 其作用是什么? 它是如何分类的?

13. 试说明 ZD6 型电动转辙机的结构和各部件作用。

14. 试说明 ZD6 型电动转辙机的传动原理。

15. ZD6 型电动转辙机的自动开闭器由什么构成? 其接点如何编号? 并说明其动作原理。

16. ZD6 型电动转辙机的挤切装置是如何起到挤岔保护的? 它所牵引的道岔当发生挤岔时如何动作? 它是如何切断表示的?

17. ZD6 型电动转辙机的摩擦连接器有何作用?

18. 试说明 ZD6 型电动转辙机的机械锁闭原理。并说明它是如何实现解锁、转换和锁闭的。

19. 试说明 ZD6 型电动转辙机的整体传动过程。

20. ZD(J)9 型电动转辙机有什么特点?

21. ZD(J)9 型电动转辙机由什么组成? 其各部件的作用是什么?

22. S700K 型电动转辙机由什么组成? 其各部件的作用是什么?

23. 试说明 S700K 型电动转辙机的整体传动过程。

24. 钩式外锁闭装置由什么组成?

25. 试说明钩式外锁闭装置的动作原理。

26. 试分析四线制道岔控制电路的工作原理。

27. 简述信号机的作用。

28. 城市轨道交通中色灯信号机的设置有哪些原则要求?

29. 简述城市轨道交通信号机的分类。

30. 简述城市轨道交通色灯信号机的命名方法。

31. 透镜式色灯信号机由哪些部件组成? 各起什么作用?

32. LED 色灯信号机由哪些部件组成? 有何优点?

33. 色灯信号机的灯光配列有哪些规定?

34. 简述城市轨道交通信号机的显示意义。

35. 简述 XDZ-B 型点灯单元工作原理。

36. 城市轨道交通信号显示距离有哪些规定?

37. 简述轨道电路的基本原理。它有哪两个作用?

38. 轨道电路如何分类? 各种轨道电路在城轨信号中有哪些应用?

39. 何谓轨道电路的 3 种基本工作状态? 各种最不利工作状态是什么?

40. WXJ50 型微电子相敏轨道电路如何组成? 并简述其工作原理。

41. 简述计轴系统进行列车检测的原理。

42. 简述 AzLM 计轴设备的组成。

43. 试比较计轴设备与轨道电路的优缺点。

44. 简述应答器的作用及分类。

45. 简述信号电源屏的作用及分类。

46. 简述发车指示器系统由哪几部分组成?

47. 简述紧急停车按钮的设置。

项目 3
车载信号系统基础设备

【项目描述】

1. 速度传感器测速原理及安装。
2. DF16/1.200fadk 速度传感器的分析。
3. 加速度计及雷达测速仪。
4. 司机操作人机交互设备。
5. 查询器的组成及作用。
6. 车载无线通信设备。

【项目目标】

1. 掌握速度传感器测速原理。
2. 掌握 DF16/1.200fadk 速度传感器的特性、测速原理及安装方法。
3. 掌握加速度传感器的工作原理。
4. 掌握雷达测速仪的工作原理。
5. 了解司机操作人机交互设备的功能及界面外观。
6. 掌握查询器的组成及作用。
7. 掌握车载无线通信设备的组成。

【能力目标】

1. 能准确叙述速度传感器测速原理及安装方法。
2. 能准确叙述 DF16/1.200fadk 速度传感器的特性。
3. 能实际进行 DF16 速度传感器的测试。
4. 能准确叙述加速度传感器的工作原理。
5. 能准确叙述雷达测速仪的工作原理。
6. 能准确叙述司机操作人机交互设备的功能。
7. 能正确认识人机交互设备的界面设置。
8. 能准确叙述查询器的组成及作用。
9. 能准确叙述车载无线通信设备的组成。

任务 1 速度传感器

【场景设计】

1.实地参观城市轨道交通车站的相关设备进行现场教学,或利用多媒体展示城轨系统中速度传感器的实际应用工作状态。

2.将学生每 6~8 人分为 1 组。

3.考评所需的记录、评价表。

【知识准备】

(1)速度传感器测速原理

速度传感器是车载信号系统中重要的速度及距离测量设备,随着车轮轮齿的转动,当传感器经过轮齿的时候会输出数字脉冲,如图 3.1.1 所示。这些脉冲由硬件计数器来计数,从而可在给定周期内测试速度。脉冲是速度传感器的输出数据。输出的脉冲数量与车轮走行距离成正比。再将这些脉冲信号转换成直线距离,并利用目前已知的车轮直径数值计算出车轮转动时的走行距离。通过计算单位时间内累积的脉冲数量,可测定出列车的速度。速度传感器经过多次现场使用并且被证明是非常可靠的。列车的实际运行速度及走行距离是车载信号系统的重要参数之一,也是车载 ATP 运行及判断列车状态的重要依据之一。因此,车载测速部件必须为车载 ATP 系统提供安全可靠的速度及走行距离参数,且要在列车产生空转、打滑等特殊条件能够消除所带来的误差。

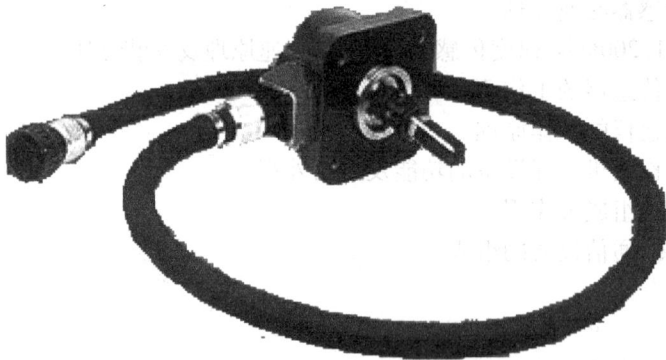

图 3.1.1

(2)速度传感器安装

车载速度传感器要求安装于列车非动力轴的不同轮对上,通常安装于拖车的左一及右四轮对上(如西安地铁二号线),这样一是降低了共模故障的风险,二是车载信号机柜安装于两端司机室,这样的安装方式可减少速度传感器到车载信号机柜的走线距离。

【任务实施】

任务提出：

本任务的实施以上海德意达公司(shanghai DEUTA)引进德国 DEUTA 公司全套技术和主要部件组装生产的 DF16/1.200fadk 光电式速度传感器为例,介绍速度传感器的特性、安装及如何工作和测试。

(1)**特性**

DF16/1.200fadk 光电式速度传感器有单、双、三、四、五及六通道可供选择。通过内外两轨道光栅盘扫描,传感器输出两种不同脉冲数的方波信号,内轨道每转80个脉冲,外轨道每转200个脉冲,输出可以是不同脉冲数的各种组合(不大于200 P/R 的任意脉冲数,或两种脉冲数输出的组合),各通道间彼此隔离,且带有极性保护、输出短路保护。传感器可方便地安装于轴箱盖上,传动部分采用软性联接,能克服安装不同心及驱动间隙。DF16 传感器具有坚固、密封、抗振、抗冲击、测速范围宽、温度适应范围宽、可靠性好、使用寿命长等特点。适用于国内外各种类型机车的速度、方向、空转及打滑等各项检测。

(2)**技术参数**

- 测速范围:0~2 000 r/m。
- 每转脉冲数:外轨 200 P/R。
- 输出通道数:6 个。
- 工作电源 UB:DC10~30 V。
- 功耗电流:≤35 mA(每通道,空载)。
- 负载电流:≤100 mA(每通道,信号线对 UB 间接负载 RL)。
- 输出波形:方波。
- 输出幅度:高电平≈UB,低电平≤2.2 V。
- 脉冲占空比:50%±10%。
- 波形窜动:最大±36°。
- 脉冲相位差:90°±45°面向输出轴顺时针旋转。
- 波形安全重叠区:>18°。
- 电路保护:具有极性、过热、输出短路等保护功能。
- 故障安全性:当传感器故障时,其输出信号为恒高、恒低电平,不会输出其他电平,更无振荡信号输出。
- 耐压:1 500 V 50 Hz,1 min(通道对外壳);500 V 50 Hz,1 min(各通道间,共电源线的除外)。
- 绝缘电阻:正常情况下≥500 MΩ,极端湿热情况≥20 MΩ(通道对外壳及各通道间)。
- 工作温度:-40~70 ℃。
- 耐振性能:振动 30 g,冲击 200 g(DIN40046)。
- 密封性:能承受雨、雪、风、沙(IP66,非安装面)。
- MTBF:>100 000 h。
- 自带护套电缆长度 L:1 220 mm(沈阳 1 号线),1 500 mm(成都 1 号线)。
- 质量:约 3.5 kg(包括自带护套电缆)。

(3)外形图及工作原理

DF16/1.200fadk 光电式速度传感器的外形图如图 3.1.2 所示。DF16 传感器由光电模块、光栅、外壳、传动轴、软性联接器、16 芯矩形防水插头、座和外附导线等组成。各模块彼此隔离,可安装于内或外轨道上,通道数为 1~6。当机车运行时传感器产生频率 $f = n \cdot P/60$ (n 为转速,P 为内或外轨道的每转脉冲数)的方波信号,供机车电子控制系统对机车速度、空转、方向、打滑进行采样检测。

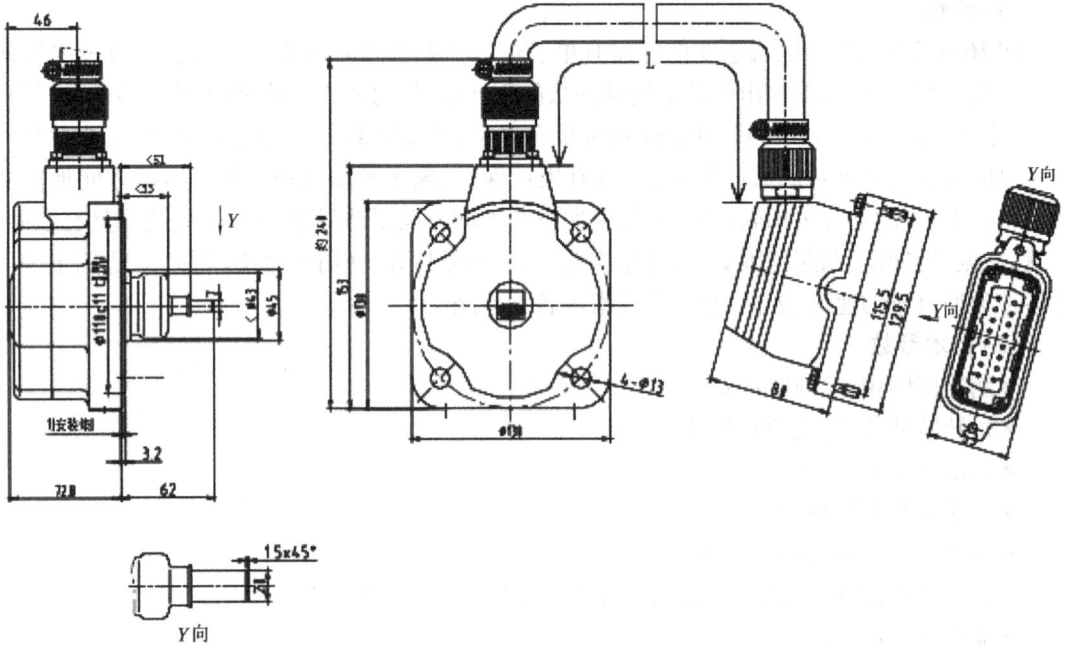

图 3.1.2

(4)接线

DF16/1.200fadk 光电式速度传感器的接线图如图 3.1.3 所示。

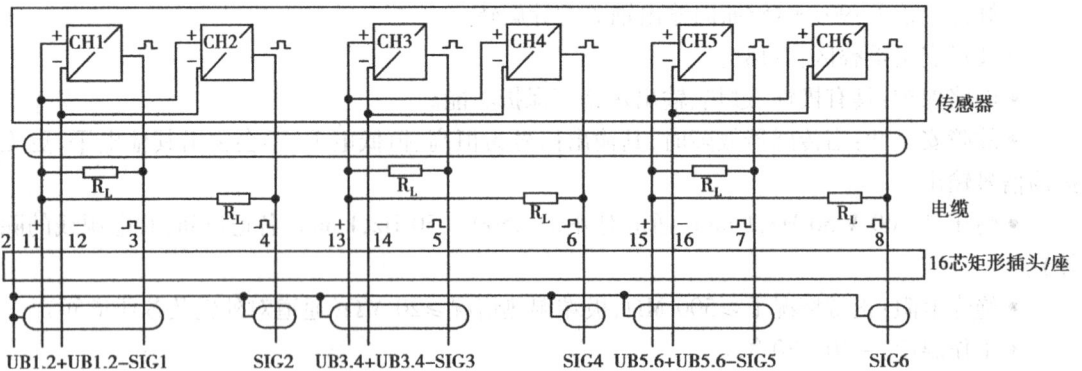

图 3.1.3

采用对接方式连接的 DF16 传感器,其后半部分 16 芯矩形插座和终端为冷压端子的外附导线的接线方式如图 3.1.4 及接线表 3.1.1 所示。

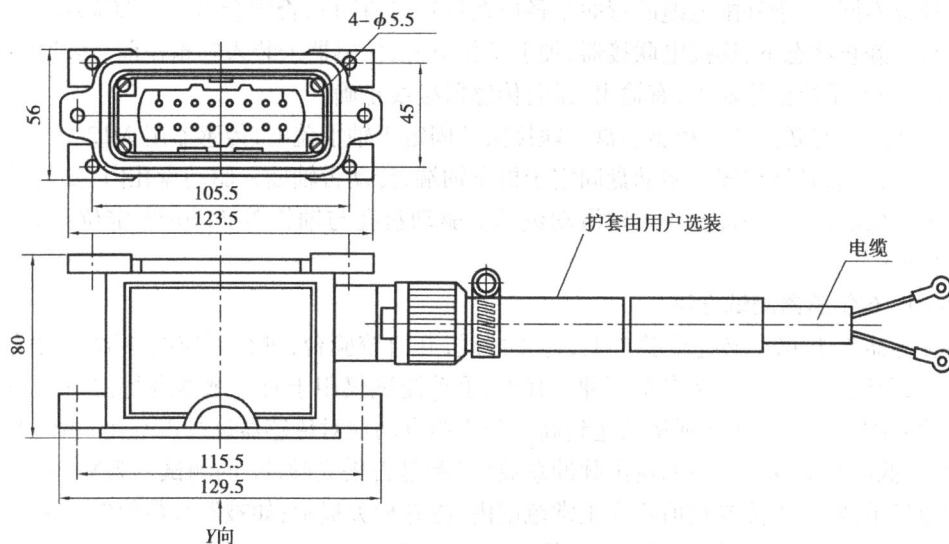

图 3.1.4

表 3.1.1 16 芯矩形插头/座针脚定义及外附导线接线表

16 芯矩形插头/座针脚号	16 芯矩形插头/座针脚定义	电缆芯线号	外接终端定义
11	UB1_2 +		通道 1、通道 2 电源(+)
12	UB1_2 −		通道 1、通道 2 电源(−)
3	SIG1		通道 1 脉冲输出
4	SIG2		通道 2 脉冲输出
13	UB3_4 +		通道 3、通道 4 电源(+)
14	UB3_4 −		通道 3、通道 4 电源(−)
5	SIG3		通道 3 脉冲输出
6	SIG4		通道 4 脉冲输出
15	UB5_6 +		通道 5、通道 6 电源(+)
16	UB5_6 −		通道 5、通道 6 电源(−)
7	SIG5		通道 5 脉冲输出
8	SIG6		通道 6 脉冲输出
2	Shield		电缆屏蔽层

（5）安装与使用

①传感器工作电源 DC10～30 V,不允许接机车蓄电池,应接 DC/DC 变换器的输出（原副边应电气隔离）,为了提高系统的可靠性、安全性,最好各通道单独供电（同一系统可共地）。

②机车轴箱盖上传感器的安装定位孔径应为 ϕ110H9（ +0.087）,深度≥5 mm。

③传感器严格按说明书接线定义接线,保证正确无误,无短路、断路现象。

④安装时必须注意传感器直接引出电缆最小弯曲半径不得小于 165 mm（电缆直径不同,

159

弯曲半径也不同,对于外配电缆的弯曲半径应在订货时协商),否则会引起电缆损坏。

⑤机车静止状态下,连接电联接器,加上工作电源,传感器未装入轴箱盖前,转动传感器传动轴,观察测速系统信号输出,有输出,说明传感器接线正确。

⑥安装附件有联接法兰和驱动盘。联接法兰固定于轴承盖上,传感器用 M12 螺钉安装在联接法兰上,安装必须牢固。驱动盘固定于机车轴端,传动舌轴插入驱动盘孔内,安装时,舌轴四周涂上一层润滑油,保证孔与舌轴滑动灵活。驱动盘孔与轴箱盖 ϕ110H9 定位孔的不同轴度为≤1 mm。

(6)DF16 传感器测试方法

将传感器装于 JZ-1 转速校验台上,连接好线,开启校验台,进行相应的参数值初始设定,开始检测,测试过程分手动及自动两种。其中,手动测试仅用于对传感器进行占空比、相位差等参数的调试。而自动测试则从低速到高速分 4 挡自动地对传感器进行占空比、相位差、输出信号的高/低电平值及个通道的输出脉冲总数(判断是否丢失脉冲)的测试。观察屏幕上各种检测参数显示值,如被测参数值不在正常范围内,将有相关提示;如被测参数值皆正常,则自动完成检测过程。所有测试结果可存入计算机,也可以打印。

【任务考评】

以学生自评互评为主,教师综合评定。

任务实施过程考核评价表

	考评项目	配 分	要 求	学生自评	小组互评	教师评定
知识准备	速度传感器测速原理	5	理解叙述的正确性			
	速度传感器的安装	5	熟悉的程度			
任务完成	DF16 传感器的特性	10	叙述的正确性			
	DF16 传感器的技术参数	10	理解叙述的正确性			
	外形图及工作原理	20	图形认识合理性考评、工作原理理解的正确性考评			
	接线、安装与使用	20	接线、安装操作过程的规范性、熟练性考评			
	任务实施过程记录	5	详细性			
	所遇问题与解决记录	5	成功性			
	安全事项	5	违章不得分			
协调合作,学习效果展示成绩		15	小组成员的参与积极性、学习的效果			
成绩						

任务2　加速度计及雷达测速仪

【场景设计】

1.实地参观城市轨道交通车站的加速度计及雷达测速仪进行现场教学,或利用多媒体展示城轨系统中相关设备的实际应用工作状态。

2.将学生每6~8人分为1组。

3.考评所需的记录、评价表。

【知识准备】

通常使用轮轴速度传感器来完成列车运行距离测量,并由此计算出列车的运行速度。

但是,由于速度传感器是以车轮转动为采集对象进行速度及距离的测量,故实际使用中由于轮径磨损、空转及打滑带来的误差是不能被速度传感器所检测的。因此,实际使用中需要通过加速度计或者雷达测速仪对列车的走行距离及速度信息进行校正。

在点式 ATP 控制模式下,车载控制器依据速度传感器(见图 3.2.1)、加速度计(见图 3.2.2)确定列车速度和走行距离;根据地面动态、静态应答器和车载线路数据库确定列车在线路上的位置;根据读取的动态应答器信息并结合车载线路数据库确定列车距前方目标点的距离及限速;生成 ATP 速度-距离曲线,并将相关信息显示给司机;通过监控列车的实际运行速度,实现超速防护。

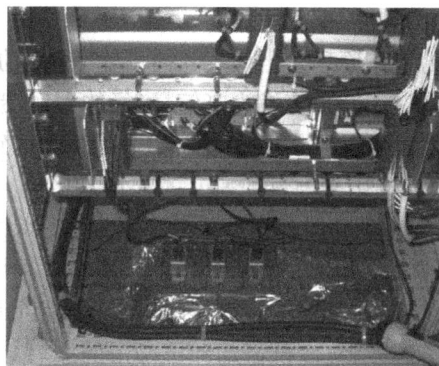

图 3.2.1　　　　　　　　　　　　　　　图 3.2.2

(1)加速度计

1)加速度传感器的原理及技术

加速度计的原理是惯性原理,也就是力的平衡,即 a(加速度) = F(惯性力)/M(质量),只需要测量惯性力 F 就可以了。用电磁力去平衡惯性力 F,可得到惯性力 F 对应于电流的关系。只需要用实验去标定这个比例系数就可实现。

多数加速度传感器是根据压电效应的原理来工作的。一般加速度传感器就是利用了其内部的由于加速度造成的晶体变形这个特性。当然,还有很多其他方法来制作加速度传感器,如压阻技术、电容效应、热气泡效应、光效应,但是其最基本的原理都是由于加速度造成某个介质

161

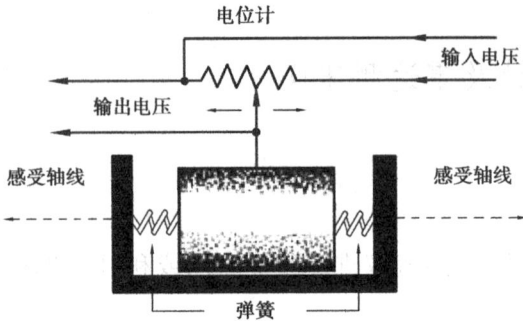

图 3.2.3

产生变形,通过测量其变形量,并用相关电路转化成电压输出。

加速度计由检测质量(也称敏感质量)、电位器、弹簧、阻尼器、支承及壳体组成,如图3.2.3所示。检测质量受支承的约束只能沿一条轴线移动,这个轴常称为输入轴或敏感轴。当仪表壳体随着运载体沿敏感轴方向作加速运动时,根据牛顿定律,具有一定惯性的检测质量力图保持其原来的运动状态不变。它与壳体之间将产生相对运动,使弹簧变形,于是检测质量在弹簧力的作用下随之加速运动。当弹簧力与检测质量加速运动时产生的惯性力相平衡时,壳体与检测质量之间不再有相对运动,此时弹簧的变形程度则说明了被测加速度的大小。由于加速度计是一个自由度的振荡系统,须采用阻尼器来改善系统的动态品质。电位器则作为位移传感元件把加速度信号转换为电信号,以供系统输出。

2)加速度计的分类

加速度计的类型较多:按测量系统的组成形式可分为开环式和闭环式;按检测质量的位移方式可分为线性加速度计(检测质量作线位移)和摆式加速度计(检测质量绕支承轴转动);按工作原理可分为振弦式、振梁式和摆式积分陀螺加速度计等;按支承方式可分为宝石支承、挠性支承、气浮、液浮、磁悬浮及静电悬浮等;按输入轴数目可分为单轴、双轴和三轴加速度计;按传感元件可分为压电式、压阻式和电位器式,等等。通常综合几种不同分类法的特点来命名一种加速度计。

①闭环液浮摆式加速度计。

它的工作原理是当仪表壳体沿输入轴作加速运动时,检测质量因惯性而绕输出轴转动,传感元件将这一转角变换为电信号,经放大后馈送到力矩器构成闭环。力矩器产生的反馈力矩与检测质量所受到的惯性力矩相平衡。输送到力矩器中的电信号(电流的大小或单位时间内脉冲数)就被用来度量加速度的大小和方向。摆组件放在一个浮子内,浮液产生的浮力能卸除浮子摆组件对宝石轴承的负载,减小支承摩擦力矩,提高仪表的精度。浮液不能起定轴作用,因此在高精度摆式加速度计中,同时还采用磁悬浮方法把已经卸荷的浮子摆组件悬浮在中心位置上,使它与支承脱离接触,进一步消除摩擦力矩。浮液的黏性对摆组件有阻尼作用,能减小动态误差,提高抗振动和抗冲击的能力。波纹管用来补偿浮液因温度而引起的体积变化。为了使浮液的比重、黏度基本保持不变,以保证仪表的性能稳定,一般要求有严格的温控装置。

②挠性摆式加速度计。

采用挠性支承的摆式加速度计。摆组件用两根挠性杆与仪表壳体连接。挠性杆绕输出轴的弯曲刚度很低,而其他方向的刚度很高。它的基本工作原理与液浮摆式加速度计类似。这种系统有一高增益的伺服放大器,使摆组件始终工作在零位附近。这样挠性杆的弯曲很小,引入的弹性力矩也微小,因此仪表能达到很高的精度。这类加速度计有充油式和干式两种。充油式的内部充以高黏性液体作为阻尼液体,可改善仪表动态特性和提高抗振动、抗冲击能力。干式加速度计采用电磁阻尼或空气膜阻尼,便于小型化、降低成本和缩短启动时间,但精度比充油式低。

③振弦式加速度计。

由两根相同的弦丝作为支承的线性加速度计。两根弦丝在永久磁铁的气隙磁场中作等幅正弦振动。弦丝的振动频率与弦丝张力的平方根成比例。不存在加速度作用时,两根弦丝的张力相等,振动频率也相等,频率差等于零。当沿输入轴有加速度作用时,作用在检测质量上的惯性力使一根弦丝的张力增大,振动频率升高;而另一根弦丝的张力则减小,振动频率降低。仪表中设有和频控制装置,保持两根弦丝的振动频率之和不变。这样两根弦丝的振动频率之差就与输入加速度成正比。这一差频经检测电路转换为脉冲信号,脉冲频率与加速度成正比,而脉冲总数与速度成正比,因此这种仪表也是一种积分加速度计。弦丝张力受材料特性和温度影响较大,因此需要有精密温控装置和弦丝张力调节机构。

④摆式积分陀螺加速度计。

利用自转轴上具有一定摆性的双自由度陀螺仪来测量加速度的仪表。陀螺转子的质心偏离内环轴,形成摆性。如果转子不转动,陀螺组件部分基本上是一个摆式加速度计。当沿输入轴(即陀螺外环轴)有加速度作用时,摆绕输出轴(即内环轴)转动,使轴上的角度传感器输出信号,经放大后馈送到外环轴力矩电机,迫使陀螺组件绕外环轴移动,在内环轴上产生一个陀螺力矩。它与惯性力矩平衡,使角度传感器保持在零位附近。陀螺组件绕外环轴转动的角速度正比于输入加速度,转动角度的大小就是输入加速度的积分,即速度值。通常在外环轴上安装一个脉冲输出装置,用以得到加速度计测量的加速度和速度信息:脉冲频率表示加速度,脉冲总数表示速度。这种加速度计靠陀螺力矩来平衡惯性力矩,它能在很大的量程内保持较高的测量精度,但结构复杂、体积较大、价格较贵。

(2)雷达测速仪

雷达测速仪是利用无线电回波以探测目标方向和距离的一种装置。测速雷达主要利用多普勒效应(Doppler Effect)进行工作,所谓多普勒效应,即无线电波碰到一个静止的物体,被反射回来的频率与发射的频率相同。当物体移动时,被反射回来的频率与发射的频率则不同,当目标向发射源靠近时,反射信号频率将高于发射频率;反之,当目标远离发射源时,反射信号频率将低于发射频率,且频率的变化与移动物体的速度成正比。如此可由频率的变化量,计算出目标与雷达的相对速度。

【任务实施】

任务提出:

下面具体以安装在车载上的加速度计和雷达测速仪为例,介绍其对列车的走行距离及速度信息进行校正的应用。

(1)车载信号加速度计

加速度计用于检测列车运行中的打滑和空转情况。每套配置 4 个力平衡伺服倾角式加速度传感器,两个数字式,两个模拟式,分为两套,每套包括一个数字式一个模拟式,加速度传感器安装在机柜中。两套加速度计互为冗余,用于提高系统的有效性和可靠性,为了消除共模错误,模拟和数字加速度计选用不同厂家的产品。

力平衡式伺服倾角式加速度计在非线性、重复性、迟滞、温度漂移和工作温度、抗冲击、振动等性能上具有非常优越的特点。它由非接触位移传感器、力矩马达、误差和放大电路、反馈电路、悬臂质量块5部分组成,悬臂质量块与力矩马达的电枢连接在一起。非接触位移传感器用于检测质量块的位移量和方向。当整个传感器受加速度作用时,悬臂质量块便会离开原来的平衡位置,非接触位移传感器检测出该变化后,将位置信号送入误差和放大电路,一方面传感器输出与倾角成一定比例的模拟信号;另一方面,该信号经反馈电路送入力矩马达的线圈,此时,力矩马达会产生一个与悬臂质量块运动方向相反、大小相等的力矩,力图使悬臂质量块回到原来的平衡位置。这样经过一定的时间后,悬臂质量块就停留在一个新的平衡位置上,这时传感器输出的信号才是真正的有效信号。

机柜中设备会对速度传感器和加速计输入数据的一致性进行监控。如检测到速度或速度传感器信息的非常规变化,则会对异常情况进行记录。这些状况表明,出现了打滑或空转现象,或者可能出现速度传感器信号丢失。

当发现空转/打滑现象发生时,将依据加速度计测量的加速度率和减速度率计算实际速度。这就确保列车在空转-打滑过程中仍能计算速度和位置,并当检测到应答器时,将进行车辆的位置校正。如果空转-打滑超过了设定的时间,那么机柜中相关设备将会产生空转-打滑警报。

(2)LCA-100系列伺服加速度传感器介绍

LCA-100系列伺服加速度传感器如图3.2.4所示。它可用于振动测试与分析,可直接焊接在PCB版上,可测量重力加速度,可测量动态冲击加速度,也可应用加速度传感器来集成倾角处理系统,测试速度和振动。其技术参数如下:

- 测量范围:±0.5 g,±2 g,±5 g。
- 电源电压:±12～18 VDC。
- 灵敏度:10 V/g,2.5 V/g,1 V/g。
- 输出信号:±5 VDC。
- 固有频率:60 Hz。
- 频率响应:60 Hz,−3 dB。
- 分辨率:100 μg。
- 消耗电流:±25 mA。
- 输出阻抗:100 Ω。
- 噪声:0.005 Vrms。
- 工作温度:−55～85 ℃。
- 存储温度:−60～90 ℃。

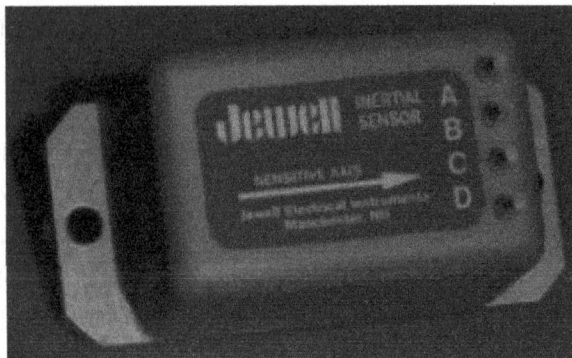

图3.2.4

(3)车载雷达测速仪

雷达和测速电机一起用于速度的测量。通过使用雷达,可提高速度测量的精度。安装在车辆上的雷达如图3.2.5所示。

微波辐射到轨道,然后经过反射后被雷达检测到。根据多普勒效应,将会发生随列车速度变化的频率差,由此检测实际列车速度和行驶距离,并且几乎不受车轮空转/打滑的影响。

【任务考评】

以学生自评互评为主,教师综合评定。

图 3.2.5

任务实施过程考核评价表

考评项目		配分	要 求	学生自评	小组互评	教师评定
知识准备	加速度传感器的原理	5	理解叙述的正确性			
	加速度计的分类	5	熟悉的程度			
	多普勒效应	10	理解叙述的正确性			
任务完成	车载信号加速度计的结构	10	叙述的正确性			
	车载信号加速度计的工作原理	15	理解的正确性			
	LCA-100 系列加速度传感器应用及参数	10	叙述的正确性			
	车载雷达测速仪的安装位置及工作原理	15	识图及工作原理理解的熟练性考评			
	任务实施过程记录	5	详细性			
	所遇问题与解决记录	5	成功性			
安全事项		5	违章不得分			
协调合作,学习效果展示成绩		15	小组成员的参与积极性、学习的效果			
成　绩						

任务3　司机操作人机交互设备

【场景设计】

1.在城市轨道交通司机室内实地进行现场教学,或利用多媒体展示城轨系统中司机室的实际应用界面显示。

2.将学生每6~8人分为1组。

3.考评所需的记录、评价表。

【知识准备】

车载信号系统人机交互界面是车载信号系统与列车驾驶员之间的信息交互平台,是信号自动控制系统的重要设备之一。通过车载信号人机交互界面,司机可完成信息输入,对列车有关参数进行设置,实时得到车载信号设备的状态信息及轨旁的信号显示等信息,对车载信号设备发出的命令及报警进行响应处理。

人机交互界面在列车自动控制系统中发挥着更加重要的作用,良好的人机交互界面可将尽可能多的信息清晰明了地显示出来,有助于司机获得更多的有用信息进而更好地了解所要完成的任务,提高控制操作的高速和精确实现,减少人为失误的可能性,最大程度上保证列车运行的安全性。

列车操作显示器(TOD)是列车操作控制台的一部分,提供驾驶员和车载控制系统之间的人机交互界面。TOD向列车驾驶员提供运行模式、故障、操作等信息。列车司机显示器的报警器在超速时发出持续的声音。

【任务实施】

任务提出:

以 MFT_L11_bqe 型人机交互界面为例,介绍车载信号系统人机交互界面的外观、技术参数及界面、窗口的组成。

(1)MFT_L11_bqe **型人机交互界面外观及技术参数**

MFT_L11_bqe 型人机交互界面外观如图 3.3.1 及图 3.3.2 所示。

技术参数如下:

- 显示屏背景灯:CCFL1。
- 背景灯可调节范围:$0 \sim 350 \ cd/m^2$。
- 状态显示 LED:2~3 个。
- CPU/时钟频率: 266 MHz。
- RAM:128 MB。
- 内置闪盘:紧凑式闪存≥128 MB。
- 快闪只读储存器:1 MB。
- 显存:4 MB。

图 3.3.1

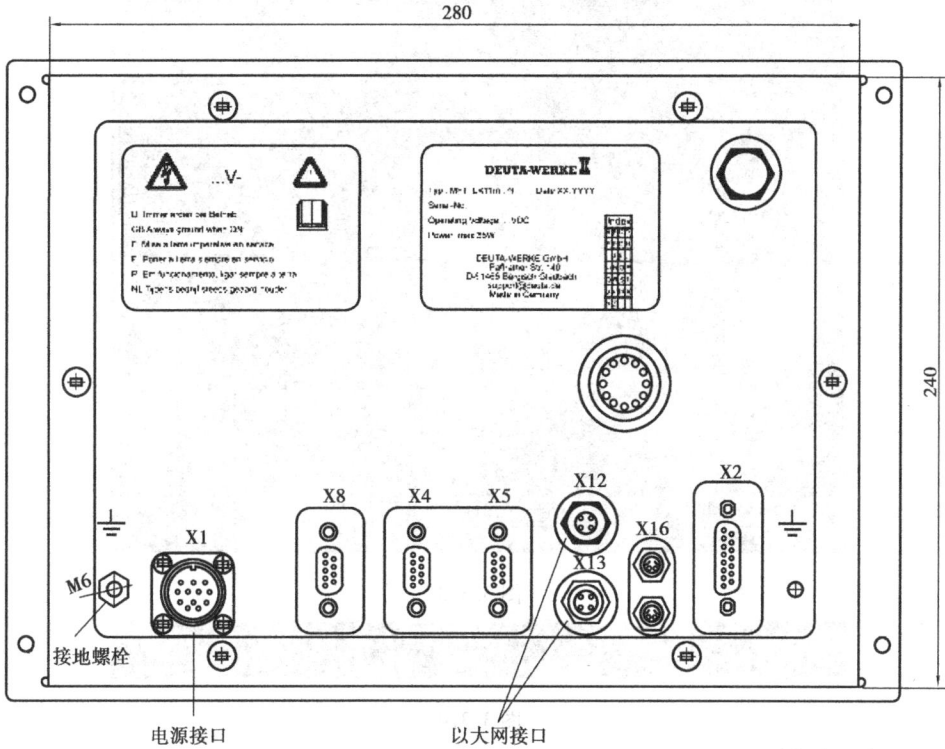

图 3.3.2

- 扩展能力:根据客户需求。
- 键盘接口:USB 接口。
- 蜂鸣器:有。
- 温度管理:有。
- 环境照明传感器:前置。
- 电源:24 V 或 72 ~ 110 VDC ± 30%。
- 功耗: < 20 W。
- 显示器型号/尺寸:彩色 TFT/10.4″(26.4 cm)。
- 显示器分辨率/色度:640 × 480,18 bit。
- 视频输入:4 × FBAS(模拟)。
- 音频输出:两路输出。
- 串行接口:1 × RS 422/RS 485。

(2)**车载信号系统人机交互界面 TOD 的组成**

车载信号系统人机交互界面 TOD 主要包括公共控制区、驾驶界面、系统管理界面。其界面如图 3.3.3 所示。

1)公共控制区

公共控制区包括登录子窗口、LCD 调节子窗口,如图 3.3.4 所示。

公共控制区位于 TOD 界面的底部,用于实现以下功能:

- 打开 LCD 亮度调节对话框。

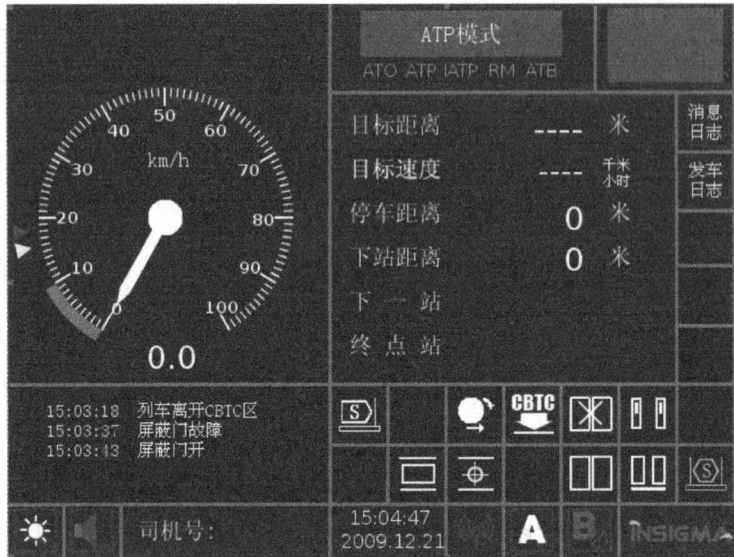

图 3.3.3

图 3.3.4

• 报警声音控制开关。
• 显示司机号,打开登录对话框。
• 显示系统时间。
• 显示无线通信状态。
• 显示 Active CC 状态。
• 显示 Backup CC 状态。
• 公司标示图标。

①LCD 亮度调节

在公共控制区,单击 LCD 控制按钮☀,弹出对话框如图 3.3.5 所示。可通过按压"＋"和"－"来调节屏幕亮度。

图 3.3.5

②报警声音控制开关

当出现声音报警时,在公共控制区处会出现图标按钮,用户可单击该按钮图标中断声音报警。当无声音报警出现时,该控制区域的图标按钮显示为。

③司机登录

司机号位于报警声音控制调节按钮的右侧,单击司机号 司机号,弹出司机登录对话框,如图3.3.6所示。司机号和密码由数字组成。司机 ID 最大长度限制为 5 位,密码最大长度限制为8 位。如司机 ID 与密码不匹配,将提示司机输入有误,可重新输入。

④司机注销

司机离开列车时,可通过单击公共信息栏中的"司机号"标签,弹出注销窗口,如图3.3.7所示。单击"是"按钮即可完成注销。

图3.3.6

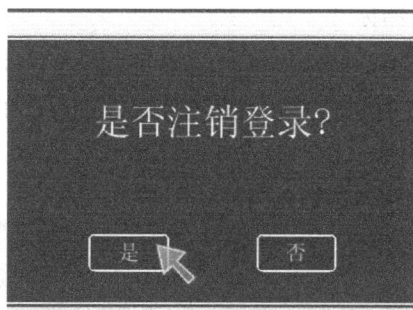

图3.3.7

⑤系统时间同步

TOD 的时间显示要与其他的 CBTC 设备一样,保持时间的同步。

⑥列车无线通信状态

当 CC 所有的通信正常时显示 ■,否则由 ■ 来表示通信丢失。同时,在列车行驶日志中会记录具体的通信失败原因。

⑦CC 工作状态

CC 工作状态如表3.3.1所示。

表3.3.1　CC 工作状态表

A	当前 CC 工作正常
A	当前 CC 设备状态正常,但发送给 TOD 的信息出现超时
A	当前 CC 与 TOD 的通信正常,但 CC 设备状态出错
A	CC 与 TOD 的通信异常,TOD 无法接收 CC 发送的信息
B	尾端 CC 工作正常

续表

B	尾端 CC 设备状态正常,但发送给 TOD 的信息出现超时
B	尾端 CC 与 TOD 的通信正常,但 CC 设备状态出错
B	尾端 CC 与 TOD 的通信异常,TOD 无法接收尾端 CC 发送的信息

⑧nsigma 图标

表示网新公司的 Logo。当列车处于静止状态或与当前 CC 通信中断时,可通过单击该 Logo 图标进行驾驶界面与系统管理界面的切换。

2)驾驶界面

驾驶界面如图 3.3.8 所示。

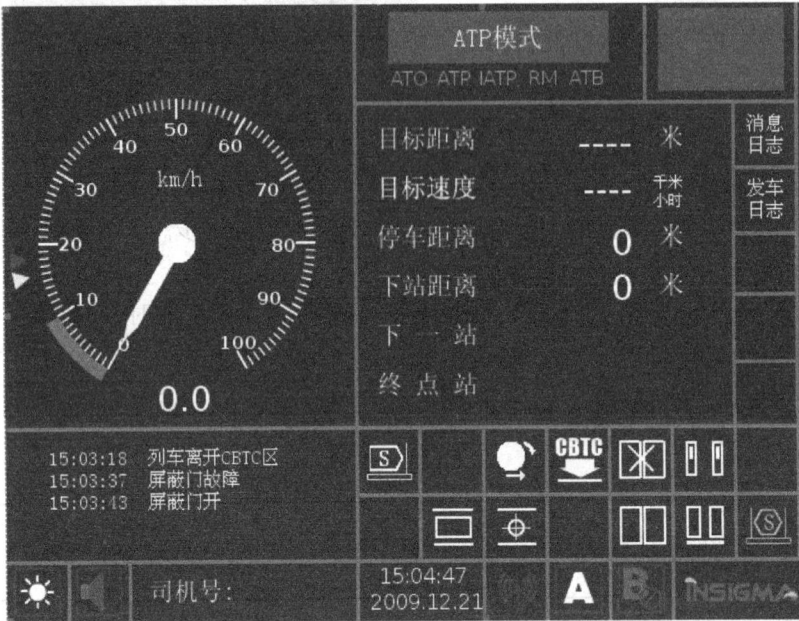

图 3.3.8

①车次信息显示区

车次信息显示区显示车次号信息,如图 3.3.9 所示。

图 3.3.9

②驾驶模式区

驾驶模式区如图 3.3.10 所示,上方表示列车当前采用的驾驶模式,下方显示的是当前可用的模式。当某一模式不可用时,该模式变为灰色状态。如图 3.3.10 所示,当前 ATO/ATP/ RM/ATB 4 种模式可用,IATP 模式不可用,"ATO"为当前模式。具体显示含义如表 3.3.2 所示。其中,在非限制人工驾驶模式(NRM)下,由于车载信号系统已经被旁路,不起任何作用, TOD 无法显示任何内容,TOD 将显示初始界面。当前驾驶模式显示为空。

图 3.3.10

表 3.3.2　模式显示含义表

当前模式显示	备　注
ATO 模式	当前驾驶模式不可用(以 ATO 模式为例)
ATO 模式	当前驾驶模式可用(以 ATO 模式为例)
ATO 模式	当前驾驶模式不可移动(以 ATO 模式为例)
—	当前驾驶模式未定义状态
维护模式	TOD 处于维护模式。此时驾驶模式的所有信息将清空
通信中断	TOD 与 CC 的通信中断时,此时显示通信中断

③速度显示区

速度显示区如图 3.3.11 所示,其中绿色光带表示的是推荐速度,用于司机以人工模式驾驶列车时按该速度行车,指针为列车当前速度,对应于速度盘下方数字部分。如果当列车速度超过推荐速度指针变为黄色,黄色三角为 FSB 速度,如果列车速度超过 FSB 速度,指针变为红色,需要司机调整牵引/制动力,使得列车速度回到安全范围,从而缓解 FSB。红色三角为 EB 速度,可引起紧急制动,一旦引起 EB,只能通过人工才能缓解。

图 3.3.11

红色的报警灯闪烁时,表示 EB 施加发生。当引起 EB 原因缓解后,红色报警灯静态显示。当 EB 缓解,红色报警灯消失。

当 FSB 发生时,为黄色的报警灯闪烁。当引起 FSB 原因缓解时,黄色报警灯静态显示;当 FSB 缓解,黄色报警灯消失。如果当 FSB 和 EB 同时发生,显示 EB 的状态,即红色报警灯。

④消息显示区

消息显示区如图 3.3.12 所示,用于显示最近收到的几条消息。如果需要查看历史消息可在停车状态下打开消息日志浏览窗口。

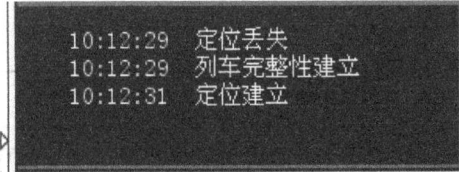

图 3.3.12

⑤目标显示区

目标信息区如图 3.3.13 所示,用于显示目标速度、目标距离、停站距离、下站距离、下一站站名和终点站名。

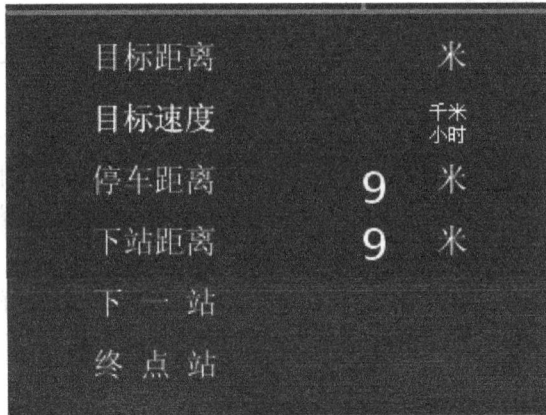

图 3.3.13

⑥状态消息区

状态消息区如图 3.3.14 所示,具体图标显示含义如表 3.3.3 所示。

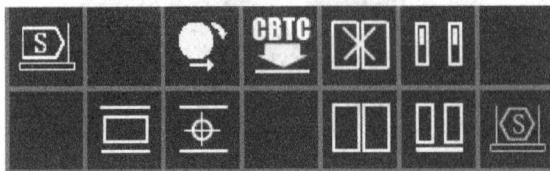

图 3.3.14

表 3.3.3   状态消息区显示含义表

图 标	说 明	备 注
	停车到位	停车状态显示
	停车过位恢复或过位中	
	列车离开 CBTC 区域	
	车门旁路	
	空转/打滑	
	定位建立	定位信息显示
	定位丢失	
	列车静止	
	完整性丢失/正常	列车完整性显示
	列车完整性	
	自动开、自动关	
	手动开、手动关	开门模式显示
	自动开、手动关	
	门非使能	当门使能时,可以分为左门使能,右门使能
	门使能	

续表

图 标	说 明	备 注
	关门状态	
	开门状态	车门状态显示
	门出错状态	
	屏蔽门关	
	屏蔽门开	
	屏蔽门出错	屏蔽门状态显示 PSD
	无屏蔽门	
	屏蔽门状态未知	

⑦站停信息区

站停信息区如图 3.3.15 所示,在 ATP,ATO 模式下,TOD 的停站时间倒计时器与站台 PDI 同步显示停站时间,TOD 将从 CC 接收停站时间并倒数至零,然后提示驾驶员发车。

停站时间倒计时板:

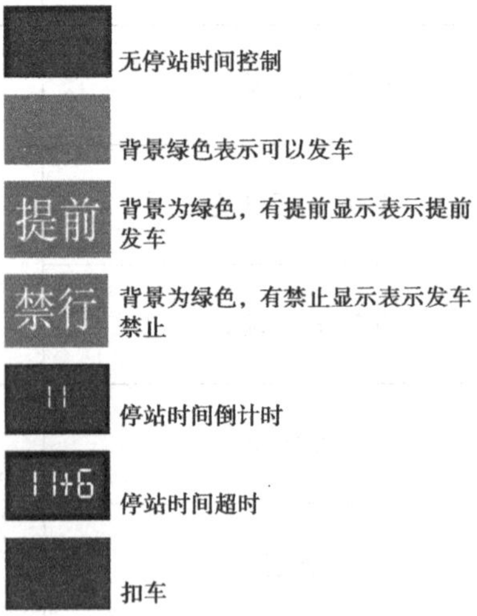

无停站时间控制

背景绿色表示可以发车

提前 背景为绿色,有提前显示表示提前发车

禁行 背景为绿色,有禁止显示表示发车禁止

停站时间倒计时

停站时间超时

扣车

图 3.3.15

3）EB 窗口

当列车行驶过程中出现 EB 时，将在驾驶界面右部分出现"紧急制动！"的红色字样，同时会有红色警报闪烁，当 EB 原因解除红色警报停止闪烁。EB 窗口如图3.3.16 所示。

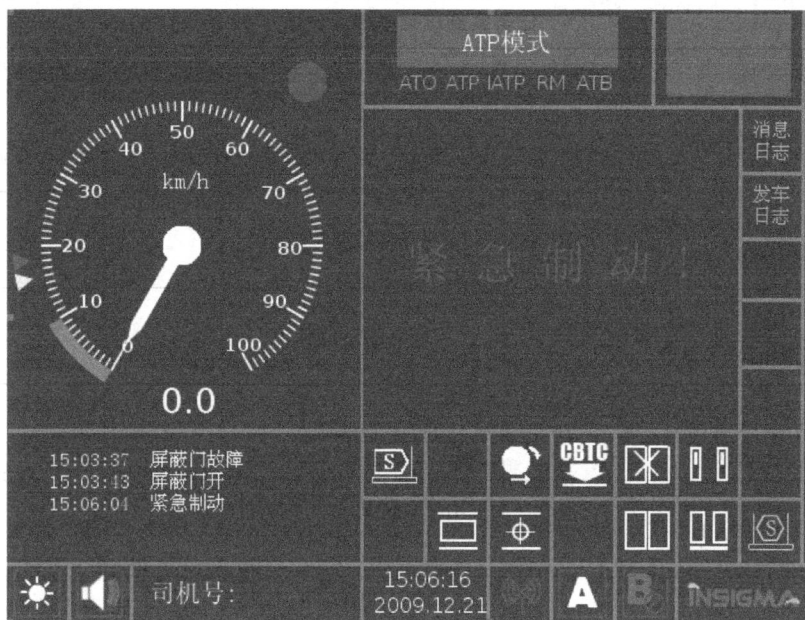

图 3.3.16

4）CC 被旁路窗口

当 CC 被旁路时，将在驾驶界面右部分出现"CC 被旁路"的黄色字样，同时伴有声音报警，如图3.3.17 所示。

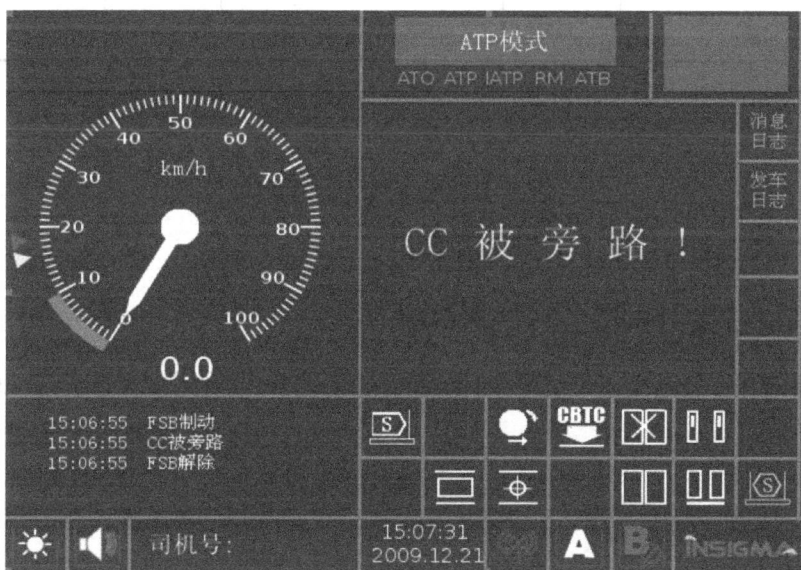

图 3.3.17

【任务考评】

以学生自评互评为主,教师综合评定。

任务实施过程考核评价表

考评项目		配分	要 求	学生自评	小组互评	教师评定
知识准备	TOD 的功能	10	理解叙述的正确性			
任务完成	MFT_L11_bqe 人机交互界面外观	10	识图的熟练性考评			
	MFT_L11_bqe 人机交互界面技术参数	15	理解的正确性			
	人机交互界面 TOD 的组成	10	叙述的正确性			
	各界面显示的含义	25	识图及含义理解的熟练性考评			
	任务实施过程记录	5	详细性			
	所遇问题与解决记录	5	成功性			
安全事项		5	违章不得分			
协调合作,学习效果展示成绩		15	小组成员的参与积极性、学习的效果			
成 绩						

任务 4 查 询 器

【场景设计】

1.实地参观城市轨道交通车站的查询器进行现场教学,或利用多媒体展示城轨系统中查询器的应用。

2.将学生每 6~8 人分为 1 组。

3.考评所需的记录、评价表。

【知识准备】

(1)应答器系统组成

应答器设备在城市轨道交通中广泛应用于列车定位及点式列车通信系统中。应答器包括查询器天线、查询器主机、地面应答器 3 个主要设备。查询应答器是一种采用电磁感应原理的高速点式信息传输系统,用于在特定地点实现列车与地面的相互通信。安装于两根钢轨中心枕木上的地面应答器是不要求外加电源,平时处于休眠状态,仅靠接受查询器的功率而工作,并能在接收查询器的功率的同时向查询器发送大量的调制编码信息。安装于机车底部的查询器不断向地面发送瞬态功率,并在列车经过地面应答器时接收来自应答器的编码信息。查询器主机除了向查询器发送瞬态功率外,其主要任务是处理查询器接收到的来自应答器的高频调制编码信息。应答器在信号系统中作为地面里程信标为列车提供精确定位矫正功能,及时修正因列车本身测量位置产生的测量误差。随着列车走行距离的增大,列车本身的测量装置如测速电机、测速雷达的测量数据不可避免会出现积累误差,为了消除该误差当列车运行一定距离后必须对测量数据进行矫正。通过列车车载轨道数据库与应答器的物理位置进行比较,可以精确地重新校准列车的实际位置。

（2）**应答器的类型及功能**

1）无源应答器

①接收车载天线传递的载频能量

无源应答器是一种信息编码调制器,其工作能量来自于列车发出的功率载波,应答器与车载天线之间的通信属于无线传输,无线电波在空气中的损耗很大,如果地面应答器的功耗过大,需要对列车发出的功率载波提出很高的要求,但同时会带来散热和电磁兼容等方面的问题。

②通过车载天线向列车发送数据信息

当车载查询器天线与地面应答器在有效作用范围内时,地面应答器需要发送连续的数据信息。地面应答器发送的数据实际上是一个无缝的报文信息流,该报文由同步码、有效信息及校验码组成。

通过查询应答器系统设备的地-车单向通信功能实现以下作用:

- 当列车进入装备应答器的正线时初始化列车位置。
- 列车位于正线时,在 ATP 车载计算机单元重新启动后列车位置的重新初始化。
- 在预先定义的区域或点上减少安全定位的不确定性。
- 将安全定位的不确定性维持在预定阈值之下。
- 满足要求的站内停车精度。

用于点式通信级的应答器还为点式列车防护提供其他信息。根据应答器的识别号,车载 ATP 可以利用线路数据库里的线路信息对应答器进行定位。应答器定位流程如下:

a. 在车载 ATP 的启动时,列车未定位,但是车载计算机单元的线路数据库记录有应答器的位置。

b. 一旦列车连续地经过两个应答器,它初始化自己的位置参数,这样列车"已定位"。详细的步骤如下面的描述:

- 第一个应答器初始化应答器查询器天线的位置,但是列车不知道自己在轨道上的运行方向。
- 根据线路数据库里应答器的顺序,第二个应答器用于确定列车的运行方向。
- 通过第二个应答器后,列车位置可由测速电机和雷达测量。

c. 在两个应答器之间,已定位的列车位置参数得到更新,这都得益于测速电机和雷达的连续位移测量。

当经过另外一个应答器时,一列已定位的列车将调整它的位置参数,以便通过计算一个更小的位置不确定值得到更加精确的位置。

2)有源应答器

①外观

美式有源应答器具体外观如图3.4.1所示,欧式有源应答器具体外观如图3.4.2所示。

 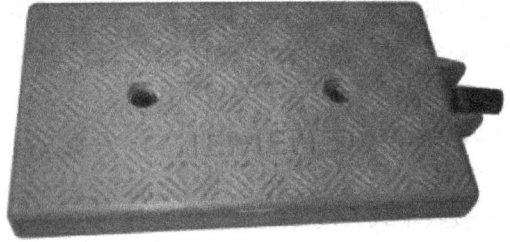

图3.4.1   图3.4.2

②功能

当信号系统使用点式通信时,可变数据应答器用于给列车传送报文。可变数据应答器连接到一个和信号机相连的轨旁电子单元(LEU)。正常情况下,可变数据应答器接收 LEU(轨旁电子单元)连续发送的报文,该报文内容取决于与 LEU 相连接的信号机的显示信息。列车通过该应答器的瞬间,该报文被传送到列车上。

【任务实施】

任务提出:

本任务的实施以应答器系统中车载部分为例,介绍车载查询器的外观、组成及功能。

(1)查询器天线

1)外观及安装位置

查询器天线外观如图3.4.3所示,具体安装位置如图3.4.4所示。

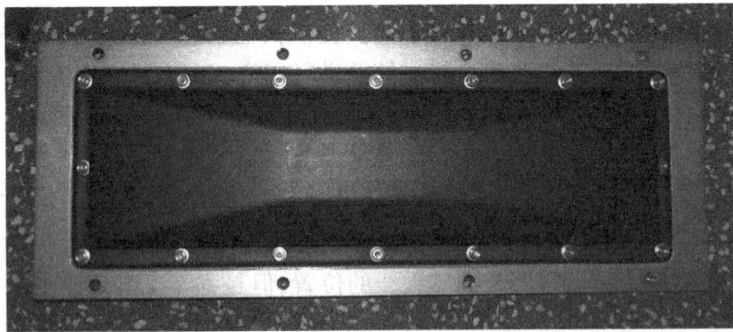

图3.4.3

查询器天线被安装在带有司机室的拖车车厢的第一个转向架末端,居中安装在列车的纵向轴上。查询器天线边到边的安装误差为 ±5 mm。从车钩到天线中心的距离为 5 779 mm。

178

天线用 M8 螺栓安装。

图 3.4.4

查询器天线安装在距离轨面(TOR)高度为 300 ± 10 mm 处(静止空车状态)。

2)功能

查询器天线为双工收发天线,既可以向地面发送激活地面应答器的功率载波,还要接收地面应答器发送的数据报文。

(2)**查询器主机**

1)外观

查询器主机外观如图 3.4.5 所示。

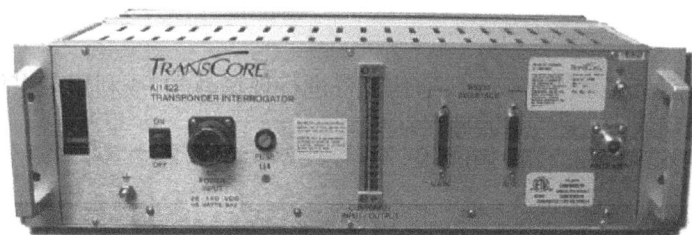

图 3.4.5

2)功能

①发送地面应答器需要的能量

由车载载频发生器与功率放大器提供用于产生激活地面应答器所需的载波能量,并通过车载查询器天线传递给地面应答器。

②接收、解调来自地面应答器的数据信息

由车载查询器天线接收来自地面应答器的数据信息。查询解码器用于对地面应答器传送的信息进行接收、滤波、数字解调与处理。分析接收到的数据流,找出完整的报文,确定精确定位参考点;将处理好的报文数据,通过相应的数据接口,在约定的接口协议下传送给车载 ATC 设备。

【任务考评】

以学生自评互评为主,教师综合评定。

任务实施过程考核评价表

考评项目		配分	要　求	学生自评	小组互评	教师评定
知识准备	应答器系统组成	10	理解叙述的正确性			
	应答器的类型及功能	10	理解叙述的正确性			
任务完成	查询器天线的外观	10	识图描述的正确性考评			
	查询器天线安装位置	15	位置说明的准确性			
	查询器主机外观	10	外观描述的正确性			
	查询器主机的功能	15	理解叙述的正确性			
	任务实施过程记录	5	详细性			
	所遇问题与解决记录	5	成功性			
安全事项		5	违章不得分			
协调合作,学习效果展示成绩		15	小组成员的参与积极性、学习的效果			
成　绩						

任务5　车载无线通信设备

【场景设计】

1.通过参观城轨交通系统车载无线通信设备进行现场教学,或利用多媒体展示车载无线通信设备的相关应用。

2.将学生每6~8人分为1组。

3.考评所需的记录、评价表。

【知识准备】

基于无线电台的通信方式是CBTC车-地双向连续通信方式之一。数据通信子系统的车地双向通信网络是沟通车载数据通信网络与轨旁数据通信网络的渠道,实现车地之间的双向通信。它采用IEEE 802.11g的无线局域网技术。IEEE 802.11g是当前比较先进和成熟的WLAN标准,在高速移动环境中可以支持车地之间的双向移动通信。除此之外,无线网络还支持IEEE 802.11e,802.11i等协议来实现高速、安全、可靠、实时的无线通信。MR是车载无线设备,用来在车载设备(如ATP和ATO)和轨旁设备间传输数据。

每列车上安装有两套MR,分别位于列车的两端,每端一套MR。所有列车收发的数据都由在列车两端的MR传输,提供连续的数据传输冗余。车载ATP和ATO子系统通过两个独立的以太网连接到MR。采用双绞线彼此连接的以太网扩展设备来实现车厢之间的通信。车-地无线传输系统选用两个互不重叠的信道,对于每端车载无线信号设备以及每个轨旁无线AP具备两个信道的冗余通信功能,并能根据现场信号场强的情况,实现两个信道的无扰切换,以确保车-地无线信息正确与可靠地传输。

车载无线通信设备包括 MR 天线及 MR 主机。

【任务实施】

任务提出：

本任务的实施以车载无线通信设备的组成为线,介绍车载 MR 天线及车载 MR 主机。

（1）**车载 MR 天线**

1）外观

车载 MR 天线外观如图 3.5.1 所示。

2）安装位置

车载无线采用八木天线,安装于两端司机室上方车体内,如图 3.5.2 所示。信号发射方向为准水平向前。

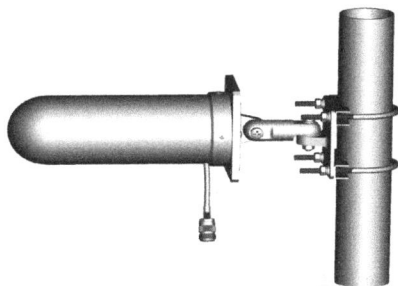

图 3.5.1

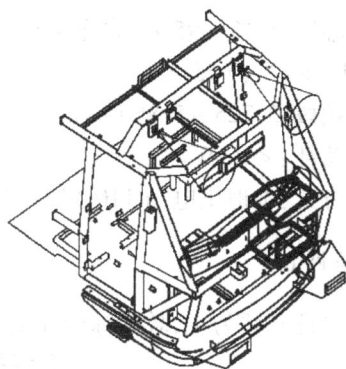

图 3.5.2

3）SL14011F 型天线的技术参数

- 频率范围:2 400 ~ 2 500 MHz。
- 输入阻抗:50 Ω。
- 增益:9 dBi。
- 前后比:≥15 dB。
- 极化形式:垂直或水平。
- 最大功率:100 W。
- 输入接口:N 型阴头。
- 雷电保护:直流接地。
- 长度:245 mm。
- 质量:498 g。
- 支撑杆:$\phi 35 \sim \phi 50$ mm。
- 工作温度: $-40 \sim 60$ ℃。

（2）**车载 MR 主机**

1）外观及特点

专为车载工作环境定制,外观结构如图 3.5.3、图 3.5.4 所示,并具有以下特点:

- 支持机柜安装。

- 可靠的防振设计(有 H3C 振动试验报告)。
- 环境满足机车车辆电子装置标准(第三方检验报告)。
- EMC 满足行业标准(第三方测试报告)。
- 同时支持 2.4 GHz 和 5 GHz 频段。

图 3.5.3

图 3.5.4

2) WA2220E-AG-T 型号技术参数

- 尺寸:长×宽×高 =436 mm×360 mm×43.6 mm(不含天线和安装附件)。
- 质量:4.2 kg。
- 工作温度: -25 ~70 ℃。
- 工作湿度:10% ~95% (非冷凝)。
- MTBF: >27 年(25 ℃)。
- 工作频段:5.725 ~5.850 GHz。
- 整机功耗: <15 W。
- 供电方式:本地供电 +110 VDC(77 ~135 V)。

【任务考评】

以学生自评互评为主,教师综合评定。

任务实施过程考核评价表

	考评项目	配分	要 求	学生自评	小组互评	教师评定
知识准备	无线通信的应用	5	叙述的准确性			
	车载无线通信设备的概况	10	叙述的全面正确性			
任务完成	车载 MR 天线外观	10	识图描述的正确性考评			
	车载 MR 天线的安装位置	15	位置说明的准确性			
	MR 天线的技术参数	10	外观描述的正确性			
	车载 MR 主机外观及特点	15	理解叙述的正确性			
	MR 主机的技术参数	5	叙述的正确性			
	任务实施过程记录	5	详细性			
	所遇问题与解决记录	5	成功性			
安全事项		5	违章不得分			
协调合作,学习效果展示成绩		15	小组成员的参与积极性、学习的效果			
成 绩						

【项目小结】

本项目主要介绍了车载信号系统的基础设备,包括速度传感器测速原理及安装、加速度计及雷达测速仪、司机操作人机交互设备、查询器的组成及作用、车载无线通信设备。

速度传感器是车载信号系统中重要的速度及距离测量设备,学习时应对其输出的脉冲数量与车轮走行距离成正比的测速原理深入理解;车载人机交互界面是车载信号系统与列车驾驶员之间的信息交互平台,对该设备应了解其功能及界面外观;通过本项目的学习,重点还应对查询器的组成及作用、车载无线通信设备的组成深入理解。

【思考与练习】

1. 试述速度传感器的测速原理及如何进行安装。

2. 试述加速度传感器是如何实现测速的。

3. 简述加速度计的分类。

4. 分析雷达测速仪的工作原理。

5. 简述司机操作人机交互设备的功能。

6. 试述车载信号系统人机交互界面 TOD 的组成。

7. 简述查询器的组成及作用。

8. 简述应答器的基本作用。

9. 简述应答器的类型。

10. 简述无源应答器与有源应答器的区别。

11. 简述应答器系统的工作原理。

12. 试述查询器天线的一般安装。

13. 试述车载无线通信设备的组成。

项目 *4*

ATS 信号基础设备

【项目描述】

1. ATS 工作站。
2. ATS 服务器。
3. ATS 软件。

【项目目标】

1. 掌握 ATS 工作站的作用、特点、分类及组成。
2. 掌握 ATS 服务器的特点、类型及组成。
3. 了解 ATS 软件任务的含义。

【能力目标】

1. 能准确叙述 ATS 工作站的作用、特点及分类。
2. 能准确分析 ATS 工作站的组成结构。
3. 能准确叙述 ATS 服务器的特点、类型。
4. 能正确认识 ATS 服务器的组成部件。
5. 能准确叙述 ATS 软件任务的含义。

任务 1　工作站

【场景设计】

1. 现场参观城市轨道交通车站的相关设备进行教学,或利用多媒体展示城轨系统中 ATS 工作站的实际应用工作状态。学生每 6~8 人 1 组。

2. 机房配置相应的 ATS 工作站教学软件。

3. 考评所需的记录、评价表。

【知识准备】

（1）概述

工作站英文名称为 Workstation，是一种以个人计算机和分布式网络计算机为基础，主要面向专业应用领域，工作站又称客户机。客户机是指当一台计算机联接到局域网上时，这台计算机就成为局域网的一个客户机。客户机与服务器不同，服务器是为网络上许多网络用户提供服务以共享它的资源，而客户机仅对操作该客户机的用户提供服务。客户机是用户和网络的接口设备，用户通过它可以与网络交换信息，共享网络资源。客户机通过网卡、通信介质以及通信设备联接到网络服务器。例如，有些被称为无盘工作站的计算机没有它自己的磁盘驱动器，这样的客户机必须完全依赖于局域网来获得文件。客户机只是一个接入网络的设备，它的接入和离开对网络不会产生多大的影响，它不像服务器那样一旦失效，可能会造成网络的部分功能无法使用，那么正在使用这一功能的网络都会受到影响。现在的客户机都用具有一定处理能力的 PC（个人计算机）机来承担。

工作站是由计算机和相应的外部设备以及成套的应用软件包所组成的信息处理系统。它能够完成用户交给的特定任务，是推动计算机普及应用的有效方式。工作站应具备强大的数据处理能力，有直观的便于人机交换信息的用户接口，可与计算机网相联，在更大的范围内互通信息，共享资源。工作站在编程、计算、文件书写、存档、通信等各方面给专业工作者以综合的帮助。

（2）工作站特点

1）高性能 CPU

在 20 世纪 80 年代以前，RISC 架构 CPU 占据了高性能 CPU 的主要市场，那时的工作站也大多采用 RISC 架构 CPU，不过经历了 20 世纪 90 年代以及 21 世纪初的发展，现在 CISC 架构的 X86 处理器已经占据了绝大多数 CPU 市场，工作站也转为以 x86 架构 CPU 的居多。

2）浮点计算硬件支持

由于工作站运行的应用多为复杂数据的处理，如 3D 图形、工程模型模拟计算等，因此，工作站的浮点计算能力要求比较高。

3）内存容量

在 1982 年以前，电脑的内存都限制在 640 kB 以下，不过到 20 世纪末，内存容量已经到了 GB 的级别，工作站的内存容量也要求比较高，在 20 世纪 90 年代，工作站已支持了超过 4 GB 的内存寻址，而个人电脑直到 21 世纪初才达到这个水平。

4）操作系统

早期的工作站大多是运行 Unix 系统或是类 Unix 系统，早期的 CPU 对于内存大小以及内存寻址都有较强的限制，导致工作站的操作系统也有限制，不过到 20 世纪 80 年代，32 位的 80386CPU 出来以后，工作站的操作系统就多样化了。

5）高速网络

10 MBite/s 的网络在 20 世纪 90 年代初的个人电脑是常见的，不过那时候的工作站，其网速却已经是在 100 Mbit/s，1 Gbit/s 甚至更高。

6）显示器

大屏幕、高分辨率的显示器经常应用在图像模型设计的工作站中，并且一台工作站往往同时接多个显示器。

7)3D 图形处理

工作站对于 3D 图形处理能力的要求相对 PC 较高,而个人电脑则是由于 20 世纪 90 年代游戏的发展而对 3D 图形处理能力才有一定的要求。

8)高速的大数据存储

早期的工作站是利用专门的硬盘,直到 20 世纪 80 年代 SCSI 的标准接口兴起,虽然 SCSI 在个人电脑上也经常应用,但是其速度受限于个人电脑的 ISA 接口总线,不过在工作站以及服务器中,SCSI 接口的性能有着更好的发挥。

9)硬件和系统的兼容

工作站的制造商同时还会设计改进系统,这样保证了其硬件和操作系统的无缝接合。

【任务实施】

任务提出:

根据 ATS 工作站的作用特点,介绍其分类及组成。

(1)工作站类型

1)ATS 工作站

ATS 工作站用于监视、控制线路和列车运行,如图 4.1.1 和图 4.1.2 所示。ATS 工作站的控制权由登录人员的用户头衔和其相应权限来决定。在控制中心有两台调度员工作站和一台调度长工作站,各配有两台 LCD 显示器,用于行车监视和控制。这些工作站有控制全线(所有区域)的能力,调度员可根据他的权限来选择或者取消控制区域。

图 4.1.1   图 4.1.2

2)ATS 支持工作站

ATS"支持"工作站用于维护 ATS 系统,培训 ATS 用户,生成/管理列车时刻表。大屏幕显示工作站用于在业主提供的大屏幕显示器上显示 ATS 图形界面,如图 4.1.3 所示。

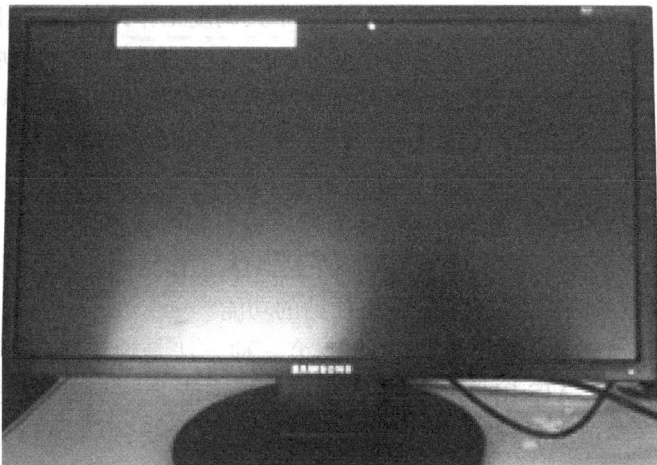

图 4.1.3

①系统管理员工作站

系统管理员工作站是一套单工作站,配有两台显示器用于监控和维护 ATS 系统。这台工作站中具有 ATS 软件、图形图表和更新的数据库等。

主要功能如下:

- 安装和更新 ATS 软件。
- 设置 ATS 用户账号。
- 创建一个新的用户账户。
- 查看用户账户信息。
- 修改用户账户信息。
- 删除用户账户信息。
- 监视软件进程。
- 数据存档/恢复。

②培训/仿真工作站

4 台培训/仿真工作站用于 ATS 用户的培训。这些工作站与培训服务器相连。授权的培训人员可在这些工作站上模拟故障和其他状态来培训调度员。

③时刻表编辑工作站

时刻表编辑工作站是用于创建和修改基本时间表/计划的单个工作站,这些时间表/计划将被载入 ATS 系统用于自动运行。

④大屏幕显示工作站

大屏幕显示工作站是一台单机工作站,用于在用户提供的大屏幕显示系统上显示 ATS 图形界面。

3)ATS 远程工作站

①车站工作站

每个集中站放置一台 ATS 工作站和打印机。ATS 工作站显示当前状态(设备状态、列车运行),通常控制的仅仅是本联锁区。

联锁区域内的 ATS 车站工作站是单机工作站,各配有两台 LCD 显示器,用于监视列车运行。联锁区域内的 ATS 车站工作站的运行与 ATS 中央调度工作站的运行相似。一般情况下，ATS 车站工作站用户监视本联锁区内列车的移动，而不需要控制本联锁区域。联锁区的 ATS 车站工作站是带有本地控制工作站（LCW）功能的组合工作站，ATS 与 LCW 使用不同的用户接口。

集成了 ATS 工作站/本地控制工作站功能的工作站位于设备集中站的本地调度室。该工作站通过接入交换机（AS）接入 DCS 网络，并通过串口直接接入联锁设备。该工作站有两个任务：一是在正常运营条件下，该工作站可实现车站 ATS 工作站的功能；二是在降级运营模式下，如果 ATS 不可用，该工作站有本地控制工作站的功能。

如果需要控制联锁区域，有两种实现方法：第一种方法是通过 ATS 车站工作站向中央 ATS 用户请求控制。中央 ATS 用户可以授权，也可以拒绝请求。第二种方法是联锁区域的紧急控制。这种方式旁路请求/授权协议。当控制权被授权/接受，中央 ATS 工作站用户只能拥有本联锁区的控制权（并非全线）：用户只能为当前车站的列车/设备发送请求。无论 ATS 车站工作站用户是如何获得控制权的，ATS 车站工作站均能以同样放权的方式将控制权交还给中央 ATS 工作站。ATS 车站工作站用户选择并执行解除控制权功能。

某一个 ATS 车站工作站能够在紧急情况下进行全线控制（并不仅仅是本联锁区）。只有当本地调度员退出登录授权调度员以中心调度员的身份登录时，才能进行全线控制。一旦紧急情况恢复，授权将返回由本地调度员控制。

②ATS 车场工作站

A. 行车计划切换工作站（派班工作站）

一台车辆段/停车场派班工作站位于停车库司机派班室，用于列车正线运行以及返回车辆段/停车场所需的换班计划。ATS 车辆段/停车场派班工作站界面允许访问的窗体中包括存车线上的列车列表，以及根据当前计划时刻表运营所需的列车列表。在运营所需车辆列表中，用户可为每辆列车匹配 PVID 和司机 ID；该数据将被临时存储，以便于其他用户访问，如车辆段 ATS 工作站的调度员。

B. 车辆段/停车场监视工作站

一台车辆段/停车场监视工作站位于信号楼内，车辆段/停车场行车值班员依据 ATS 列车时刻表，为车辆段/停车场的列车进出计划提供支持信息。本工作站也用来监视车辆段/停车场轨道占用情况，以及车辆段/停车场和正线之间的转换区情况，也用来监视车辆段/停车场和转换区之间的进路。

（2）**工作站组成**

ATS 系统内使用若干种类的工作站。这些类别对应于不同类型的 ATS 系统操作和维护人员。大多数 ATS 操作是通过控制中心调度员工作站或 ATS 车站工作站执行的。ATS 工作站是运行 Red Hat Enterprise Linux 操作系统的 HP xw4600 计算机，如图 4.1.4 所示。

ATS 工作站计算机配置以下内容：

- 2.33 GHz 双核 CPU。
- 2 GB DDR2-667 RAM。
- 160 GB SATA 硬盘。
- 两个 NVIDIA Quadro NVS 290 显卡。
- 一个键盘和鼠标。

图 4.1.4

【任务考评】

以学生自评互评为主,教师综合评定。

任务实施过程考核评价表

	考评项目	配分	要　求	学生自评	小组互评	教师评定
知识准备	ATS 工作站的作用	5	理解的准确性			
	ATS 工作站的特点	10	叙述的全面正确性			
任务完成	ATS 工作站的类型	10	理解叙述的正确性			
	ATS 支持工作站的作用	15	叙述的准确性			
	ATS 工作站与 ATS 支持工作站的关联	10	理解的正确性			
	ATS 远程工作站的特点	15	理解叙述的正确性			
	ATS 工作站的组成	5	外观描述的正确性考评			
	任务实施过程记录	5	详细性			
	所遇问题与解决记录	5	成功性			
安全事项		5	违章不得分			
协调合作,学习效果展示成绩		15	小组成员的参与积极性、学习的效果			
成　绩						

任务 2　服务器

【场景设计】

1. 现场参观城市轨道交通车站的相关设备进行教学，或利用多媒体展示城轨系统中 ATS 服务器的实际应用工作状态。学生每 6～8 人 1 组。

2. 机房配置相应的 ATS 服务器教学软件。

3. 考评所需的记录、评价表。

【知识准备】

（1）概述

服务器是指一个管理资源并为用户提供服务的计算机软件，通常分为文件服务器、数据库服务器和应用程序服务器。运行以上软件的计算机或计算机系统，也被称为服务器。相对于普通 PC 来说，服务器在稳定性、安全性、性能等方面都要求更高，因此，CPU、芯片组、内存、磁盘系统、网络等硬件与普通 PC 有所不同。

服务器按应用层次划分通常也称为"按服务器档次划分"或"按网络规模"分，是服务器最为普遍的一种划分方法。它主要是根据服务器在网络中应用的层次（或服务器的档次）来划分的。要注意的是这里所指的服务器档次并不是按服务器 CPU 主频高低来划分，而是依据整个服务器的综合性能，特别是所采用的一些服务器专用技术来衡量的。按这种划分方法，服务器可分为入门级服务器、工作组级服务器和部门级服务器 3 种。

1）入门级服务器

这类服务器是最基础的一类服务器，也是最低档的服务器，如图 4.2.1 所示。随着 PC 技

图 4.2.1

术的日益提高，现在许多入门级服务器与 PC 机的配置差不多，故目前也有部分人认为入门级服务器与"PC 服务器"等同。这类服务器所包含的服务器特性并不是很多，通常只具备以下 5 个方面特性：

①有一些基本硬件的冗余，如硬盘、电源、风扇等，但不是必需的。

②通常采用 SCSI 接口硬盘，现在也有采用 SATA 串行接口的。

③部分部件支持热插拔，如硬盘和内存等，这些也不是必需的。

④通常只有一个 CPU，但不是绝对的。

⑤内存容量最大支持 16 GB。

这类服务器主要采用 Windows 或者 NetWare 网络操作系统，可充分满足办公室型的中小型网络用户的文件共享、数据处理、Internet 接入及简单数据库应用的需求。这种服务器与一般的 PC 机很相似，有很多小型公司干脆就用一台高性能的品牌 PC 机作为服务器，因此，这种服务器无论在性能上还是价格上都与一台高性能 PC 品牌机相差无几。

入门级服务器所连的终端比较有限（通常为 20 台左右），况且在稳定性、可扩展性以及容

错冗余性能较差,仅适用于没有大型数据库数据交换、日常工作网络流量不大,无须长期不间断开机的小型企业。需要说明的一点是,目前有的比较大型的服务器开发、生产厂商在后面要讲的企业级服务器中也划分出几个档次,其中最低档的一个企业级服务器档次就是称之为"入门级企业级服务器",这里所讲的入门级并不是与上面所讲的"级"具有相同的含义,不过这种划分还是比较少。还有一点就是,这种服务器一般采用 Intel 的专用服务器 CPU 芯片,是基于 Intel 架构(俗称"IA 结构")的,当然这并不是一种硬性的标准规定,而是由于服务器的应用层次需要和价位的限制。

2)工作组服务器

工作组服务器是一个比入门级高一个层次的服务器,但仍属于低档服务器之类。从这个名字也可看出,它只能连接一个工作组(50 台左右)的用户,网络规模较小,服务器的稳定性也不像下面要讲的企业级服务器那样高的应用环境,当然在其他性能方面的要求也相应要低一些。工作组服务器具有以下 5 个方面的主要特点:

①通常仅支持单或双 CPU 结构的应用服务器(但也不是绝对的,特别是 SUN 的工作组服务器就有能支持多达 4 个处理器的工作组服务器,当然这类型的服务器价格方面也就不同了)。

②可支持大容量的 ECC 内存和增强服务器管理功能的 SM 总线。

③功能较全面、可管理性强,且易于维护。

④采用 Intel 服务器 CPU 和 Windows/NetWare 网络操作系统,但也有一部分是采用 UNIX系列操作系统的。

⑤可满足中小型网络用户的数据处理、文件共享、Internet 接入及简单数据库应用的需求。

工作组服务器较入门级服务器来说性能有所提高,功能有所增强,有一定的可扩展性,但容错和冗余性能仍不完善,也不能满足大型数据库系统的应用。

3)部门级服务器

这类服务器是属于中档服务器之列,一般都是支持双 CPU 以上的对称处理器结构,具备比较完全的硬件配置,如磁盘阵列、存储托架等。部门级服务器的最大特点就是,除了具有工作组服务器全部服务器特点外,还集成了大量的监测及管理电路,具有全面的服务器管理能力,可监测如温度、电压、风扇、机箱等状态参数,结合标准服务器管理软件,使管理人员及时了解服务器的工作状况。同时,大多数部门级服务器具有优良的系统扩展性,能够满足用户在业务量迅速增大时能够及时在线升级系统,充分保护了用户的投资。它是企业网络中分散的各基层数据采集单位与最高层的数据中心保持顺利连通的必要环节。

部门级服务器一般采用 IBM,SUN 和 HP 各自开发的 CPU 芯片,这类芯片一般是 RISC 结构,所采用的操作系统一般是 UNIX系列操作系统,现在的 LINUX 也在部门级服务器中得到了广泛应用,如图 4.2.2 所示。

部门级服务器其硬件配置相对较高,其可靠性比工作组级服务器要高一些,当然其价格也较高(通常为 5 台左右高性能 PC 机价格总和)。由于这类服务器需要安装比较多的部件,所以机箱通常较大,采用机柜式,可从这几个方面来衡量服务器是否达到了其设计目的。

图 4.2.2

服务器具有 RASUM 的衡量标准,其中,R:Reliability 可靠性;A:Availability 可用性;S:Scalability 可扩展性;U:Usability 易用性;M:Manageability 可管理性。

（2）**服务器的特点**

1）可扩展性

服务器必须具有一定的"可扩展性",这是因为企业网络不可能长久不变,特别是在当今的信息时代。如果服务器没有一定的可扩展性,当用户一增多就不能胜任的话,一台价值几万,甚至几十万的服务器在短时间内就要遭到淘汰,这是任何企业都无法承受的。为了保持可扩展性,通常需要在服务器上具备一定的可扩展空间和冗余件(如磁盘阵列架位、PCI 和内存条插槽位等)。

可扩展性具体体现在硬盘是否可扩充,CPU 是否可升级或扩展,系统是否支持 Windows NT 和 Linux 或 UNIX 等多种可选主流操作系统等方面,只有这样才能保持前期投资为后期充分利用。

2）易使用性

服务器的功能相对于 PC 机来说复杂许多,不仅指其硬件配置,更多的是指其软件系统配置。服务器要实现如此多的功能,没有全面的软件支持是无法想象的。但是软件系统一多,又可能造成服务器的使用性能下降,管理人员无法有效操纵。因此,许多服务器厂商在进行服务器设计时,除了在服务器的可用性、稳定性等方面要充分考虑外,还必须在服务器的易使用性方面下足功夫。

服务器的易使用性主要体现在服务器是不是容易操作,用户导航系统是不是完善,机箱设计是不是人性化,有没有关键恢复功能,是否有操作系统备份,以及有没有足够的培训支持等方面。

3）可用性

对于一台服务器而言,一个非常重要的方面就是它的"可用性",即所选服务器能满足长期稳定工作的要求,不能经常出问题。其实就等同于 Sun 所提出的可靠性(Reliability)。

因为服务器所面对的是整个网络的用户,而不是单个用户,在大中型企业中,通常要求服务器是永不中断的。在一些特殊应用领域,即使没有用户使用,有些服务器也得不间断地工作,因为它必须持续地为用户提供联接服务,而不管是在上班,还是下班,也不管是工作日,还是休息、节假日。这就是要求服务器必须具备极高的稳定性的根本原因。

一般来说,专门的服务器都要不间断地工作,特别像一些大型的网络服务器,如大公司所用服务器、网站服务器以及提供公众服务 iqdeWEB 服务器等更是如此。对于这些服务器来说,也许真正工作开机的次数只有一次,那就是它刚买回全面安装配置好后投入正式使用的那一次,此后,它不间断地工作,一直到彻底报废。如果动不动就出毛病,则网络不可能保持长久正常运作。为了确保服务器具有高的"可用性",除了要求各配件质量过关外,还可采取必要的技术和配置措施,如硬件冗余、在线诊断等。

4）易管理性

在服务器的主要特性中,还有一个重要特性,那就是服务器的"易管理性"。虽然服务器需要不间断地持续工作,但再好的产品都有可能出现故障。人们常说:"不是不知道它可能坏,而是不知道它何时坏"。服务器虽然在稳定性方面有足够的保障,但也应有必要的避免出错的措施,以及时发现问题,而且出了故障也能及时得到维护。这不仅可减少服务器出错的机会,同时还可大大提高服务器维护的效率。其实也就是 Sun 提出的可服务性(Serviceability)。

像平时所用的计算机一样停下来进行维修,对于一个大型的服务器来说是不可能的事,这样就很可能造成整个网络的瘫痪,所带来的损失是无法用金钱来衡量的。服务器生产厂商为了解决这一难题提供了许多新的技术,如冗余技术、系统备份、在线诊断技术、故障报警技术、内存纠错技术、热插拔技术及远程诊断技术等,使绝大多数故障能够在不停机的情况下得到及时修复。

服务器的易管理性还体现在服务器有没有智能管理系统,有没有自动报警功能,是不是有独立于系统的管理系统,有没有液晶监视器等方面。只有这样,管理员才能轻松管理,高效工作。

【任务实施】

任务提出:

西安地铁二号线 ATS 系统服务器按其重要性分为 6 种,另外从硬件和软件的角度介绍了服务器的组成。

(1)ATS **服务器类型**

1)主服务器

ATS 主服务器(ATS Host Servers)一共有两台,同时运行一样的 ATS 控制应用软件,一个作主机一个作热备的备机。

2)数据库服务器

ATS 数据库服务器(ATS Database Servers)一共有两台,同时运行一样的数据处理软件,持续存储接收到的运营数据信息、ATS 系统事件信息、ATS 用户控制请求信息,ATS 系统自动控制请求、故障报警等数据,并为用户生成包含所有这些数据的报表。

3)通信服务器

ATS 通信服务器(ATS Communication Servers)一共有两台,同时运行一样的通信处理软件,接收并处理来自外部系统的数据,这些外部系统主要指综合监控系统 ISCS(PIS,PSCADA)、通信无线系统、通信时钟系统、大屏幕系统。

4)接口服务器

ATS 接口服务器是工作在正常/备用配置下的冗余服务器,无论外部接口是通过串口或网络连接,接口服务器提供与其他 CBTC 子系统和外部系统间的接口和协议转换。

5)培训服务器

ATS 培训服务器共一台,运行 ATS 模拟软件,用于培训各类用户。

6)CMS 服务器

维护服务器系统对全线的中央设备(含电源设备)、车站设备(含电源设备)、轨旁设备、车载设备以及车-地通信设备进行实时监督和故障报警,并能准确报警到板级。系统能够经传输通道在车辆段维修中心、运营中心实施远程故障集中报警和维护管理,在现场能够使用便携计算机实施故障诊断,对设备故障诊断定位到板级。

西安地铁二号线 ATS 系统主机、通信、数据库服务器、接口服务器、CMS 服务器、培训服务器采用 HP ProLiant DL380 G6 型服务器计算机,如图 4.2.3 所示为服务器显示前面板,如图 4.2.4所示为服务器前面板显示指示灯。服务器前面板指示灯显示的含义如表 4.2.1 所示。

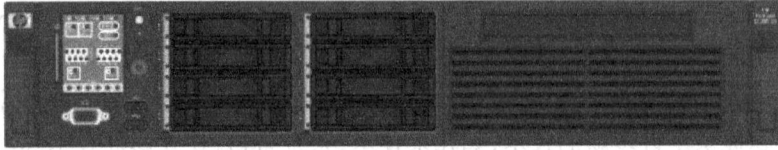

图 4.2.3

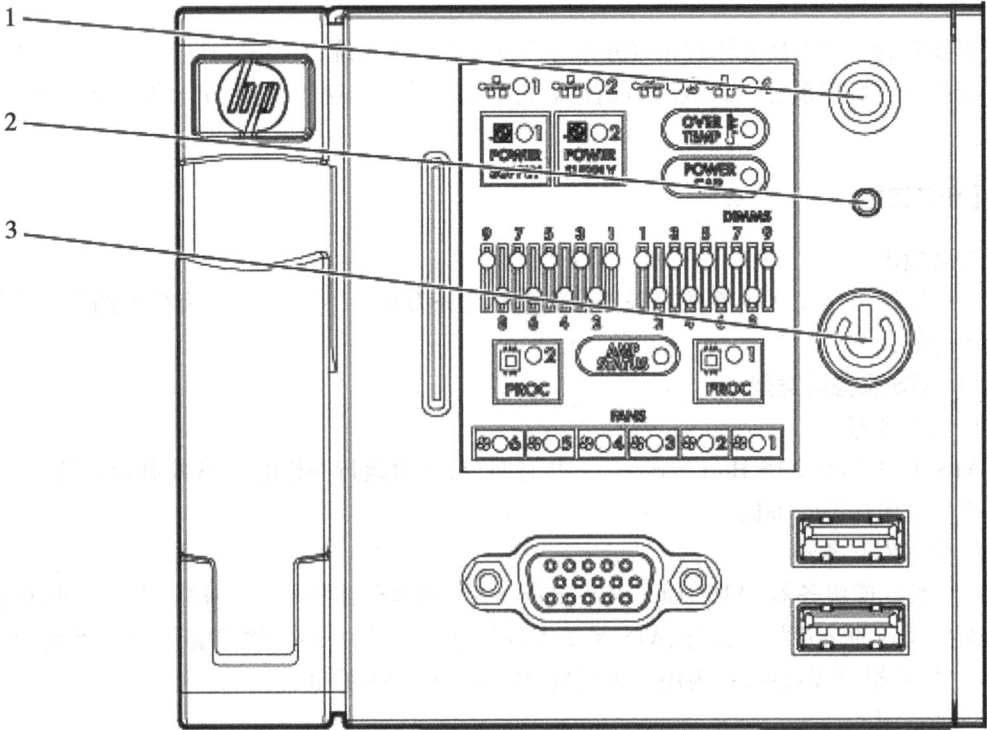

图 4.2.4

表 4.2.1　服务器前面板指示灯显示含义

1	定位灯	蓝色=激活,蓝色闪烁=远程管理中,熄灭=未激活
2	系统健康灯	绿色=健康,琥珀色=系统降级,红色=系统错误
3	电源指示灯	绿色=服务器运行,琥珀色=服务器待机,熄灭=未插电源线或者电源损坏

　　服务器后面板如图4.2.5所示,如图4.2.6所示为服务器后面板显示指示灯。服务器后面板指示灯显示的含义如表4.2.2所示。

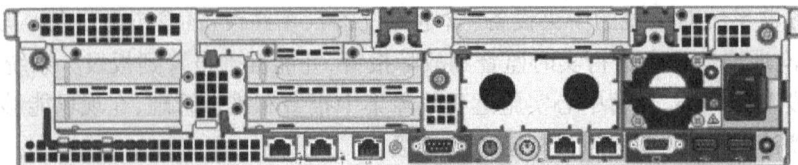

图 4.2.5

表 4.2.2　服务器后面板指示灯显示含义

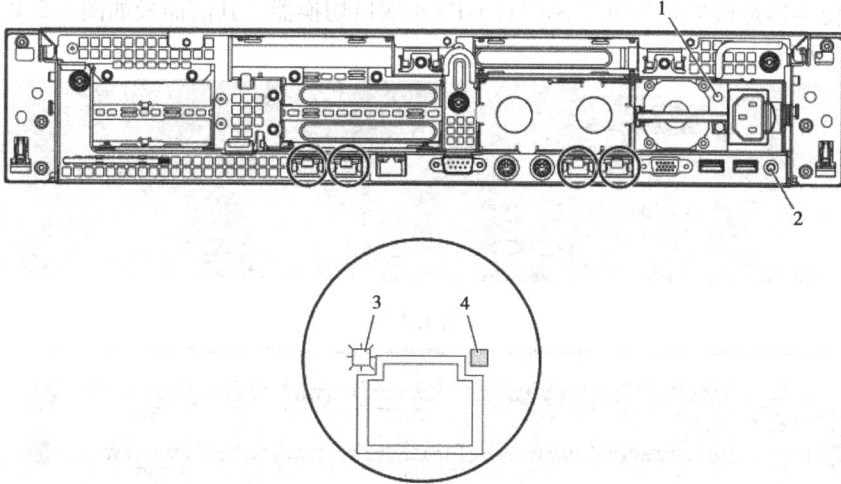

图 4.2.6

1	电源灯	绿色＝正常,熄灭＝设备关闭或者电源失败
2	定位灯	蓝色＝激活,蓝色闪烁＝设备远程管理中,熄灭＝未激活
3	网卡/iLO 2 激活灯	绿色＝网络活动,绿色闪烁＝网络活动,熄灭＝没有网络活动状态
4	网卡/iLO 2 连接灯	绿色＝网络连接,熄灭＝网络未连接

7)终端服务器

终端服务器提供在冗余 LAN 上将数据包转换成串行数据通信的方式。ATS 除了通过 8 端口终端服务器与外部系统接口外,两个单口终端服务器 Moxa 5150 用于连接 SCC 的串口和 LAN A,LAN B,SCC 不能使用网口直接连接到网络。

终端服务器将其可执行软件存储于闪存(可写)ROM 内,这表示其不需要从主机下载软件开机。软件只需在新版本可用时下载。该单元具有 8 RJ45 序列端口、重置按钮、以太网端口、10/100BASE-T 的 RJ45 以太网端口、若干 LED 和电源开关,如图 4.2.7 所示。

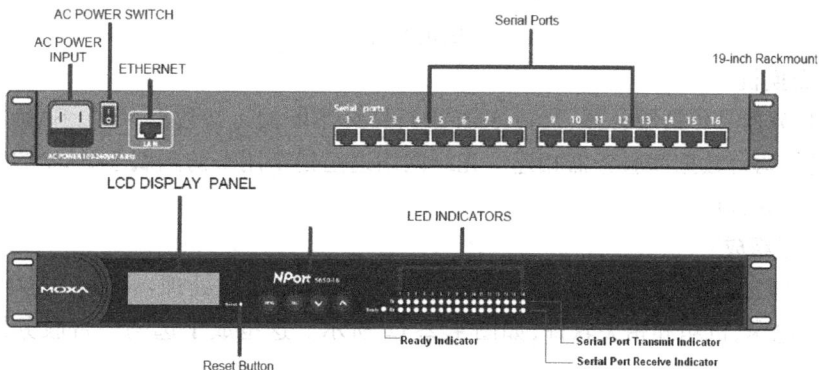

图 4.2.7

8)附属设备

A. KVM 转换器

KVM转换器是机架式黑匣子SW742A-R3 8端口切换器。其前面板如图4.2.8所示,后面板如图4.2.9所示。

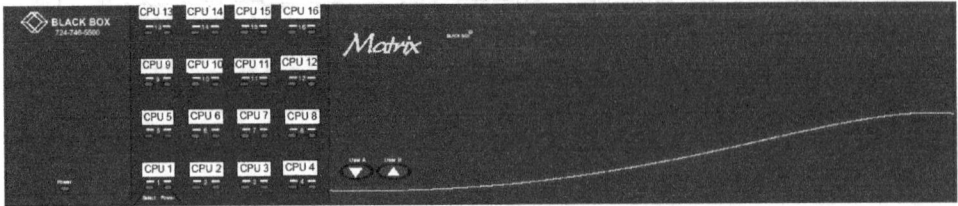

图4.2.8

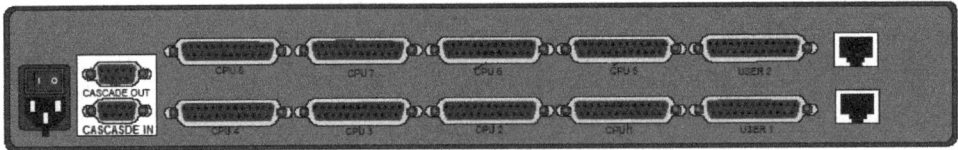

图4.2.9

B. 磁盘阵列

磁盘阵列的前面板如图4.2.10所示,后面板如图4.2.11所示。

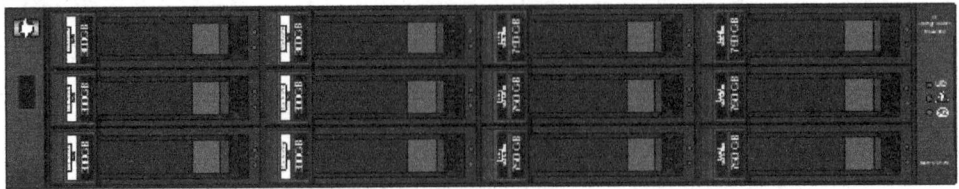

图4.2.10

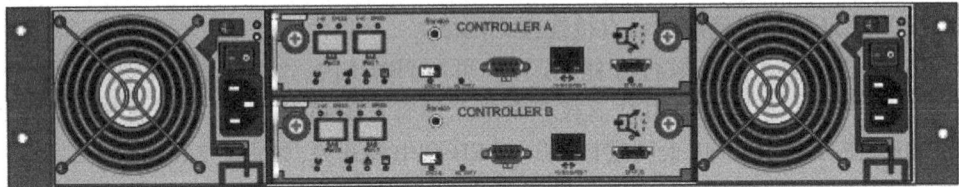

图4.2.11

C. 私网交换机

数据库服务器是集群服务器,通过SAN进行持续不断的运行数据存储。SAN通过光纤网络通道,直接与两台数据库服务器相连。光纤网络通道是个用来访问属于SAN的磁盘存储设备高速数据传输接口。

(2)**服务器组成**

服务器系统的硬件构成主要包含以下几个主要部分:中央处理器、内存、芯片组、I/O总线、I/O设备、电源、机箱和相关软件,如图4.2.12所示。这也成了选购一台服务器时所主要关注的指标。

图 4.2.12

整个服务器系统就像一个人,处理器就是服务器的大脑,而各种总线就像是分布于全身肌肉中的神经,芯片组就像是骨架,而 I/O 设备就像是通过神经系统支配的人的手、眼睛、耳朵和嘴;而电源系统就像是血液循环系统,它将能量输送到身体的所有地方。

在信息系统中,服务器主要应用于数据库和 Web 服务,而 PC 主要应用于桌面计算和网络终端,设计根本出发点的差异决定了服务器应该具备比 PC 更可靠的持续运行能力、更强大的存储能力和网络通信能力、更快捷的故障恢复功能和更广阔的扩展空间,同时,对数据相当敏感的应用还要求服务器提供数据备份功能。

每一台 HP ProLiant DL380 G6 型服务器计算机配置以下内容:

①两台 Quad-Core Intel Xeon 5530 处理器,如图 4.2.13 所示。

图 4.2.13

②两台 1-GB　PC3-10600 R 完全缓冲的 DIMM,如图 4.2.14 所示。

③两台集成的 BCM5709 C,带有双端口 GB 网络路由器(TCP/IP 减负引擎)。

图 4.2.14

④一台 HP 智能阵列 P410i/256 MB 控制器（RAID 0/1/1 +0/5）。

⑤一套冗余电源系统 350/370/380 G6 世界套装（399771-B21），如图 4.2.15 所示。

图 4.2.15

⑥一台 DVD + R/RW 驱动（383975-B21）。

⑦两个 72 GB 3G SAS 10K SFF DP HDD（384842-B21）。

⑧每一服务器还配置了自动服务器恢复功能，该功能会重新启动服务器——而不需要用户干预。

【任务考评】

以学生自评互评为主，教师综合评定。

任务实施过程考核评价表

考评项目		配分	要求	学生自评	小组互评	教师评定
知识准备	服务器按档次划分几类	10	叙述的准确性			
	服务器的特点	10	叙述的全面正确性			

	考评项目	配分	要　求	学生自评	小组互评	教师评定
任务完成	ATS 服务器按其重要性分为几种	10	理解叙述的正确性			
	ATS 每种类型服务器的作用	15	叙述的准确性			
	ATS 服务器的硬件构成	10	理解的正确性			
	HP ProLiant DL380 G6 型服务器计算机配置	15	理解叙述的正确性			
	任务实施过程记录	5	详细性			
	所遇问题与解决记录	5	成功性			
安全事项		5	违章不得分			
协调合作,学习效果展示成绩		15	小组成员的参与积极性、学习的效果			
成　绩						

任务 3　ATS 软件

【场景设计】

1.现场参观城市轨道交通车站的相关设备进行教学,或利用多媒体展示城轨系统中 ATS 软件的实际应用工作状态。学生每 6~8 人 1 组。

2.机房配置相应的 ATS 软件进行教学。

3.考评所需的记录、评价表。

【知识准备】

西安地铁二号线 ATS 服务器大部分都运行 Linux 操作系统。所安装的 Linux 系统属于 Red Hat Linux 系列。ATS 系统的软件架构包含一组称为"任务"的相互操作的进程。每个任务执行一项或多项系统功能。系统管理员可启动、停止和配置单独任务和任务级别。各任务相互操作通过在信息总线上交流信息形成一个统一系统。只要各独立计算机由一网络连接,任务就不必在同一计算机系统中运行。

【任务实施】

任务提出:

下面介绍运行在西安地铁二号线 ATS 各类服务器、工作站上的软件任务,一台计算机运行了多个任务。详细列表如表4.3.1所示。

表4.3.1 ATS软件任务

软件模块 (Software Module)	系统服务器 (System Server)	通信服务器 (Communication Server)	ATS工作站 (ATS Workstation)	ATS车站工作站 (ATS Station Workstation)	培训服务器 (Training Server)	培训工作站 (Training Workstation)
ALMSRV	×				×	
ALMSVR	×				×	
ALMUI			×	×		×
ASP	×	×	×	×	×	×
AUTHSRV	×				×	
AUTHUI			×	×		×
CAMCI		×				
CAX			×	×		×
CFGSRV	×				×	
CLK			×	×		×
CTC	×				×	
DSM			×	×		×
DTE			×			×
ELA	×				×	
EVT	×	×	×	×	×	×
FIOSRV	×	×	×	×	×	×
FRTMCI		×				
FRTMSRV		×				
GDMUI			×	×		×
HLP			×	×		×
LGR	×				×	
MFMT	×	×	×	×	×	×
MMI			×	×		×
MSS	×	×	×	×	×	×
OVC			×			×
PBK						×
PLANSRV	×				×	
PTOP				×		
REO				×		

续表

软件模块 (Software Module)	系统服务器 (System Server)	通信服务器 (Communication Server)	ATS 工作站 (ATS Workstation)	ATS 车站工作站 (ATS Station Workstation)	培训服务器 (Training Server)	培训工作站 (Training Workstation)
SBSCI		×				
SCH	×				×	
SCT						×
SCU			×	×		×
SCX	×	×	×	×	×	×
SEC			×	×		×
SIM					×	
SMU						×
SNA	×				×	
SPBK						×
SSA	×	×	×	×	×	×
STR			×	×		×
TGPSRV	×				×	
TGPUI			×	×		×
TGT					×	
TSH			×	×		×
TSHSRV	×				×	
TSLSRV	×				×	
TSLUI			×	×		
TTT	×				×	
VR	×				×	
XMI	×	×	×	×	×	×

软件任务的含义如下：

（1）ALMSRV，ALMSVR

ALMSVR 外部警报信息，任务负责接收来自外部任务或脚本的信息并将其格式化成 MFMT 格式的信息。

（2）ALMUI

ALMUI 是 3 层客户端服务器警报管理系统中的第一层，负责警报显示和用户和系统间接口的管理。该任务在异常事件或错误情况发生时通知用户——需要引起用户注意的任何情况。

(3) ASP

辅助启动流程是所有应用任务的总流程,包括 MSS 任务。因此,可以在任务退出时接收 SIGCHLD。SIGCHLD 的接收是了解流程终止的最快方式;故障检测时间可能是 1 ms 或更少。

(4) AUTHSRV

AUTHSRV 任务执行背景处理,允许用户审查或修改权限,如设备标签和速度限制。任务向 AUTHUI 任务提供其数据,以便向用户显示。

(5) AUTHUI

AUTHUI 任务是 3 层客户端服务器授权管理系统中的第一层。权限包括设备标签和速度限制。其负责用户和系统之间接口的权限显示和管理。

(6) CAMCI

CAMCI 任务负责为需要 ASCII 信息更新的任何客户系统提供可配置接口。

(7) CAX

CAX 任务负责管理桌面上的商务应用。其管理职责包括激活、禁用和将这些动作的通知发送至要求的任务。

(8) CFGSRV

CFGSRV 任务负责处理背景配置活动,如区域分配、登录和注销以及位置功能。

(9) CLK

时钟任务负责指定屏幕上日期和时间的维护。

(10) CTC

该流程管理所有用户和系统生成的设备控制请求。其执行任何需要的矛盾检查,并生成相应的设备控件。此外,CTC 任务提供现场设备发布控件的单点,从而降低包含发布设备控件所需的流程数量。

(11) DSM

工作站/服务器状态监视器显示特定计算机上需要运行的任何任务是否未运行。该任务创建主菜单可显示的状态表。如果需在该机器上运行的所有任务实际上处于运行状态,则每台机器名称以绿色显示。如果任何所需要运行的任务未运行,则机器名称以红色显示。

(12) DTE

桌面环境处理管理操作员工作站的桌面环境。桌面环境通常由主下拉菜单栏、导航栏和信息窗口组成。

(13) ELA

ELA 任务负责将 LGR 任务创建的事件记录文件移至存档设备,还负责将 LGR 任务创建的 SCADA 文件移至公用的 FTP 目录。

(14) EVT

EVT 任务可让操作员从日志文件生成、查看和打印预先定义和定制的报告。该任务提供图形用户界面和基础机制来完成这些功能。

(15) GDMUI

GDMUI 任务处理某些图形显示任务——主要显示 declutter 和车辆选择窗口。GDMUI 任务是 MMI 的帮助任务,将必要的表格信息发送至 GDMUI,GDMUI 处理表格显示于屏幕上的原因。

（16）MMI

该程序管理所有系统图形显示,负责实时更新图像并处理图像可用的任何用户请求。设备相关的请求被中断至CTC任务进行验证和执行。

（17）MSS

运行于执行服务器上的任务之间和运行于单独但是连接在一起的服务器之间的信息交换通过信息交换服务交换信息。

（18）OVC

概要控制任务管理通过与MMI任务通信管理概要显示,MMI任务在概要监视器上显示图像。

（19）PTOP

当列车调度员向现场发送控制时,其由REO任务从(CTC计算机理解的槽位格式)命令控制转换成原始控制(现场设备如MicroLok II理解的格式)。

（20）SCH

时刻表服务任务向在线系统提供时刻表信息。该任务读取CPS任务提供的时刻表和日历文件。调度员和其他用户可使用SCU任务修改CPS提供的时刻表信息。SCH任务计划改变时刻表数据并通知其他任务。

（21）SCU

SCU任务用于查看或修改在线时刻表和系统级别的车辆调节参数。在线时刻表接口仅位于中央控制设施。SCU任务除允许操作员修改VR系统参数之外还提供与许多时刻表相关的功能。这些功能包括选择时刻表、选择日历、列车时刻表、站台时刻表、添加列车至时刻表及重新命名列车等。

（22）SIM

该流程根据设备控制模拟设备指示。列车运动,轨旁指示和列车指示的准确模拟允许对列车时刻表、进路和系统操作的测试。该任务用于独立的培训环境,以便在线操作不受干扰。

（23）TSHSRV

本程序可对全部列车的分配和车辆相关信息进行管理。这些信息包括列车ID、列车追踪位置、列车组成、车辆ID、车辆追踪位置、车上控制及指示。

（24）TSLSRV

TSLSRV任务收集列车状态的数据,以便在性能监控和站台计划报告窗口中向用户显示。这些数据由TSLUI任务显示。

（25）TTT

本程序对列车追踪和监控功能进行管理。它根据信号和CBTC系统的输入,尝试将适当的列车识别号与对应的轨道区段联系起来。

（26）VR

监控列车位置并决定使列车遵守时刻表或保持运行间隔(取决于当前运行模式)移动。要实现这些设计移动,当列车从站台发车时,VR任务开放列车前方进路,并命令车门关闭。

（27）XMI

外部信息传输接口任务负责管理与CTC系统信息的外部接口。外部接口通过指定通道或先入先出原则实施。

（28）PBK

PBK 任务可让用户根据 SNA 任务和 LGR 任务先前存储的数据请求、查看和控制系统状态及影响系统状态的活动的重现。

【任务考评】

以学生自评互评为主,教师综合评定。

任务实施过程考核评价表

	考评项目	配分	要　求	学生自评	小组互评	教师评定
知识准备	西安地铁二号线 ATS 服务器的运行环境	15	叙述的准确性			
任务完成	ATS 软件任务有哪些	15	理解叙述的正确性			
	ATS 软件任务的具体含义	20	叙述的准确性			
	软件任务 CTC 的含义	10	理解的正确性			
	软件任务 MMI 的含义	10	理解叙述的正确性			
	任务实施过程记录	5	详细性			
	所遇问题与解决记录	5	成功性			
安全事项		5	违章不得分			
协调合作,学习效果展示成绩		15	小组成员的参与积极性、学习的效果			
成　绩						

【项目小结】

本项目主要介绍了 ATS 信号基础设备,包括 ATS 工作站、ATS 服务器和 ATS 软件。

ATS 工作站用于监视、控制线路的列车运行。其种类有 ATS 支持工作站、ATS 远程工作站,大多数 ATS 操作是通过控制中心调度员工作站或 ATS 车站工作站执行的。服务器指一个管理资源并为用户提供服务的计算机软件,通常分为文件服务器、数据库服务器和应用程序服务器。本项目中关于 ATS 软件任务的含义应进行了解和熟悉。

【思考与练习】

1. 试述 ATS 工作站的作用。

2. 试述 ATS 工作站的特点。

3. 简述 ATS 工作站的分类。

4. 简述 ATS 工作站的组成结构。

5. 简述 ATS 支持工作站的组成。

6. 简述系统管理员工作站的主要功能。

7. 试述车辆段/停车场监视工作站的主要功能。

8. 简述 ATS 服务器的特点。

9. 试述 ATS 服务器的分类。

10. 简述工作组服务器的特点。

11. 简述服务器前面板指示灯显示的含义。

12. 简述服务器后面板指示灯显示的含义。

13. 试述 ATS 服务器的组成部件。

14. 试述 ATS 软件任务的含义。

项目 **5**

信号数据通信网络基础设备

【项目描述】

1.泄漏电缆与无线 AP。

2.交换机。

3.电缆与光缆。

【项目目标】

1.掌握泄漏电缆的特点、分类及工作原理。

2.了解无线 AP 的作用及设置原则。

3.掌握交换机的概念、功能及工作原理。

4.掌握电缆的分类、信号电缆、光缆及同轴电缆的相关知识。

【能力目标】

1.能准确叙述泄漏电缆的特点及分类,正确理解泄漏电缆的工作原理。

2.能叙述无线 AP 的作用及其设置原则。

3.能正确理解交换机的概念,准确叙述其功能,正确分析交换机的工作原理。

4.能正确认识各种电缆的结构组成。

5.能准确叙述信号电缆的类型、选用原则及接续成端。

6.能准确叙述光缆的特点、分类、鉴别方法及维护。

7.能准确叙述同轴电缆的分类及维护。

任务1　泄漏电缆与无线 AP

【场景设计】

1.通过参观城轨交通系统信号数据通信网络基础设备进行现场教学,或利用多媒体展示相关设备在现场的实际应用状态。

2.将学生每6~8人分为1组。

3.考评所需的记录、评价表。

【知识准备】

基于通信的列车运行控制系统(CBTC)通过车地双向数据通信方式对列车进行控制和监督,增强列车运行安全的操作与管理,提高了列车的安全性和运输效率。无线CBTC是列车运行控制系统的发展方向。开放标准的无线扩频通信方式不但可满足城市轨道交通列车控制系统的信息传输需求,而且与专用无线通信方式相比,可大幅度降低系统建造成本,提供更加便捷的维护性和互操作性。当前,CBTC系统中应用的连续式车-地双向无线通信的方式有无线移动通信方式(包括UHF电波、VHF电波、扩频通信、卫星通信、GSM-R等),泄漏电缆、泄漏波导方式,交叉感应环线方式等。

(1)泄漏电缆

漏泄同轴电缆(Leaky Coaxial Cable)简称为泄漏电缆或漏泄电缆,其结构与普通的同轴电缆基本一致,由内导体、绝缘介质和开有周期性槽孔的外导体3部分组成,如图5.1.1所示。电磁波在泄漏电缆中纵向传输的同时通过槽孔向外界辐射电磁波;外界的电磁场也可通过槽孔感应到泄漏电缆内部并传送到接收端。目前,泄漏电缆的频段覆盖为450 MHz~2 GHz,适应现有的各种无线通信体制,应用场合包括无线传播受限的地铁、铁路隧道和公路隧道等。在国外,泄漏电缆也用于室内覆盖。

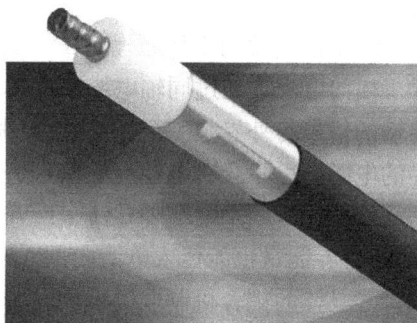

图5.1.1

1)泄漏电缆的特点

与传统的天线相比较而言,泄漏电缆具有以下优点:

①使用频率宽,场强辐射均匀稳定,抗高压,抗张强度高。

②泄漏电缆本质上是宽频带系统,某些型号的可同时用于CDMA800,GSM900,GSM1800,WCDMA,WLAN等系统。

③信号覆盖均匀,尤其适合隧道等狭小空间。

④泄漏电缆绝缘采用高物理发泡的均匀细密封闭的微泡结构,不仅较之传统的空气绝缘结构在特性阻抗、驻波系数、衰减等传输参数更加均匀稳定,而且可抵御在潮湿环境中潮气对电缆的侵入可能传输性能的下降或丧失,免除了充气维护的烦恼,大大提高了产品的使用寿命和稳定可靠性。

⑤泄漏电缆价格虽然较贵,但当多系统同时引入隧道时可大大降低总体造价。

在基站与移动站之间的通信通常是依靠无线电传送。目前,通信业的不断发展越来越要求基站与移动站之间随时随地能接通,甚至要求在隧道中也是如此。

然而在隧道中,移动通信用的电磁波传播效果不佳。隧道中利用天线传输通常也很困难,所以关于泄漏电缆的研究也应运而生。无线电地下传输有着极其广泛的用途。如图5.1.2所示为一发射站位于隧道口的典型图例。

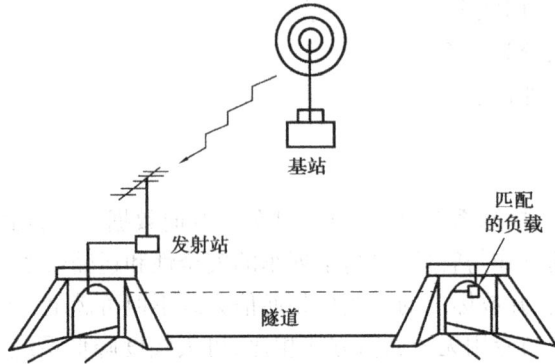

图 5.1.2

随着新型无线移动发射系统的发展,新型漏泄元件应能以较低的衰减转发 900 MHz 波段内的信号。

2)泄漏电缆的工作原理

横向电磁波通过同轴电缆从发射端传至电缆的另一端。当电缆外导体完全封闭时,电缆传输的信号与外界是完全屏蔽的,电缆外没有电磁场,或者说,测量不到有电磁辐射。同样,外界的电磁场也不会对电缆内的信号造成影响。

然而通过同轴电缆外导体上所开的槽孔,电缆内传输的一部分电磁能量发送至外界环境。同样,外界能量也能传入电缆内部。外导体上的槽孔使电缆内部电磁场和外界电波之间产生耦合。具体的耦合机制取决于槽孔的排列形式。

泄漏电缆的一个典型例子是编织外导体同轴电缆。绝大部分能量以内部波的形式在电缆中传输,但在外导体覆盖不好的位置点上,就会产生表面波,沿着电缆正向或逆向向外传播,且相互影响。

无线电通信信号的质量通常因为电缆外界电波电平波动情况不同而相差很大。电缆敷设方式和敷设环境对电缆辐射效果也有影响。大部分隧道内还有各种各样金属导体,如沿两侧墙面安装的电力电缆、铁轨、水管等,这些导体将彻底改变电磁场的特性。

3)泄漏电缆的主要电性能指标

①纵向衰减

衰减常数是考核电磁波在电缆内部所传输能量损失的最重要特性。

普通同轴电缆内部的信号在一定频率下,随传输距离而变弱。衰减性能主要取决于绝缘层的类型及电缆的大小。

而对于泄漏电缆来说,周边环境也会影响衰减性能,因为电缆内部少部分能量在外导体附近的外界环境中传播。因此,衰减性能也受制于外导体槽孔的排列方式。

②耦合损耗

耦合损耗描述的是电缆外部因耦合产生且被外界天线接收能量大小的指标,它定义为特定距离下,被外界天线接收的能量与电缆中传输的能量之比。由于影响是相互的,也可用类似的方法分析信号从外界天线向电缆的传输。

(2)无线 AP

无线 AP 是将无线信号接入轨旁有线以太局域网的无线设备。AP 沿轨道线路设置,安装于轨道桅杆上或车站的建筑物上,或安装于轨旁的隧道壁上,如图 5.1.3 和图 5.1.4 所示。由于地铁轨道的线性特征,轨旁无线 AP 采用定向天线来取得更高的接收信噪比和更大的无线覆盖。车辆段和停车线由于具有较大的弯度,为了达到全线覆盖采用大角度定向天线,使系统对于无线信道的衰落具有较强的抵抗能力。

图 5.1.3　　　　　　　　　　　　　　图 5.1.4

车载移动电台 MR 和轨旁无线 AP 均选用业界卓越品质的系列无线通信设备。该设备为基础的无线通信,具有较小的传输延时和高可靠性。

WLAN 网络工作在基础设施模式(Infrastructure),即所有列车和有线网络间通信都通过 AP 进行。几个 AP 能连接在一起形成更大的网络,允许无线设备在其中漫游,定义为扩展服务集(ESS)。MR 可在所有设置为同一扩展服务集的基站之间漫游,当相邻基站覆盖区域彼此重叠时,可以实现无缝切换。

【任务实施】

任务提出:

电缆槽孔形式及外界环境对信号的干扰或反射将影响耦合的损耗。宽频范围内,辐射越强意味着耦合损耗越低。根据信号与外界的耦合机制不同,将泄漏电缆分为辐射型(RMC)、耦合型(CMC)和泄漏型(LSC)3 种。针对地铁环境的特殊性,介绍了无线 AP 的天线选择及设置原则。

(1)泄漏电缆的分类

1)辐射型泄漏电缆(RMC)

辐射型电缆的电磁场是由电缆外导体上周期性排列的槽孔产生的。槽孔间距 d 与工作波长 λ 相当,如图 5.1.5 所示。

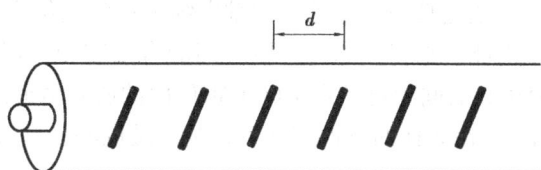

图 5.1.5

考虑下面的情形,电缆的外导体上开了一组周期性槽孔,屏蔽层的辐射机制类似于朝着电缆轴向的一系列磁性偶极子的辐射。最简单的例子是,外导体上每个相邻小孔间距为半波长距离,如 100 MHz 下为 1.5 m。

辐射模式所有槽孔都符合相位迭加原理。只有当槽孔排列恰当及在特定的辐射频率段,才会出现此模式。也只在很窄的频段下,才有低的耦合损耗。高于或低于此频率,都将因干扰因素导致耦合损耗增加。

电磁波的传播方向如图 5.1.6 所示,呈放射状发散。

2)耦合型泄漏电缆(CMC)

耦合型电缆有许多不同的结构形式,如在外导体上开一长条形槽,或开一组间距远远小于工作波长的小孔,如图 5.1.7 所示。还有就是两侧开缝。

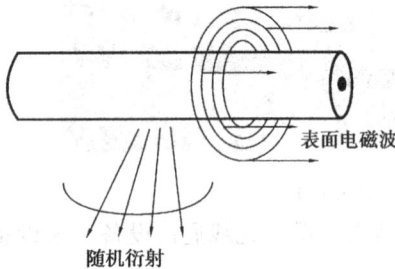 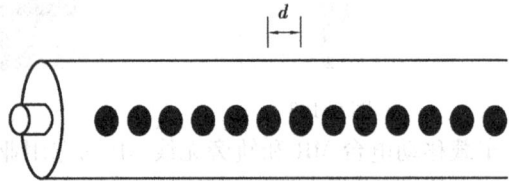

图 5.1.6   图 5.1.7

电磁场通过小孔衍射激发电缆外导体外部电磁场。电流沿外导体外部传输,电缆像一个可移动的长天线向外辐射电磁波。因此,耦合型电缆也等同于一根长的电子天线。

与耦合模式对应的电流平行于电缆轴线,电磁能量以同心圆的形式紧密分布在电缆周围,并随距离的增加而迅速减小,故这种模式也被称为"表面电磁波"。这种模式的电磁波主要分布在电缆周围,但也有少量因随机存在于附近的障碍物和间断点(如墙壁)而被衍射,如一部分能量沿径向随机衍射。

3)漏泄型泄漏电缆(LSC)

这种模式可理解为在一根非漏泄电缆中,插入一段泄漏电缆,如图 5.1.8 所示。

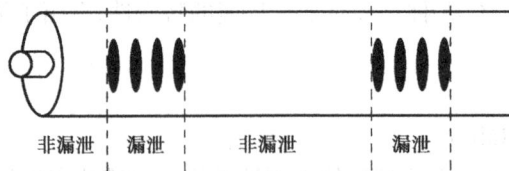

非漏泄   漏泄   非漏泄   漏泄

图 5.1.8

这一段漏缆等同于一个通过功率分配器与同轴电缆相连的定位天线。其中电缆内部只有一小部分的能量转变为辐射能。选择相邻漏泄段之间的合适间距,以便为不同频段提供满意的效果。事实表明,10 ~ 50 m 的间距可满足 1 000 MHz 内的所有情形的通信。

这样设计的漏缆型电缆,在同样的条件下又可作为连续的补偿馈线,且具有更好的衰减常数和耦合损耗特性。

漏泄部分相当于有效的模式转换器,可控制电缆附近的电磁场强度大小,它是漏泄部分长度和电气性能的函数。

使用漏泄型电缆的系统的一个特点是漏泄部分长度占电缆总长度的 2% ~ 3%,这样便减少了由于辐射引起的附加损耗。这些模式转换器有很低的插入损耗,通常只有 0.3 dB 或 0.2 dB,因此,使用这些模式转换器引起的同轴电缆纵向衰减增加很小。

例如,如图 5.1.9 所示的为使用完全相同的等间距的模式转换器后,场强沿电缆长度方向变化的情况。

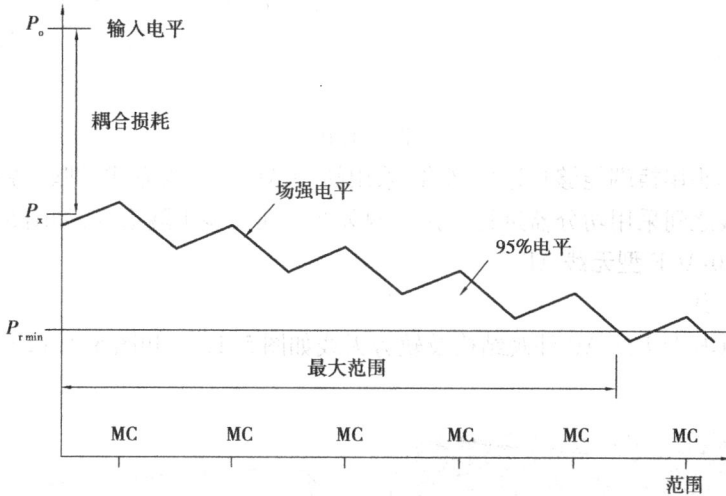

图 5.1.9

· x 轴表示的是模式转换器在 x 轴上的位置,用"MC"表示。

· P_x = 95% 功率接收可能性对应的电平与 y 轴的交点。

· P_o = 输入功率。

· $P_{r min}$ = 最低接收功率(灵敏度)。

· P_x 与 P_o 之差为漏缆的耦合损失。

· 95% 功率衰减线与最低接收功率线交点表示电缆最大传输长度。

(2)轨旁天线 AP 的选择及分析

地铁环境大多为隧道环境,其多路径反射问题严重。针对地铁环境的特殊性,由于隧道环境多径发射问题严重,在这种环境下,全向天线势必带来更严重的多径发射问题,故认为定向天线具有较小的信号辐射角度,可大大降低多径问题带来的影响。因此,在这种环境下,方案采用定向天线。项目将采用高增益的八木天线作为轨旁 AP 的外置天线。这种八木天线的尺寸比较适合在地铁隧道中安装,不会对列车运行造成隐患。考虑到隧道内一般的施工/安装环境,统一采用 6 m 射频电缆(在 2.4 GHz 频段传输产生 1.3 dB 的衰减)连接天线与无线接入点。

在整个 DCS 系统中,带宽瓶颈主要集中在车地双向传输系统,也就是 AP 与 MR 之间的无线链路上。而地铁隧道本身就是一个波导,地铁内无线信号的传播情况很难找到确切的理论公式来准确计算无线路径损耗和覆盖范围。参考以往工程经验和测试的结果,根据经验沿线大约每隔 200 m 左右安装一个无线 AP。如图 5.1.10 所示,具体的 AP 位置通过详尽的线路测量来确定。无线 AP 的设置的总体原则是列车上的每个 MR 在轨道上的任何一点都能至少检测到两个 AP 发送的信号。

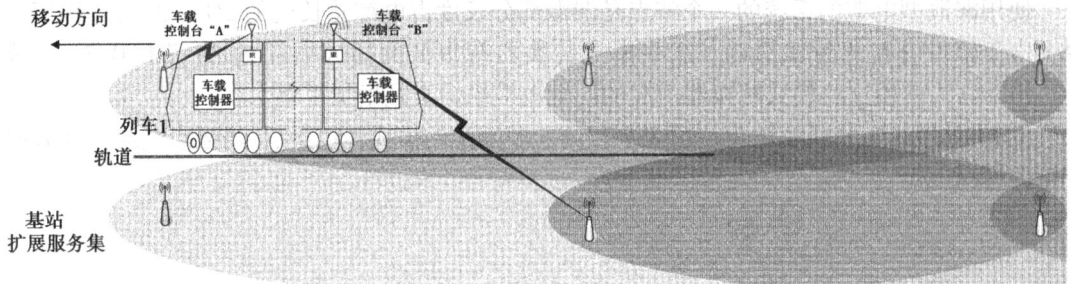

图 5.1.10

为解决列车头尾换端能够自适应网络,采用轨旁 AP 双天线方式,即轨旁每 AP 配备两个天线,AP 与天线之间采用功分器进行连接。两天线背向安装于隧道壁,如图 5.1.4 所示。

（3）WA2220-AGE 型无线 AP

1）外观及天线

WA2220-AGE 型无线 AP 外观结构及轨旁天线如图 5.1.11 和图 5.1.12 所示。

图 5.1.11　轨旁 AP WA2220X-AGE

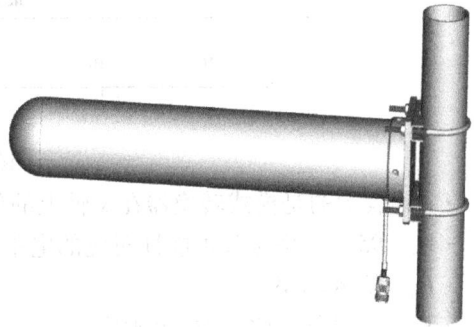

图 5.1.12　轨旁天线

2）技术参数

- 尺寸:长×宽×高 = 245 mm×245 mm×74 mm(不含天线和安装附件)。
- 质量:2 kg。
- 工作温度: −40～70 ℃。
- 工作湿度:10%～95%(非冷凝)。
- 整机功耗: <20 W。
- 供电方式(POE 不用):本地供电范围为 100～240 VAC,50/60 Hz。
- MTBF: >40 年(25 ℃)。

【任务考评】

以学生自评互评为主,教师综合评定。

212

任务实施过程考核评价表

考评项目		配分	要　求	学生自评	小组互评	教师评定
知识准备	泄漏电缆的特点、性能指标	10	叙述的准确性			
	泄漏电缆的工作原理	5	分析理解的正确性			
	无线 AP 的作用及安装位置	10	叙述的准确性			
任务完成	泄漏电缆的分类有哪些	5	理解叙述的正确性			
	辐射型的结构及特点	10	叙述的准确性			
	耦合型的结构及特点	10	叙述的准确性			
	泄漏型的结构及特点	10	叙述的准确性			
	无线 AP 的设置原则	10	理解叙述的正确性			
	任务实施过程记录	5	详细性			
	所遇问题与解决记录	5	成功性			
安全事项		5	违章不得分			
协调合作,学习效果展示成绩		15	小组成员的参与积极性、学习的效果			
成　绩						

任务 2　交 换 机

【场景设计】

1.通过参观城轨交通系统信号数据通信网络基础设备的交换机进行现场教学,或利用多媒体展示交换机在现场的实际应用状态。

2.将学生每 6~8 人分为 1 组。

3.考评所需的记录、评价表。

【知识准备】

(1)概念

交换机(Switch)(译为"开关")是一种用于电信号转发的网络设备。它可为接入交换机的任意两个网络节点提供单独的电信号通路。最常见的交换机是以太网交换机。其他常见的还有电话语音交换机、光纤交换机等。

(2)工作原理

工作在数据链路层,交换机拥有一条很高带宽的背部总线和内部交换矩阵。交换机的所有的端口都挂接在这条背部总线上,控制电路收到数据包以后,处理端口会查找内存中的地址对照表以确定目的 MAC(网卡的硬件地址)的 NIC(网卡)挂接在哪个端口上,通过内部交换矩阵迅速将数据包传送到目的端口,目的 MAC 若不存在,广播到所有的端口,接收端口回应后交换机可以"学习"MAC 地址,并把其存放在内部地址表中,通过在数据帧的始发者和目标接收者之间建立临时的交换路径,使数据帧直接由源地址到达目的地址。使用交换机也可以把网络"分段",通过对照 MAC 地址表,交换机只允许必要的网络流量通过交换机。通过交换机的过滤和转发,可有效地减少冲突域,但它不能划分网络层广播,即广播域。交换机在同一时刻可进行多个端口对之间的数据传输。每一端口都可视为独立的网段,连接在其上的网络设备独自享有全部的带宽,无须同其他设备竞争使用。当节点 A 向节点 D 发送数据时,节点 B 可同时向节点 C 发送数据,而且这两个传输都享有网络的全部带宽,都有着自己的虚拟连接。

以 10 Mbit/s 的以太网交换机为例,该交换机总流通量为 2×10 Mbit/s $= 20$ Mbit/s,而使用 10 Mbit/s 的共享式 HUB 时,一个 HUB 的总流通量也不会超出 10 Mbit/s。因此,交换机是一种基于 MAC 地址识别,可实现封装转发数据帧功能的网络设备。

(3)功能

交换机的主要功能包括物理编址、网络拓扑结构、错误校验、帧序列以及流控。目前,交换机还具备了一些新的功能,如对 VLAN(虚拟局域网)的支持、对链路汇聚的支持,甚至有的还具有防火墙的功能。

1)学习

以太网交换机了解每一端口相连设备的 MAC 地址,并将地址同相应的端口映射起来存放在交换机缓存中的 MAC 地址表中。

2)转发/过滤

当一个数据帧的目的地址在 MAC 地址表中有映射时,它被转发到连接目的节点的端口而不是所有端口(数据帧为广播/组播帧则转发至所有端口)。

3)消除回路

当交换机包括一个冗余回路时,以太网交换机通过生成树协议避免回路的产生,同时允许存在后备路径。交换机除了能够连接同种类型的网络之外,还可以在不同类型的网络(如以太网和快速以太网)之间起到互连作用。目前大部分交换机都能够提供支持快速以太网等的高速连接端口,用于连接网络中的其他交换机或者为带宽占用量大的关键服务器提供附加带宽。

一般来说,交换机的每个端口都用来连接一个独立的网段,但是有时为了提供更快的接入速度,可把一些重要的网络计算机直接连接到交换机的端口上。这样网络的关键服务器和重要用户就拥有更快的接入速度,支持更大的信息流量。

交换机的基本功能可概括如下:

①交换机将局域网分为多个冲突域,每个冲突域都有独立的宽带,因此大大提高了局域网的带宽性能。

②交换机也提供了大量可供线缆连接的端口,因此可采用星形拓扑布线方式。

③交换机在每个端口上都使用相同的转发或过滤逻辑。

④当交换机转发帧时,会重新产生一个不失真的方形电信号。

⑤此外交换机还提供了更先进的功能,如虚拟局域网(VLAN)。

【任务实施】

任务提出：

以 S9500E 交换机为例，介绍交换机的结构、特点及性能指标。

（1）**正面结构**

正面结构如图 5.2.1 所示。具体部件的含义如下：

①主控板槽位。每个交换机有两个主控板槽位，1 + 1 备份。

②接口板槽位。9505E 有 5 个，9508E-V 有 8 个，9512E 有 12 个。

③电源框槽位。每个交换机有两个 3 500 W 电源框，可以插两个 1 800 W 电源模块（需要使用 16 A 电源线）。

④风扇框。9508E-V 风扇框在正面，9505E 和 9512E 在背面。

⑤POE 电源框模块。预留支持 POE 供电。

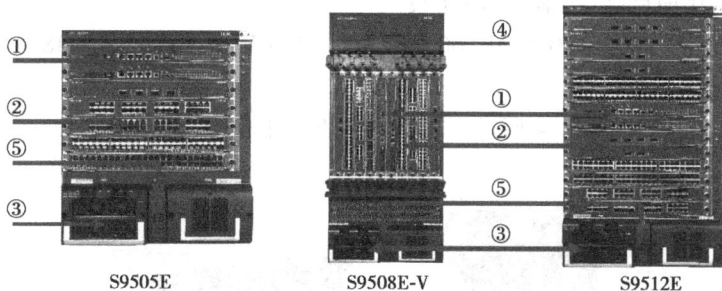

图 5.2.1

（2）**背面结构**

背面结构如图 5.2.2 所示。具体部件的含义如下：

①风扇框。9505E 有一个风扇框，9512E 有两个风扇框，两种风扇框相同。

②后盖板把手。不能承重，搬运机箱时勿用。

③接地端子。

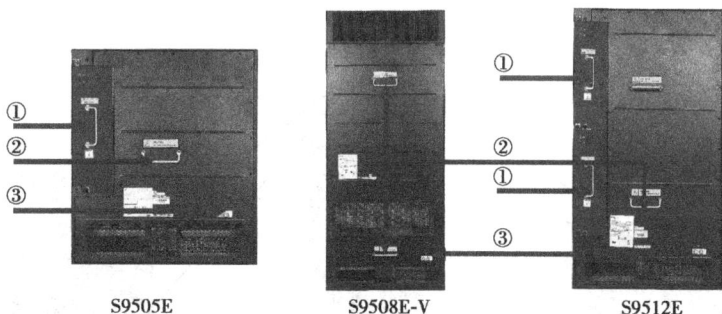

图 5.2.2

（3）**技术特性**

S9500E 可安装在 19 in(1 in =2.54 cm)标准机柜中，需安装在机柜滑道上并固定挂耳，机柜滑道承重需大于设备质量，地板承重板需要大于机柜及内部设备质量之和。外形尺寸及设备质量如表 5.2.1 所示。

表 5.2.1　S9500E 外形尺寸及设备质量

设备型号	外形尺寸	质　量
S9512E	753×442×450	≤110 kg
S9508E-V	975×436×450	≤100 kg
9505E	486×442×450	≤70 kg

技术特性如下：

①工作环境温度：0~45 ℃(长期)；-10~55 ℃(短期)。

②工作环境湿度：5%~90%(无冷凝)。

③抗干扰要求：远离强功率电磁干扰源。

④灰尘含量及粒径：≤3×10^4 粒/m^3，粒径≥5 μm。

⑤接地要求：接地良好,接地电阻<1 Ω。

⑥额定电压范围：100~120 V AC,60 Hz；200~240 V AC,50 Hz；-48~-60 V DC。

(4)风扇框技术特性

风扇框如图 5.2.3、图 5.2.4 所示。其技术特性如下：

图 5.2.3

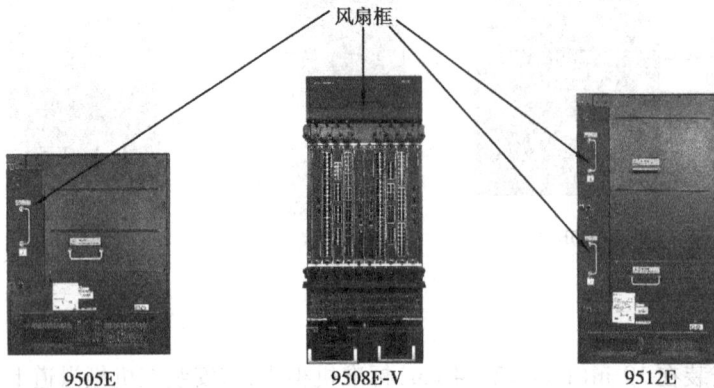

| 9505E | 9508E-V | 9512E |

图 5.2.4

216

①S9500E 只配置一个风扇框(9512E 配置上下两个,负责上下各半机箱的散热)。

②支持自动调速功能,降低功耗与噪声。

③风扇告警灯在风扇框上,S9505E,9512E 位于机箱背面,9508E-V 位于机箱正面。

④S9500E 系列交换机风扇框支持热插拔。

⑤发生故障要立即更换。

(5)**面板指示灯及含义**

面板指示灯的外观如图 5.2.5、图 5.2.6 所示。

图 5.2.5

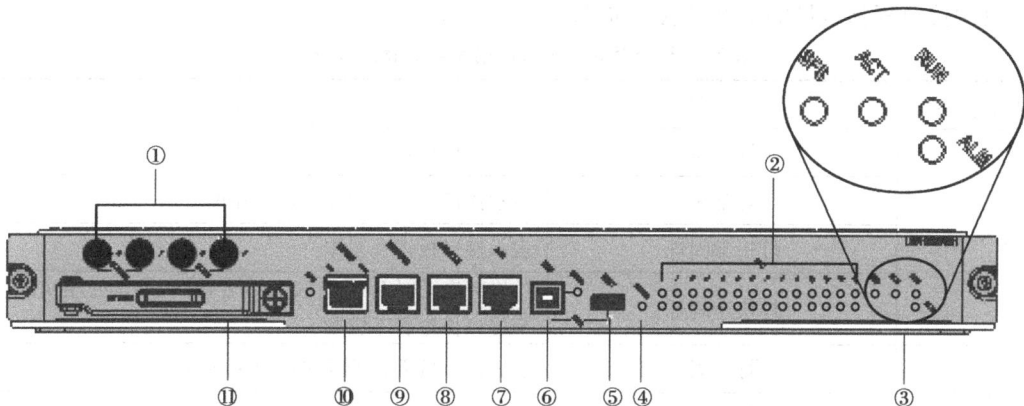

图 5.2.6

面板指示灯的含义如下:

①SMB 同轴时钟接口(预留)。

②接口板状态指示灯(LPU)。

③主控板状态指示灯。

④RESET 键。

⑤主 USB 接口(HOST)。

⑥从 USB 接口(DEV)及其指示灯。

⑦AUX 接口。

⑧Console 口。

⑨RS232/485 接口(暂未支持)。

⑩网络管理接口。

⑪CF 卡插槽及其指示灯。

其中主控板指示灯的状态及含义如表 5.2.2 所示。

表5.2.2　S9500E主控板指示灯的状态及含义

主控板指示灯	状　态	含　义
SFC(绿)	常亮	表示交换网处于工作状态
	灯灭	表示交换网处于备用状态
ACT(绿)	常亮	表示该单板为主用
	灯灭	表示该单板为备用
RUN(绿)	灯闪烁	表示主控板正常工作
	常亮	表示主控板有故障
	灯灭	表示主控板有故障
ALM(红)	常亮	表示有告警
	灯灭	表示无告警

其中接口板指示灯的状态及含义如表5.2.3所示。

表5.2.3　S9500E接口板指示灯的状态及含义

接口板指示灯	状　态	含　义
RUN(上)	灯常亮	表示接口板有故障
	灯常灭	表示接口板有故障或单板不在位
	灯正常闪烁	表示接口板正常工作
	灯快速闪烁	接口板启动时RUN灯长亮或者快闪,一直处于快闪表示接口板注册不成功
ALM(下)	灯常灭	表示接口板无告警或接口板不在位
	灯常亮	表示接口板有告警
0~13	分别对应槽位0~槽位13	

【任务考评】

以学生自评互评为主,教师综合评定。

任务实施过程考核评价表

考评项目		配分	要　求	学生自评	小组互评	教师评定
知识准备	交换机的概念	10	叙述的准确性			
	交换机的工作原理	5	分析理解的正确性			
	交换机的功能	10	叙述的准确性			

	考评项目	配分	要　求	学生自评	小组互评	教师评定
任务完成	S9505E 的结构	5	理解叙述的正确性			
	S9508E-V 的结构	5	理解叙述的正确性			
	S9512E 的结构	5	理解叙述的正确性			
	S9500E 技术特性	10	叙述的准确性			
	S9500E 主控板指示灯的状态及含义	10	识图的正确性			
	S9500E 接口板指示灯的状态及含义	10	识图的正确性			
	任务实施过程记录	5	详细性			
	所遇问题与解决记录	5	成功性			
安全事项		5	违章不得分			
协调合作,学习效果展示成绩		15	小组成员的参与积极性、学习的效果			
成　绩						

任务 3　电缆与光缆

【场景设计】

1.通过参观城轨交通系统的电缆与光缆进行现场教学,或利用多媒体展示电缆与光缆在现场的实际应用状态。

2.将学生每 6~8 人分为 1 组。

3.考评所需的记录、评价表。

【知识准备】

(1)**电缆**

1)电线电缆主要分类

①用于电力系统

用于电力系统的电线电缆产品主要有架空裸电线、汇流排、电力电缆、橡套线缆、架空绝缘电缆、分支电缆、电磁线以及电力设备用电气装备电线电缆等。

②用于信息传输系统

用于信息传输系统的电线电缆主要有市话电缆、电视电缆、电子线缆、射频电缆、光纤缆、

219

数据电缆、电磁线、电力通信或其他复合电缆等。

③用于机械设备、仪器仪表系统

此部分除架空裸电线外几乎其他所有产品均有应用,但主要是电力电缆、电磁线、数据电缆、仪器仪表线缆等。

2)信号系统电缆介绍

信号电缆的导电芯线采用标称直径为 $\phi1.0$ mm 的软铜线,其允许工作电压不低于工频 500 V 或直流 1 000 V。芯线数从 4 芯到 61 芯各种不同规格。电缆线芯以星绞为主,星绞、对绞和个别线芯扭绞相结合的方式绞制成缆。信号电缆按护套结构分为塑料护套、综合护套和铝护套 3 种。按芯线结构分为普通型和综合扭绞型两种。此外还有室内柔软电缆。如图 5.3.1 所示为综合护套信号电缆的结构图。

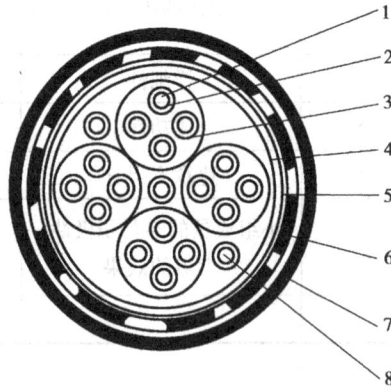

图 5.3.1

1—导电线芯($\phi1.0$ mm);2—聚乙烯绝缘(厚 0.6 mm);

3—四线组;4—塑料隔热层;5—塑-铝-塑综合护层;

6—钢带铠装;7—聚乙烯(聚氯乙烯)外护套;8—绝缘单线

下面介绍信号电缆信号编制原则,依照如表 5.3.1 所示规律来编制。

表 5.3.1　信号电缆型号组成

类别、用途	导　体	绝　缘	内护套	特　征	外护层	派　生
P 信号电缆	G 铁芯线 L 铝芯线 T 铜芯线	V 聚氯乙烯 Y 氯乙烯 X 橡皮	V 塑料 H 橡套 L 铝包	P 屏蔽 Z 综合型 H 耐寒型		

铜芯代表字母"T",型号中一般省略。

3)选用信号电缆注意事项

①普通型电缆适用于非音频制设备。综合扭绞型电缆的扭绞线既适用于音频制设备又可用于非音频制设备。

②塑料护套不带铠装电缆用于室内,当用于室外时需设槽管以防外力。塑料护套带铠装电缆可直埋。

③综合护套带铠装电缆用于室外,可直埋。

④铝护套无论是否带铠装,均可用于室外直埋。

⑤选用钢带铠装或有金属护套的电缆,对外界电磁场都有一定的屏蔽作用,可用于需要设置屏蔽电缆的地方。

4)信号电缆相关要求

①电缆导电芯线应采用标称直径 $\phi 1.0$ mm 的软铜线,其允许工作电压不得低于工频 500 V 或直流 1 000 V。

②电缆弯曲半径不得小于电缆外径的 15 倍,不得出现背扣、小弯现象。

③音频信号设备应采用综合扭绞电缆中的星绞组或对绞组芯线。用于音频数据传输时,必须采用通信或信号电缆中特设的低频四芯组信号电缆的导线芯线。

④维修更换电缆时,电缆两端应有 2 m 储备量,信号楼内应有 5 m 储备量。

⑤敷设信号电缆时,电缆的连接接线应为 A 端与 B 端相连。电缆 A,B 端的识别方法是绿色组在红色组的顺时针方向为 A 端;反之,则为 B 端。

⑥电缆埋设深度不少于 700 mm,遇有石灰地带埋设深度不少于 500 mm。

（2）**光缆基本知识**

1)基本知识

光缆是利用置于包覆护套中的一根或多根光纤作为传输媒质并可单独或成组使用的通信线缆组件。光缆主要原材料分 8 大类:光纤、光纤涂料、光纤二次被覆用料、光纤光缆填充膏、光缆用加强件、光缆用阻水纱、阻水带光缆用复合钢带、复合铝带及护套料,如图 5.3.2 所示。在信号系统当中,子系统间的数据传输都应用到光缆。本节简单介绍光缆的基本知识。

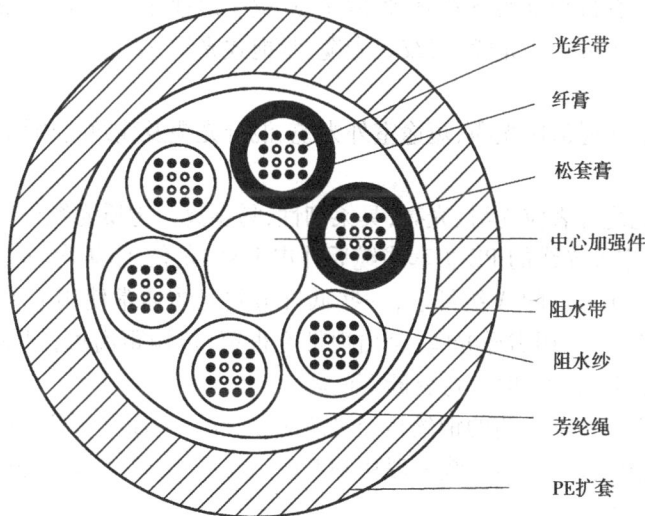

图 5.3.2

型号命名:光缆形式由 5 部分组成:①-②-③-④-⑤。

①表示光缆类别。

GY——通信用室外光缆;GJ——室内光缆;MG——煤矿用光缆。

②加强构件类型。

无——金属加强构件;F——非金属加强构件。

③结构特征。

D——光纤带结构；无——松套层绞式结构；X——中心管式结构；G——骨架式结构；T——填充；Z——阻燃结构；C8——8字形自承式结构。

④护层。

Y——聚乙烯护层；W——夹带钢丝钢-聚乙烯黏结护层；S——钢-聚乙烯黏结护层；A——铝-聚乙烯黏结护层；V——聚氯乙烯护套。

⑤外护层。

23——绕包钢带铠装聚乙烯护套；33——细钢丝绕包铠装聚乙烯护套；43——粗钢丝绕包铠装聚乙烯护套；53——皱纹钢带纵包铠装聚乙烯护套；333——双层细钢丝绕包铠装聚乙烯护套。

2）光缆优点

①传输频带宽。

②电磁绝缘性能好，抗干扰能力强。由于光束不受外界电磁干扰与影响，而且本身也不向外辐射信号，因此，它适用于长距离的信息传输以及要求高度安全的场合。

③衰减较小。可以说在较长距离和范围内信号是一个常数。

④中继器的间隔较大，因此，可减少整个通道中继器的数目，可降低成本。

⑤线径细，质量轻。

⑥抗化学腐蚀能力强。

3）光缆分类

①按敷设方式。有自承重架空光缆、管道光缆、铠装地埋光缆及海底光缆。

②按光缆结构。有束管式光缆、层绞式光缆、紧抱式光缆、带式光缆、非金属光缆及可分支光缆。

③按用途。有长途通信用光缆、短途室外光缆、混合光缆及建筑物内用光缆。

4）鉴别方法

①外皮。室内光缆外表应光滑、光亮，具柔韧性，易剥离。劣质光缆外皮光洁度很差，容易和紧套、芳纶粘连。室外光缆的PE护套成缆后外皮平整、光亮、厚薄均匀、无气泡。

②光纤。正规采用大厂的A级纤芯，一些低价劣质光缆通常使用C级、D级光纤和来路不明的走私光纤。例如，采用劣质光缆，会出现带宽很窄、传输距离短；粗细不均匀，不能和尾纤对接；光纤缺乏柔韧性，盘纤时一弯就断等问题。

③加强钢丝。正规室外光缆的钢丝是经过磷化处理的，表面呈灰色，这样的钢丝成缆后不增加氢损，不生锈，强度高。劣质光缆一般用细铁丝或铝丝代替，鉴别方法：外表呈白色，捏在手上可以随意弯曲。

④钢铠。正规企业采用双面刷防锈涂料的纵包扎纹钢带，劣质光缆采用的是普通铁皮，通常只需一面作过防锈处理。

⑤松套管。光缆中装光纤的松套管采用PBT材料，强度高，不变形，抗老化。劣质光缆通常用PVC料生产套管，这样的套管外径很薄，用手一捏就扁。

⑥纤膏。室外光缆内的纤膏可防止光纤氧化，因水汽进入发潮等，劣质光纤中用的纤膏很少，严重影响光纤的寿命。

⑦芳纶。又名凯夫拉，是一种高强度的化学纤维。室内光缆和电力架空光缆都是用芳纶作加强件，劣质室内光缆把外径做得很细，光缆在穿管时很容易被拉断。

5）主要参数

①衰减。是指光在沿光纤传输过程中光功率的减少。光纤损耗是指光纤输出端功率与发射到光纤时功率的比值。损耗同光纤的长度成正比。光缆损耗因子（α）反映光纤衰减的特性。衰减的测试方法主要有剪断法、插入衰减法、背向散射法。

②回波损耗。又称为反射消耗，是指在光纤连接处，后向反射光相对输入光的比率的分贝数。回波损耗越大越好，以减少反射光对光源和系统的影响。改进回波损耗的方法为尽量将光纤端面加工成球面或斜球面。

③插入损耗。是指光纤中的光信号通过活动连接器之后，其输出光功率相对输入光功率的比率的分贝数。插入损耗越小越好。插入损耗的测量方法同衰减的测量方法相同。

6）光缆接续

采用接头盒来完成光缆间的连接、分支、密封光纤接头的保护。其主要步骤如下：

①光缆准备（光缆检查和长度核实。光缆连接部位每侧预留余长 8 m）。

②接头盒支架安装。

③加强芯、金属层接续。

④光纤连接。

⑤余纤收容（光纤连接后应将 60～80 cm 余留纤按半径（$R \geqslant 40$ mm）盘留收容板上）。

⑥接头护套密封。

（3）同轴电缆

1）同轴电缆命名

同轴电缆通常由 4 部分组成，结构如图 5.3.3 所示。第一部分用英文字母，分别代表电缆的代号、芯线绝缘材料、护套材料和派生特性，第二、第三、第四部分均用数字表示，分别代表电缆的特性阻抗（Ω）、芯线绝缘外径（mm）和结构序号。例如，"SYV-75-5-1"所表示的含义是该电缆为同轴射频电缆，芯线绝缘材料为聚乙烯，护套材料为聚氯乙烯，电缆的特性阻抗为 75 Ω，芯线绝缘外径为 5 mm，结构序号为 1。

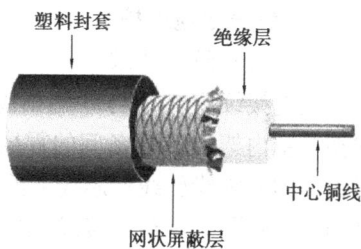

图 5.3.3

2）同轴电缆分类

①基带同轴电缆（50 Ω 电缆）

用于数字传输。其屏蔽线是用铜做成的网状，特征阻抗为 50 Ω（如 RG-8，RG-58 等）。同轴电缆的带宽取决于电缆长度。

②宽带同轴电缆（75 Ω 电缆）

使用有线电视电缆进行模拟信号传输的同轴电缆系统被称为宽带同轴电缆。宽带同轴电缆常用的电缆的屏蔽层通常是用铝冲压成的，特征阻抗为 75 Ω（如 RG-59 等）。

3）同轴电缆主要特性

①特性阻抗

同轴电缆的特性阻抗有 50 Ω，70 Ω，100 Ω 这 3 种。沿单根同轴电缆的阻抗的周期性变化为正弦波，中心平均值 ±3 Ω，其长度小于 2 m。达到最好的传输效果，终端负载阻抗也应尽量等于电缆的特性阻抗。

②衰减

同轴电缆的衰减特性通常用衰减常数来表示,即单位长度电缆对信号衰减的分贝数。当用 10 MHz 的正弦波进行测量时,它的值不超过 8.5 dB(17 dB/km);而用 5 MHz 的正弦波进行测量时,它的值不超过 6.0 dB(12 dB/km)。

③温度系数

表示温度变化对电缆特性的影响程度,温度升高,电缆的损耗增加,温度降低,电缆的损耗减少。

④屏蔽特性

屏蔽特性是衡量同轴电缆抗干扰能力的一个参数,也是衡量同轴电缆防泄漏的一个重要参数。如果电缆屏蔽不好,传输信号不仅会受到外来杂波的串扰,也会泄漏出去干扰其他信号。

⑤传播速度

需要的最低传播速度为 $0.77c$(c 为光速)。

⑥同轴电缆直流回路电阻

电缆的中心导体的电阻与屏蔽层的电阻之和不超过 10 mΩ/m。

【任务实施】

任务提出:

以设备的维护为主题,介绍信号电缆、光纤、同轴电缆的维护。

(1)信号电缆维护

1)电缆接续及要求

电缆接续应 A 端与 B 端相接,相同的芯组内颜色相同的芯线相接。电缆芯线不得有任何损伤。室内架(柜)设备间的零层配线,宜采用配线电缆;架(柜)间的侧面端子配线,宜采用多股铜芯塑料绝缘软线。芯线上的端子必须固定、拧紧,每个配线端子不得超过 3 根芯线,芯线之间应放垫圈。屏蔽连接线、电缆芯线焊接时不得使用腐蚀性焊剂,严禁虚接、假焊、有毛刺。信号电缆引入箱盒时,其金属护套应与箱盒金属构件相绝缘。电缆金属护套应进行屏蔽连接。电缆引出端应有标明去向的铭牌。

采用结构合理、密封性好、寿命长的免维护型地下电缆接续盒。在地下电缆接续盒中,将电缆芯线用压接端子可靠对接;内屏蔽层和外屏蔽层(铝护套)用适当规格的金属屏蔽网完整、可靠连接;电缆钢带固定在强度较高的金属环上,再将金属环用强度较高金属杆可靠连接。最后,用地下电缆接续盒对所有连接部位进行可靠防护。

2)电缆成端

电缆成端包括电缆端头的切剥、固定、密封以及电缆金属护套的屏蔽连接、屏蔽接地、电缆芯线与端子的连接等。在电缆的始、终端处的电缆箱盒内设置接地端子排,将每根电缆的内屏蔽层、铝护套、钢带用适当规格的铜芯导线分别与箱盒内其他电缆的内屏蔽层、铝护套、钢带可靠环连后,连接到设置在箱盒内并与贯通地线可靠连接的接地端子排上。电缆引入箱盒内的根部部位灌注冷封胶进行密封处理。与端子连接的电缆线禁止出现环状。

(2)光纤维护

光缆的主要组成部分——光纤,是光导纤维的简称,由直径大约为 $\phi0.1$ mm 的细玻璃丝构成。透明、纤细,具有把光封闭在其中并沿轴向进行传播的导波结构,如图 5.3.4 所示。

1)光纤种类

①按光在光纤中的传输模式分类:

按光在光纤中的传输模式分为单模光纤和多模光纤。

单模光纤:中心玻璃芯较细(芯径一般为 9 μm 或 10 μm),只能传一种模式的光,如图 5.3.5 所示。其间色散很小,适用于远程通信。单模光纤相比于多模光纤可支持更长传输距离,单模光纤都可支持超过 5 000 m 的传输距离。信号系统中在同一设备房内相互设备间的传输多采用多模光纤。信号系统中在不同设备房内相互设备间的传输多采用单模光纤。多模光纤的中心玻璃芯较粗(芯径为 50 μm 或 62.5 μm),可传多种模式的光。但其模间色散较大,限制了传输数字信号的频率,通常在距离较短时应用。

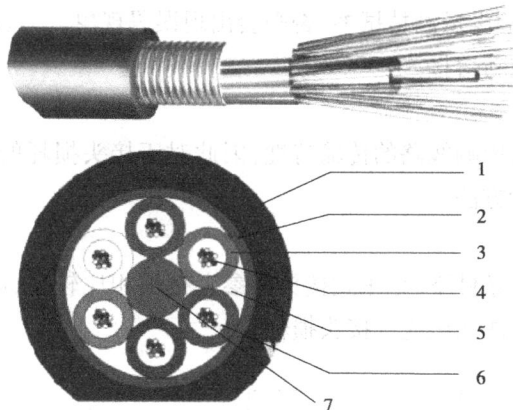

图 5.3.4
1—聚乙烯外护套;2—双面覆塑钢带;3—套管;
4—光纤;5—阻水油膏;6—纤油膏;7—芯

图 5.3.5

②按最佳传输频率窗口分类:

按最佳传输频率窗口分为常规型单模光纤和色散位移型单模光纤。

常规型:通常将光纤传输频率最佳化在单一波长的光上,如 1 300 μm。色散位移型:将光纤传输频率最佳化在两个波长的光上,如 1 300 μm 和 1 550 μm。

③按折射率分布情况分类:

按折射率分布情况分为突变型和渐变型光纤。

突变型的光纤中心芯到玻璃包层的折射率是突变的。单模光纤由于模间色散很小,因此,单模光纤都采用突变型。渐变型光纤的光纤中心芯到玻璃包层的折射率是逐渐变小,可使高模光按正弦形式传播,多模光纤多为渐变型光纤。

光纤带有接头的那一端可"直接插入"终端级,而尾纤是用来连接其他光纤,如图 5.3.6 所示。两根光缆连接时需要使用到"光纤连接机",由人工手动操作尾纤。

尾纤接头主要有以下 3 种类型:

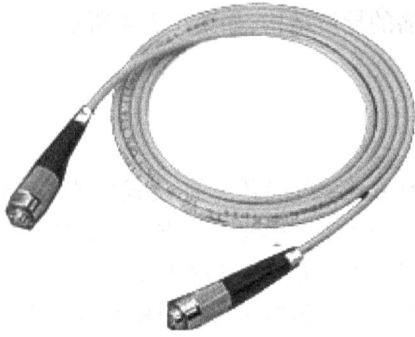

图 5.3.6

- "SC"接头是标准方形接头。传输设备侧光接口一般用 SC 接头。
- "LC"接头与 SC 接头形状相似,较 SC 接头小一些。
- "FC"接头是金属接头,金属接头的可插拔次数比塑料要多。

除了以上 3 种外,还有 MTRJ,ST,MU 等。

尾纤日常不要经常挪动和被压,保持弯曲半径合理;接头不要经常插拔,拔出一段时间的话,要加上盖帽防尘防潮,要定期检查插头的连接质量。尾纤若不小心弄脏,用棉圈或专用纸巾蘸少量酒精拭擦,否则会出现误码现象。一旦尾纤头的玻璃平面擦损严重,就不能再用,只能重新熔接。

2)光纤接头损耗测量

光纤接头的质量直接影响线路的传输特性,因此对于接头损耗的要求比较高。下面简要介绍光纤接头损耗的测量方法。

①比较法

比较法是在相同测试条件下,把正式接头与参考接头相比较,从而确定正式接头的损耗。如图 5.3.7 所示为用比较法测试光纤接头损耗。

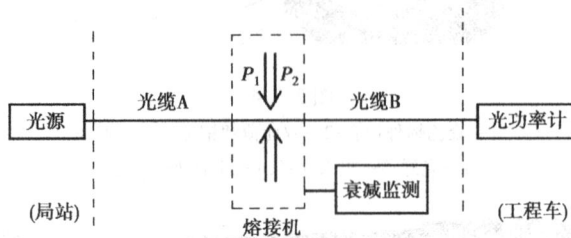

图 5.3.7

做接头前,从 A 纤一端送光源,在 A 纤的另一端测输出光功率(P_1)。然后将 A,B 纤熔接,接头接好之后在 B 纤输出侧接光功率计测输出光功率(PS_1),再将 B 纤在距熔接头 1 m 处切断接光功率计,测 A 纤经熔接头后的输出光功率(P_2),则熔接头损耗 $AS_1 = 10 \lg P_1/P_2$。

将第一次熔接头去掉,对 A,B 纤正式熔接,熔接后测试 B 纤输出功率(PS_2),设正式接头熔接损耗为 AS_2,则两次熔接后数据为 $10 \lg P_1/PS_1 = AS_1 + AB_1$ 和 $10 \lg P_1/PS_2 = AS_2 + AB_1$($AB_1$ 为 B 纤衰减值),经计算可得 $AS_2 = AS_1 - 10 \lg PS_2/PS_1$。

②背向散射法

背向散射法测试光纤接头损耗,使用光时域反射仪(OTDR),监测是在同一端进行。

在接头点将处理好的待接续的光纤端头放在熔接机调整架上,经调整使光纤达到最佳对接位置。通过监测的 OTDR,可知接头点反射峰的大小和接头后光功率的损耗程度。

熔接时,从 OTDR 可看到,接头的反射峰消失,接头后的损耗曲线上升。使用 OTDR 在光纤的背后散射曲线的接头损耗显示位置,活动"游标",可测出接头损耗值。

③接头损耗值测试法

两根光纤熔接后，会出现正、反两个方向测得的熔接损耗值不一样的情况，一般规定取两个数值的代数平均值为接头损耗值。该测试是用 OTDR 从一端测出两端的接头损耗值。主要方法有前向双向测试法、后向双向测试法和末端反射双向测试法。

3）光纤主要维护工具

①光时域反射仪（OTDR）。

②故障定位器（故障跟踪器）。

③光损耗测试设备（又称光万用表或光功率计）。

④光纤熔接机（见图 5.3.8）。

4）光纤的维护

①每年或半年应对各条光纤的技术数据定测一遍，并与原始数据比较。发现问题尽快地分析讨论疑点。

②定期对光缆线路进行巡视，对巡视中发现电缆、护套、电缆接头、线路垂度等问题要作详细记录，便于尽早发现和处理问题。

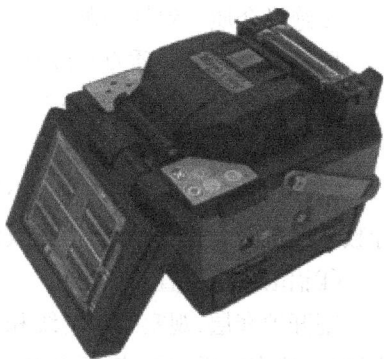

图 5.3.8

③定期测试光接收机入口光功率和出口电平，发现与原记录相差较大时，应分析故障是来自光缆还是光接收机原因所造成。

（3）同轴电缆维护

1）接头制作

同轴电缆两端通过 BNC 接头（一种用于同轴电缆的连接器）连接，BNC 接头有压接式、组装式和焊接式。下面介绍压接式 BNC 接头制作步骤：

①剥线

同轴电缆由外向内分别为保护胶皮、金属屏蔽网线（接地屏蔽线）、乳白色透明绝缘层和芯线。剥线用小刀将同轴电缆外层保护胶皮剥去 1.5 cm，不要割伤金属屏蔽线，再将芯线外的乳白色透明绝缘层剥去 0.6 cm，使芯线裸露。

②连接芯线

BNC 接头由 BNC 接头本体、屏蔽金属套筒、芯线插针 3 件组成。芯线插针用于连接同轴电缆芯线；剥好线后请将芯线插入芯线插针尾部的小孔中，用专用卡线钳前部的小槽用力夹一下，使芯线压紧在小孔中。使用电烙铁焊接芯线与芯线插针时，在焊接芯线插针尾部的小孔中置入一点松香粉或中性焊剂后焊接。焊接时，注意不要将焊锡露在芯线插针外表面，会导致芯线插针报废。

③装配 BNC 接头

连接好芯线后，先将屏蔽金属套筒套入同轴电缆，再将芯线插针从 BNC 接头本体尾部孔中向前插入，使芯线插针从前端向外伸出，最后将金属套筒前推，使套筒将外层金属屏蔽线卡在 BNC 接头本体尾部的圆柱体上。

④压线

保持套筒与金属屏蔽线接触良好，用卡线钳上的六边形卡口夹紧，使套筒形变为六边形。

使用前最好用万用电表检查一下,断路和短路均会导致无法通信。

2)简易检测

①绝缘介质圆整度检查

标准同轴电缆的截面很圆整,电缆外导体、铝箔贴于绝缘介质的外表面,介质的外表面越圆整,铝箔与它外表的间隙就越小,越不圆整间隙就越大。

②绝缘介质一致性检测

同轴电缆绝缘介质直径波动影响电缆的回波系数。可剖出一段电缆的绝缘介质,用千分尺仔细检查各点外径,看其是否一致。

③编织网检测

剖开同轴电缆外护套,剪一小段同轴电缆编织网,对编织网数量进行鉴定,如果与所给指标数值相符为合格,比所给指标数值少为不合格。

④铝箔质量检查

剖开护套层,观察编织网线和铝箔层表面是否保持良好光泽;再取一段电缆,紧绕在金属小轴上,拉直向反向转绕,反复几次,再割开电缆护套层观看铝箔有无折裂现象。也可剖出一小段铝箔在手中反复揉搓和拉伸,经多次揉搓和拉伸仍未断裂,具有一定韧性的为合格,否则为次品。

3)故障点查找

同轴电缆出现故障,关于故障点的查找,现以 xz04 型测试仪为例,对同轴电缆的开路、短路及阻抗失配等故障能迅速地判断出来。

利用测试仪,把一根已知长度同型号的电缆传播速度,根据被测的传播速度,对故障电缆进行以下检测,其步骤如下:

①接上损坏的同轴电缆,将仪器电源接通,将传播速度扭旋到事先已知该电缆的传播速度位置。

②将全程、延时开关 k4-2 扭放在全程位置。

③根据被测电缆的长度,把测试量程选择开关 k5 置于合适的挡位,调节聚焦、水平位移、垂直位移电位器 w1,w2,w3,w4 使图像清楚。

④调平衡调节电位器 w5,w6 使机内平衡电路阻抗和被测电缆端阻抗相匹配,使反射幅度增大。

⑤根据故障性质,选择时标极性。

当以上都调好后,调节反射时间置于开关 k6,k7,k8,使活动电子时标靠近反射波,微调反射时间电位器 w8,使时标前沿对准反射波前沿,此时数字显示器显示出的数字即为故障点距离。

4)故障点性质判断

①当线路正常时,无反射波。

②当线路断开或接触不良,反射脉冲和发射脉冲相同。

③当线路短路或电缆受潮、进水时使绝缘能力降低,反射脉冲和发射脉冲波反相。

【任务考评】

以学生自评互评为主,教师综合评定。

任务实施过程考核评价表

考评项目		配分	要　求	学生自评	小组互评	教师评定
知识准备	信号电缆的分类、选用注意事项	5	理解叙述的准确性			
	光缆的分类、优点、主要参数	5	叙述的准确性			
	光缆的鉴别方法及如何接续	10	理解的正确性			
	同轴电缆的结构	5	叙述的准确性			
	同轴电缆的分类及主要特性	10	叙述的准确性			
任务完成	信号电缆如何接续及成端	10	理解叙述的正确性			
	光纤的种类及主要维护工具	5	理解叙述的正确性			
	光纤的维护内容	5	叙述的正确性			
	同轴电缆接头制作的方法	5	理解叙述的准确性			
	同轴电缆简易检测的内容	10	叙述的正确性			
	任务实施过程记录	5	详细性			
	所遇问题与解决记录	5	成功性			
安全事项		5	违章不得分			
协调合作,学习效果展示成绩		15	小组成员的参与积极性、学习的效果			
成　绩						

【项目小结】

本项目主要介绍了信号系统数据通信网络基础设备,包括泄漏电缆与无线 AP、交换机、电缆及光缆。

泄漏电缆又称为漏泄同轴电缆,其结构与普通的同轴电缆基本一致,由内导体、绝缘介质和开有周期性槽孔的外导体3个产中分组成。对泄漏电缆的工作原理重点掌握,对其特点一般了解。无线 AP 是将无线信号接入轨旁有线以太局域网的无线设备。对于无线 AP 的安装位置、设置原则应明确。交换机是一种网络设备,它可为接入交换机的任意两个网络节点提供单独的电信号通路,对其工作原理应深入理解。通过项目的学习,强化理解信号电缆与光缆的区别及作用。

【思考与练习】

1. 试述泄漏电缆的作用。

2. 试述泄漏电缆的特点。

3. 分析泄漏电缆的工作原理。

4. AP 的含义是什么? 在哪种车-地通信方式中使用了 AP?

5. 简述无线 AP 的作用。

6. AP 设备如何完成车-地通信?

7. 简述 AP 设备的组成及各部分作用。

8. 城市轨道交通信号控制系统中 AP 设置的总体原则是什么?

9. 简述交换机的概念。

10. 试述交换机的主要功能。

11. 分析交换机的工作原理。

12. 试述各种电缆的结构组成。

13. 信号电缆的类型有哪些?

14. 信号电缆的选用原则有哪些?

15. 信号电缆如何接续成端?

16. 试述光缆的特点。

17. 试述光缆的分类。

18. 光缆如何鉴别?

19. 简述光缆进行维护的内容。

20. 同轴电缆的分类有哪些?

21. 同轴电缆的维护有哪些内容?

参考文献

［1］林瑜筠. 城市轨道交通信号［M］.北京:中国铁道出版社,2008.

［2］中华人民共和国铁道部.铁路信号维护规则［M］.北京:中国铁道出版社,2008.

［3］贾毓杰. 城市轨道交通通信与信号［M］.北京:机械工业出版社,2009.

［4］林瑜筠.铁路信号基础［M］.北京:中国铁道出版社,2006.

［5］张凡.城市轨道交通概论［M］.成都:西南交通大学出版社,2008.

［6］郎中棪,曾小清,姜季生.轨道交通信号控制基础［M］.上海:同济大学出版社,2006.

［7］高嵘华,吴广荣.城市轨道交通信号基础设备维护［M］.成都:西南交通大学出版社,2011.